企业战略管理的底层逻辑

THE UNDERLYING LOGIC OF ENTERPRISE STRATEGIC MANAGEMENT

杨利军 ◎ 著

·北京·

图书在版编目（CIP）数据

企业战略管理的底层逻辑 / 杨利军著. --北京：中国经济出版社，2024.4

ISBN 978-7-5136-7690-8

Ⅰ. ①企… Ⅱ. ①杨… Ⅲ. ①企业管理-战略管理 Ⅳ. ①F272

中国国家版本馆 CIP 数据核字（2024）第 055723 号

责任编辑　牛慧珍
责任印制　马小宾
封面设计　任燕飞

出版发行	中国经济出版社
印 刷 者	北京艾普海德印刷有限公司
经 销 者	各地新华书店
开　　本	710mm×1000mm　1/16
印　　张	15.5
字　　数	260 千字
版　　次	2024 年 4 月第 1 版
印　　次	2024 年 4 月第 1 次
定　　价	88.00 元

广告经营许可证　京西工商广字第 8179 号

中国经济出版社　网址 www.economyph.com　社址 北京市东城区安定门外大街 58 号　邮编 100011

本版图书如存在印装质量问题，请与本社销售中心联系调换（联系电话：010-57512564）

版权所有　盗版必究（举报电话：010-57512600）
国家版权局反盗版举报中心（举报电话：12390）　服务热线：010-57512564

致 读 者

　　这是一本写给企业界的书。作者力求以通俗易懂的语言和大量的中外企业实际案例，对战略决策背后的底层逻辑进行探讨。从问题出发，直面这些问题，回答这些问题，是本书的使命和特色。为此，本书中既有对企业战略管理经典案例的解读，也有对当下尖锐战略管理问题的理解和判断，涉及华为、比亚迪、海底捞、恒大、全聚德等企业。作者始终坚信，使命感和价值观驱动是中国企业走向全球化的关键。作者的观点是一家之言，对与错留给时间来做评判。

　　这也是一本写给研究者和学习者的书。作为一名有20年企业咨询和战略管理一线教学经验的老师，作者深感战略管理的晦涩难懂、复杂抽象往往使学习者兴味索然、"食之无味"。为此，作者将战略管理研究、学习中遇到的难点问题提炼出来，汇集在一起，尽可能清晰地给出理论背后的逻辑，目的是让读者更好地理解宏大的企业战略叙事。本书的每一个专题都自成体系又相互联系，从专题一"战略管理的本质"到专题十"企业家主导与员工参与"，请读者各取所需。

　　本书的一些灵感来自亚历克斯·米勒、杰恩·巴尼、弗雷德·戴维、W.钱·金等学者的战略管理著作，在此向这些经典致敬！

前言
Preface

成功的企业都有一系列复杂且有效的战略理论，用于指导企业获取竞争优势。从形式到内容，现实中的企业战略选择千变万化，但世界级的企业一定是在战略管理的各个方面都表现突出，同时在某一个或某几个方面拥有突出的优势。浩如烟海的战略管理图书大多按照战略分析、战略制定、战略实施、战略控制与变革的框架来阐释理论并解读企业行为，却有意无意地忽略了战略决策背后的底层逻辑。对战略选择的根本驱动力、竞争优势的来源、战略规划的有效性、精密逻辑和直觉洞察的内在联系、竞争战略成功的关键等问题的认知，不仅有助于理解企业战略理论，也更加有助于指导企业的战略实践。

本书从企业战略的本质特征出发，围绕企业战略管理的十项专题，探究战略决策背后的理论与实践逻辑。

专题一：战略管理的本质。这是战略研究首先要回答的问题。竞争是战略的核心和灵魂，战略管理是赢得、保持竞争优势的理论，这是战略管理区别于职能管理的本质所在，也是战略管理的出发点。

专题二：价值观驱动。作者对比众多企业的战略选择路径后发现，在千变万化中总有一些因素固定不变，企业价值观或者说企业家价值观是战略选择的根本驱动力。

专题三：竞争优势来源于何处：外部还是内部？产业组织理论与资源基础理论对此都有系统性的论述。对竞争优势来源的认知，决定了企业战略的走向，也决定了企业发展模式的差异。回归核心竞争力，专注于核心竞争力，这是评判一个企业从幼稚走向成熟的标志。

专题四：精密逻辑和直觉洞察：战略决策的复杂性。战略是理性分析的产物还是直觉洞察的结果，这也许是战略管理实践中最具争议的话题。以经济学和金融学理论为基础的战略学派试图消除一切不确定性，将战略选择变成纯粹的"数字游戏",但直觉洞察让战略选择更复杂,也更有魅力。

专题五:理性规划与组织学习。成功是一种偶然,战略选择九死一生。理性规划、随机制宜和组织学习是三种不同的战略管理模式,但对于全球一体化下的超级复杂企业系统,顶层设计的有效性越来越受到质疑,快速学习和迭代升级成为战略成功的关键。

专题六:企业生命周期的真相。为什么很少有企业能够摆脱生命周期的宿命,焕发二次青春?这是一个必须知进退的时代,保持战略选择的弹性不可或缺。

专题七:鱼与熊掌:成本领先和差异化二者不可兼得吗?成本领先和差异化是竞争战略的两极,经典理论认为二者拥有截然不同的存在逻辑。但研究表明,没有纯粹的成本领先或纯粹的差异化战略,即使是那些被认为依赖这两种战略之一而获得巨大成功的典型代表也并不纯粹。

专题八:相关多元化与非相关多元化。走相关还是非相关多元化道路也许不是最重要的考量,是否拥有足够强大的杠杆和战略势能,才是选择的关键。

专题九:竞争与合作。竞争还是合作,这是今天企业必须抉择的战略命题。从全球竞争的趋势来看,未来只有顶级的玩家才能成为最终产品品牌的提供商,多数企业的定位是成为供应链的一员。

专题十:企业家主导与员工参与。战略管理是企业家发明并自我消费的产品,还是全体员工共同努力的结果?回归常识,关注人,关注员工,这是战略成功的基础,也是企业最难以模仿的竞争优势来源。

目 录
Contents

专题一　战略管理的本质 ··· 001
　一、问题的提出 ··· 003
　二、经典中的战略管理 ··· 005
　三、竞争优势的评价 ·· 008
　四、竞争性分析框架 ·· 014

专题二　价值观驱动 ··· 025
　一、愿景与使命 ··· 028
　二、战略决策背后的价值分析 ································· 033
　三、价值观的外在驱动 ··· 038
　四、战略锚 ·· 039

专题三　竞争优势来源于何处：外部还是内部？ ············· 045
　一、产业组织理论的观点 ······································ 047
　二、资源基础理论 ·· 050
　三、核心竞争力不可或缺 ····································· 052
　四、VRIO 分析框架 ·· 062

专题四　精密逻辑和直觉洞察：战略决策的复杂性 ·········· 075
　一、SWOT 分析 ·· 078
　二、精密逻辑下的战略决策过程 ····························· 087
　三、精密逻辑的漏洞 ·· 091
　四、直觉洞察 ·· 094

专题五　理性规划与组织学习 …… 101

一、理性规划学派 …… 106
二、随机制宜的观点 …… 107
三、组织学习的观点 …… 113

专题六　企业生命周期的真相 …… 123

一、企业生命周期 …… 126
二、成功的路径依赖 …… 135
三、对战略成败的认知 …… 138
四、保持战略灵活性 …… 140

专题七　鱼与熊掌：成本领先和差异化不可兼得吗？ …… 145

一、成本领先战略 …… 148
二、差异化 …… 155
三、二者兼得 …… 158
四、蓝海战略的价值创新 …… 167

专题八　相关多元化与非相关多元化 …… 169

一、多元化战略的动机 …… 171
二、多元化与范围经济性 …… 173
三、非相关多元化的陷阱 …… 183

专题九　竞争与合作 …… 189

一、结构—行为—绩效范式带来的启示 …… 191
二、结构与功能的关系 …… 192
三、竞争对手之间的合作 …… 197
四、纵向一体化战略的内在动机 …… 204
五、供应链战略 …… 209
六、隐形冠军的战略选择 …… 220

专题十　企业家主导与员工参与 ·············· 225
一、员工与战略实施 ·············· 227
二、员工与战略规划 ·············· 231
三、领导者的身体力行 ·············· 233
四、回归常识，关注人 ·············· 235

参考文献 ·············· 238

专题一
战略管理的本质

战略是关于竞争的理论；战略管理就是谋求和保持竞争优势。

一、问题的提出

企业战略管理的本质是什么？这是战略管理首先要回答的问题，也是本书的起点。自 20 世纪 70 年代企业战略的概念被提出以来，有关战略管理的理论层出不穷，堪称战略管理的"理论丛林"。但是与战略管理的理论研究相比，更为精彩和引人入胜的是企业的战略管理实践。对中外企业的战略管理案例进行研究后发现，人们很难用简单的一两句话来概括这些企业的战略类型和战略管理特征。业绩表现突出的企业，都创造或曾经创造了非常复杂且成功的战略管理理论。

例如，人们经常总结沃尔玛的战略特征是"成本领先、天天低价"，迪士尼通过创造生动传神的动画作品并以此为基础进行了广泛的多元化发展；华为以超乎寻常的专注精神和难以模仿的技术与产品创新引领企业快速成长；比亚迪在复杂的全球化环境中确立了新能源汽车全产业链布局；英特尔曾经在个人电脑微处理器领域开展了持续且快速的技术创新，让竞争对手只能追随而无法超越；等等。但是，随着研究的深入，作者清晰地认识到，那些在各自产业中表现突出的企业，一定是在战略管理的多个方面同时表现突出，并且在某一个或某几个方面表现极为突出，并不存在只在一个方面表现突出而在其他方面表现糟糕的优秀企业。因此，对这些企业"浓缩式"的战略概括往往并不具有说服力，战略管理是一种复杂的管理现象，很容易让人迷失其中，难以把握其本质。

这些企业来自不同的行业，有着千差万别的行业环境和结构性差异。其中一些企业追求成本方面的优势，另一些企业则注重产品和服务的独特性；一些企业建立了纵向一体化的公司战略，另一些企业则聚焦于产品供应链的核心环节而将其他部分外包；一些企业集中生产单一的产品或服务，而更多的企业则在多元化发展方面非常成功，企业呈现出来的战略场景丰富多彩。抛开行业的差异，也不论这些企业采用了怎样复杂多变的战略理论，如果仅从结果来看，这些企业都具有共同的特征，那就是在各自领域内建立了突出的竞争优势。竞争，是战略的核心，也是战略管理的本质所在。

战略管理的定义最能体现战略管理的本质特征，因为从定义出发才能提纲挈领，才能直指问题的关键。但是，很多学者都将战略管理与企业目标的实现联系在一起。比如：

杨锡怀等在《企业战略管理——理论与案例》中将企业战略管理定义为：战略管理是企业确定其使命，根据组织外部环境和内部条件设定企业的战略目标，为保证目标的正确落实和实现进行谋划，并依靠企业内部能力将这种谋划和决策付诸实施的一个动态管理过程。

美国南卡罗来纳州弗朗西斯马里恩大学战略管理教授弗雷德·R. 戴维将企业战略管理定义为：战略管理是一门关于制定、实施和评价使组织能够实现其目标的跨职能决策的艺术与科学。

美国著名战略管理学家钱德勒将战略管理定义为决定一个企业的基本长期目标，并为实现这些目标而从事的一系列行动和资源配置的过程。

还有一些定义集中于内外环境与企业资源和能力的相互匹配，或强调战略的客观性和心理特征等。这些定义都有一个基本的共同点，那就是将战略管理与企业的目标结合在一起，按照一般管理的属性来定义战略管理。这样的定义当然符合规范的管理认知，中规中矩，将战略管理视为实现企业目标的科学和艺术。但同时也将战略管理视为一般管理，与生产运作管理、人力资源管理、财务管理等职能管理混为一谈，从而丧失了战略管理的独特属性。

为揭示战略管理与一般管理的差异，另一些学者，如美国学者亚历克斯·米勒则认为战略管理的本质是建立竞争优势来获取优秀财务绩效；俄亥俄州立大学的杰恩·巴尼教授则认为战略是如何成功竞争的理论。本书认同两位学者的基本观点，围绕竞争和竞争优势来定义战略及战略管理。

什么是战略？战略是关于竞争的理论。

什么是战略管理？战略管理就是谋求和保持竞争优势。

竞争是战略管理永恒的话题，只是竞争的表现随着时代的变迁而不断演进。竞争是战略和战略管理的本质特征，而获得竞争优势是战略管理的核心目的。只有随时活在悬崖边上的企业才能将竞争视为战略的核心，因为它无时无刻不在面临生存的问题。赢得竞争，活下来是所有企业关注的焦点。永远稀缺的资源,这些资源既包含人工、原材料,也包含有限的市场和购买力,越来越过剩的生产力都在加剧竞争。企业孜孜以求的是在高度不确定的外部环境中发现主要经济过程的规律,找到适合自身条件的途径和方法以建立竞争优势,从而赢得竞争,获得生存与发展的市场空间。拥有竞争优势的企业同样不敢有丝毫的放松,不断努力调整、优化和变革战略,以保持竞争优势;那些丧失竞争优势的企业,则可能迅速走向衰落,乃至被无情的市场淘汰。

与一般管理和职能管理相比,企业战略管理具有竞争性、高层次性、长远性、全局性和涉及大量资源等特征,其中的竞争性是核心属性。绝大多数的战略决策是非程序性决策,建立在企业对内外环境和经济活动规律不完备的知识之上,是对如何成功竞争的最佳猜测。所有的战略决策都是关乎企业的生存与发展的重大决策。从竞争的本质出发,能够更好也更容易地理解战略管理的理论体系。例如,宏观环境分析,是为了发现机遇与威胁,进而把握机遇、规避威胁;行业环境分析,特别是波特的五力模型等是产业竞争性分析;内部环境分析,目的是识别自身优势和劣势,扬长避短;使命与愿景,是用价值观驱动企业战略;公司层战略,是确定企业参与竞争的领域和格局;竞争层战略,是具体竞争方式的选择。所有的理论都围绕竞争,而所有的努力都是为了建立竞争优势。

二、经典中的战略管理

下面这个故事有助于理解战略。《三国演义》中有一段著名的"隆中对",这是《三国演义》中最经典的桥段之一,也是理解战略管理的通俗读物。"隆中对"中清晰而明确地表达了战略管理的基本特征和属性,而且非常生动。

隆中对的背景是刘备跃马过檀溪,"马蹄踏碎青玻璃,天风响处金鞭挥",在极其危难的时刻遇到了司马德操——水镜先生,从而开启了政治生涯中最重要的一次机遇。随后刘备三顾茅庐请诸葛亮出山,也彻底改写了刘备政治集团的命运走向。但诸葛亮在决定是否辅佐刘备之前,进行了一番名垂千古的战略解析。

(1) 战略分析:优势与劣势

诸葛亮首先分析了曹操、孙权和刘备三个政治集团的优势和劣势。当时,刘备兵败于汝南,投靠刘表,寄人篱下于新野,正处于"病势羸弱之极",兵不过数千、将不过关张赵。当然，此时也可以总结一下刘备的前半生：出身微末，奔走四方，也曾割据城池，成为一方封疆大吏，但时间短暂，多数时期身无立锥之地。

而刘备集团的主要竞争对手是谁？此时北方基本被曹操平定，但西凉马腾的威胁尚未解除，荆州刘表、西川刘璋、汉中张鲁并未臣服。但是，诸葛亮并没有将上述割据诸侯视为竞争对手，这已经说明了诸葛亮独到的战略眼光。诸葛亮认为，能与刘备集团争夺天下的，是曹操与孙权。

曹操集团显然是最具实力的集团，其突出的优势是在"挟天子以令诸侯"的加持下，已拥百万之众，文官武将人才济济，先后打败河北袁绍、袁术、吕布等割据势力，平定了作为政治经济中心的北方地区，拥有无可匹敌的优势，占尽"天时"。当然，曹操集团何止拥有天时的优势，在人才、地域、经济发展、国家治理和军事实力等层面都具有显著的优势，"天时"之说只是曹操善于把握外部机遇、顺势而为的一个方面。江东孙权，"已历三世，国险而民附"，尽管在军事实力和经济实力上弱于曹操集团，但内部团结，同样英才济济，且占据长江的"地利"优势。

与曹操和孙权集团相比，刘备集团的优势是什么？估计这个问题是一个连刘备本人也没有想清楚，同时也是不够自信的问题。有没有优势，优势在哪里，这是战略分析的关键问题。刘备集团既无军事实力也无经济实力，政治影响力微弱，汉左将军、宜城亭侯、豫州牧等封号名存实亡，仅有的"皇叔"头衔还时不时遭人质疑，但诸葛亮认为刘备所拥有的是无形资源——声誉与个人品牌，"信义著于四海"，具有"人和"的优势。不过，根据战略管理中资源基础理论的观点，无形资源，如品牌、核心技术和商誉资源更具有战略潜力，原因在于无形资源的成因复杂、难以模仿，既体现了历史，也是社会复杂性的产物，高度稀缺且独特。

（2）战略分析：机遇与威胁

听完诸葛亮的优势劣势说之后，刘备自己心里也十分清楚，在刀光剑影、攻城略地的军事斗争中，他极度渴望的是地盘，是军队。好在诸葛亮在分析了相对于两个主要竞争对手的优势和劣势之后，随后立刻分析了刘备集团所面临的机遇与威胁。

在北方和东南已无竞争机会的现实下，纵览东汉的版图，"荆州北据汉、沔，利尽南海，东连吴会，西通巴、蜀"，但"其主不能守"，这是你刘备的机会啊！此外，"益州险塞，沃野千里，天府之土，高祖因之以成帝业"，但是刘璋暗弱，智能之士思得明君，这块膏腴之地等着你刘备去征服呢！用一句话来概况，你的机会近在荆州、远在益州。在分析刘备集团的机遇的同时，诸葛亮也清晰地给出了刘备集团所面临的威胁和自身的战略定位。主要的威胁来自曹操和孙权两家割据势力，其中曹操"此诚不可以与之争锋"，而孙权则"可用为援而不可图"，这既是威胁的来源，也是处理与曹操、孙权两家关系的战略定位，具有举足轻重的意义。

（3）寻求竞争优势之路

刘备集团应如何开展与曹操、孙权集团的竞争，如何建立属于自己的竞争优势呢？在当时的环境下，所谓竞争优势是地盘、人口与经济、文武人才以及与之相匹配的军事力量。诸葛亮继续发挥了战略规划大师的聪明才智，认为刘备目前触手可及的机会是刘表所拥有的荆州地盘，能掐会算的他认定刘表将不久于人世，这是天赐良机。诸葛亮不仅善于描绘美好的蓝图，还善于制定可行的战略行动方案，让蓝图落地。按照地盘、人才和军事力量的竞争优势方向，诸葛亮为刘备集团制定了三步走的战略规划：

第一步，占据近在眼前的荆州，建立发家立业的根据地，奠定割据一方的政治军事基础。相对而言，这一战略的难度是很大的，因为彼时刘备集团的实力弱小，刘表利益集团内部结构复杂，曹操已经显露下江南发动统一战争的迹象。更重要的是诸葛亮虽然认定应该夺取荆州，但是并没有制定具体的军事斗争策略，只是单纯地等待对方内部发生重大变故的机会。但随着曹操迅速南下、刘琮束手，荆州一旦归属曹操，刘备的机会实际上就没有了，如果没有后来的赤壁之战，夺取荆州只是个梦想。

第二步，创造战略机遇，占据益州，获得稳定的战略大后方，从而确立三分鼎足的竞争实力。显然这一战略的难度要小于前者，并且得益于益州内部的人员作为外援力量，尽管也出现了不小的波折但基本在诸葛亮的规划之内，刘备利用难得的曹、孙两家纷争的战略间隙，占据了益州。

第三步，等待合适的战略时机，待"天下有变"，与曹操和孙权两家争夺天下，"诚如是，则霸业可成，汉室可兴"。

可以说，三顾茅庐"隆中对"的前与后是刘备集团命运的分水岭——之前的刘备如无头苍蝇一样四处碰壁，之后的刘备集团步步为营、一步一个脚印，朝着既定的目标前进，只是在最后的也是最重要且难度最大的第三步上没有成功,三国最终一统于司马氏。整体来分析,刘备集团的最终失败当然不能归结于诸葛亮的战略规划问题,而恰恰是战略执行人能力的不足。不论是刘备还是诸葛亮其实都不具备雄才大略,当然也欠缺一点运气。从后期诸葛亮六出祁山、九伐中原来看,多数情况下诸葛亮都缺乏审时度势的战略判断,左支右绌、勉为其难,造成这一问题的根本原因就在于诸葛亮是战略制定者,肩负兑现承诺的强烈使命使其不得不鞠躬尽瘁、死而后已,不达目的绝不罢休。

隆中对的精彩不仅仅在于其文学价值,也从一个侧面说明了战略和战略规划对于一个组织的重要意义。这个故事形象地说明了通过优势与劣势、机遇与威胁的分析来建立战略理论,并在这一战略思想的指导下谋求竞争优势的过程。

三、竞争优势的评价

迈克尔·波特的两本战略管理的经典著作《竞争战略》和《竞争优势》构筑了整个战略管理的基本框架,都将"竞争"当作核心关键词。既然竞争是战略和战略管理的本质,那么企业在市场竞争中的表现可以分为三种状态:处于竞争优势、处于竞争劣势和处于竞争对等。但是,什么是竞争优势?如何评价一个企业是否拥有竞争优势?这些都是战略管理的基础性问题,也是理解战略本质必须首先解决的问题。

生活中,人们经常用"好企业""差企业"来表述一个企业是否拥有竞争优势,但具体到好企业和差企业的标准,则是一个复杂的学术问题。一个企业是否拥有竞争优势需要接受市场和客户的检验,因此,从市场表现去判断它是否具有竞争优势在逻辑上是合理的。现实中,多数研究者是从企业市场竞争的结果去反推该企业是否具有竞争优势。定义竞争优势的指标大致可以分为三大类:非财务指标、财务指标和技术经济类指标。

1. 非财务指标

市场占有率指标是最重要的评价企业竞争优势的指标。一家企业的产品或服务在行业中占有较高的市场份额,在很大程度上说明它相对于其他竞争对手拥有竞争优势。市场占有率指标也是销售量的数据,一家企业的产品或服务销售得越多,说明该企业越具有竞争优势。根据英国相关机构的调查数据,上海振华重工在港口起重机市场中的市场占有率超过80%,连续多年位居世界第一。在新能源汽车产业，国际能源署的《全球电动汽车展望2023》中披露，2022年全球电动汽车销量达到创纪录的1000万辆，其中比亚迪以超过185万辆的销量和18.4%的市场份额排名第一，特斯拉排名第二，落后比亚迪50多万辆，市场份额从一年前的14.4%降至13.0%；大众汽车集团以超过83.1万辆的销量排名第三，市场份额为8.2%，而一年前为11.7%。20世纪90年代中期，美国西南航空公司占有得克萨斯州内航线70%的份额，在加利福尼亚州内航线占有50%的市场份额，这为公司在困难时期保持盈利创造了条件。

尽管市场份额指标具有很强的说服力，但该指标也有短板。一些差异化竞争优势明显的企业，凭借产品或服务的独特性在产业中占有重要的地位，但其销量或市场占有率指标并不高，公司不是追求规模效应和薄利多销的目标，而是注重产品的盈利水平。比如，在智能手机行业，尽管苹果手机在全球同类产品中定价高昂，但在2022年第四季度，其以占全球手机市场18%的出货量，获得全球手机市场48%的营业收入和85%的利润。还有一些企业将产品定位于一个小的细分市场，通过为该市场提供独特价值产品来获得生存与发展。该类企业往往在整体产业中并不占有显著的份额，但在小的细分市场中举足轻重，如汽车产业中超级跑车领域、奢侈品行业中的高端产品等。

市场占有率指标尽管可以量化评价，但依然有其问题，因此，一些学者转而从另一个角度来定义企业的竞争优势。其中，杰恩·巴尼教授的"是否可模仿性"具有代表性。成功的竞争战略不仅给企业带来更大的价值，同时也让竞争对手难以模仿。根据这样的理论，企业三种竞争状态可以表述为：

竞争优势——在一个行业或市场中，某个企业的战略行动增加了价值，并且没有企业或很少有企业采取类似的行动，则说明该企业拥有竞争优势。

竞争对等——在一个行业或市场中，某个企业的战略行动增加了价值，但同时有一些企业也采取了类似的行动。

竞争劣势——在一个行业或市场中，某个企业的战略行动不能创造经济价值。

是否可模仿是从定性的角度来定义竞争优势，但却深刻地揭示了战略竞争的一些内在规律。战略是关于竞争的理论，一个企业所创造的战略理论只有具备了独特、稀缺和富有价值等特征，才能使该战略难以被竞争对手所模仿。日本索尼公司曾经在消费电子领域凭借"微型化"的持续技术创新和"唯一"的价值观让其他竞争对手难以望其项背；沃尔玛则在看似普通的零售行业通过建立全世界最有效率的分销系统来获得难以匹敌的成本优势；迪士尼以创造生动的动画形象并将其广泛多元化的战略使得竞争对手黯然失色。上述公司的战略行动都具有难以模仿的特征，也都给自身创造了巨大的价值，因而在各自产业中具有竞争优势。

如果一个企业可以采取某种战略行动，但同时有一些企业能够采取类似的行动，则说明该企业处于竞争对等的局面。对比日本丰田汽车与德国大众汽车在燃油汽车领域的战略，两家公司都在追求燃油经济性的指标，都在实施全球化战略并在世界各地建立合资企业和供应链体系，都拥有完整的产品线和产品系列，也都拥有各自的高端车型，如丰田的雷克萨斯、大众的奥迪等。尽管丰田在一些年度的销量数据上占优，但大众在品牌影响力、口碑等方面稍显优势。可以说，丰田能够采取的战略，大众同样也能采取，就两家公司而言，双方处于竞争对等的局面。但在混合动力和氢能源汽车领域，相对于大众，丰田具有压倒性的技术优势和产业优势。

处于竞争劣势的企业往往不具有战略行动方面的独特性和难以模仿的特征，这类企业一般采取与竞争者类似的战略，难以创造经济价值。所谓经济价值，并不是这类企业不创造价值，简单地说是该类企业利用现有的资金所创造的价值低于资金的使用成本，或企业利用该资金投资于其他领域所创造的价值高于现有的用途。在这种情况下，企业要么选择不投资，要么选择在其他领域投资。

2. 财务指标

与非财务指标相比，财务指标具有非常突出的优势。财务指标同样也是采用结果比较的方法来定义一个企业是否具有竞争优势。财务指标众多，各自有不同的视角，因而难以取舍。在战略管理中，通常采用的财务指标是行业平均利润率。

从经济学的角度，一家企业是否具备竞争优势，主要表现为该企业能否获得高于行业平均利润的超额利润。因此，基于行业平均利润的竞争优势被定义为：

如果一家企业能够获得高于行业平均利润的超额利润，则表明该企业拥有竞争优势；如果它能够长期获得超额利润，则表明该企业拥有持续性的竞争优势。肯德基是美国著名的快餐连锁企业，公司在 1987—1994 年的年平均利润率为 7.4%（见表 1-1）。而据《洛杉矶时报》援引的美国金融信息提供商 Sageworks 公司研究小组公布的数据，美国快餐业的平均利润率为 4.6%，肯德基高出 2.8 个百分点。

表 1-1　1987—1994 年肯德基的利润率

年份	KFC 公司销售额（亿美元）	KFC 公司利润（亿美元）	利润率（%）
1987	11	0.9	8.2
1988	12	1.15	9.6
1989	13	0.99	7.6
1990	15	1.27	8.5
1991	18	0.81	4.5
1992	22	1.69	7.7
1993	23	1.53	6.7
1994	26	1.65	6.3
平均利润率			7.4

日本京瓷公司是多元化经营的大型企业集团，也是在所在领域具有突出优势的企业。表 1-2 是 1994—1997 年京瓷公司的销售额和利润率。

表 1-2　1994—1997 年京瓷公司的销售额和利润率

	1994 年		1995 年		1996 年		1997 年	
	销售额（百万美元）	利润率（%）	销售额（百万美元）	利润率（%）	销售额（百万美元）	利润率（%）	销售额（百万美元）	利润率（%）
陶瓷和组件	4068	17.10	3961	21.80	4475	20.00	5050	20.00
电子设备	1060	15.60	1671	25.80	2525	22.00	3300	20.00
照相机和照明设备	473	8.40	416	9.90	450	10.00	450	10.00
公司层面	5802	16.10	6048	22.10	7450	20.00	8800	19.00

1994—1997 年京瓷公司的平均利润率为 19.3%，而同期电子产品的行业平均利润率一般低于 15%，京瓷公司高出 4.3 个百分点以上。肯德基和京瓷公司能够获得超额利润这一事实，表明了这两家公司在各自行业里拥有显著

的竞争优势。在零售巨头沃尔玛创立之初，美国零售商店的平均毛利率通常只有销售收入的2%或3%。在这一挑战重重的行业中，沃尔玛开始繁荣和成长。到20世纪80年代，包括凯马特等折扣零售业的平均权益回报率大约只有14%，而沃尔玛的平均权益回报率则高达33%。

总体来看，超额利润是一个重要的指标，能否获取超额利润是竞争优势的评价标准。但是在实际战略管理中，运用财务绩效指标来评价竞争优势存在诸多问题。比如，多数财务指标都没有考虑投资该项业务的总资金成本，导致实际的企业利润水平可能存在很大的偏差。此外，管理层在选择具体的会计方法时也会存在一些问题，如计算收入的方法、存货的估价、固定资产折旧的计算等，计算企业绩效的方法反映了管理层的某种偏好。

特别地，当企业绩效与职业经理人的薪酬相联系时，经理人就会采取能够提高当期报表利润水平的会计方法。同样，当一个企业的绩效违背资本市场的预期时，就激励企业经理人也采取能提高当期报表利润水平的会计方法，这样做是为了避免因过低的股价引起的不友好接管或雇佣关系解除。

财务评价指标存在的问题还包括企业绩效的短期导向问题。多数衡量企业绩效的简单会计方法都建立在短期偏见之上。这是因为，企业的长期、多年的投资经常简单地被认为发生费用但又不能在当期产生超过成本的收益，比如企业对研发方面的资金投入等。由于众多的衡量绩效的会计方法是以年度为基础进行的，所以研究和开发费用的长期积极影响没有被充分显示出来。过分依赖短期会计报表的绩效衡量方法导致许多企业采取短期行为。企业对此问题的认识正在提高，越来越多的企业采取另外的衡量方法，并且调整它们的会计惯例，以适应企业的长期投资。

因此，财务指标尽管严格量化、简单直观，但也有其内在的难以克服的问题。

3. 技术经济类指标

在非财务指标和财务指标之外，技术经济类指标也被用来衡量企业的绩效，以此来判断企业是否具有竞争优势，比如投资收益率指标。投资收益率指标克服了单纯财务指标的一些短板，不仅考虑了投资该项业务的全部资金，也通过资金时间价值的理论来处理资金的使用成本。投资收益率的计算公式如下：

$$I = \frac{A}{\sum K}$$

式中：

I——投资收益率，一般为投资的年收益率；

K——投资到该项目上的资金，$\sum K$ 为所有投资到该项目上的资金的折现值；

A——该项业务每年创造的净现金流的折现值（不考虑固定资产的折旧因素）。

投资收益率指标按照投资项目的模式来计算企业绩效，从投资的角度来看待企业的运营。投资收益率计算时要求将投资和年净现金流折现到同一个起点，并且考虑了投入该项业务的全部资金和资金使用成本等因素，因而该指标有独特的优势。经过计算后的投资收益率指标也是与行业平均投资收益率指标进行比较，以高于或低于平均投资收益率来评价该企业是否拥有竞争优势。

技术经济评价的另一个常用的指标是经济增加值指标（Economic Value Added，EVA）。EVA是一个公司的投资收益率减去它所负担的平均资本成本的差额，再乘以投资额所得出的数值，用下式表示：

$$EVA = (I-R)K$$

式中：

I——投资收益率；

R——平均资本成本；

K——投资额。

通常，一般的财务指标不能体现对于经营企业非常关键的企业所有者的投资成本。从这个意义上说，EVA是对企业利润的最终衡量，因为EVA是在考虑了企业的所有相关成本后对企业成绩的衡量。与一般的财务绩效指标相比，EVA提供了一个更有意义的绩效衡量标准，因为它衡量了生产过程中的各个环节，而不是像财务报表那样只列出一些一般的数据。

EVA指标的另一个优势是促使职业经理人像投资人一样思考企业问题，站在投资人的角度来进行战略决策。把一个公司的EVA与执行报酬联系起来，就能够激励管理者更多地从企业所有者的角度出发来进行思考。在应用EVA指标时，一个公司在一些年度内的EVA值可能是负的，这是很正常的。

一般一个年度的负 EVA 值并不能代表公司经营中存在重大问题。但是长时期内持续的负 EVA 值就说明了公司的状况比较虚弱，竞争力低下。

那么，应该如何计算 EVA 呢？EVA 指标中计算最为复杂的是企业的平均资本成本。多数企业的资金来源有两个方面：权益资金和债务资金，即股东投入公司的资本金和企业债务融资获得的资金。债务融资的成本往往容易计算，主要考虑银行等金融机构的贷款利率；而权益资本成本的计算有一定的难度。通常来讲，所有者权益资本的成本，是无风险资本成本加上股票市场内在的风险调节。

例如，无风险利率相当于投资国库券的利率，通常是 6%；在无风险利率的基础上加上一个风险溢价。具有平均风险（贝塔系数等于 1）的公司权益资本为 12%，这也是许多公司用 12% 作为权益资本成本的原因。EVA 指标要使企业的管理层明白，他们不仅要对债务成本负责，还要对权益成本负责，这是 EVA 评价的关键所在。在计算出权益资本成本和债务资本成本后，企业根据具体使用这两部分资金的比例设置权重，来计算最终的平均资本成本数值，代入上面的公式后求解 EVA 的具体数值。

四、竞争性分析框架

在战略管理的理论体系中，战略分析是起点，也是必不可少的组成部分。自 20 世纪 70 年代波特等建立了一系列的战略管理理论体系以来，战略分析都以竞争为核心，围绕竞争优势的确立这一主线展开。可以说，整个战略分析的实质是建立了一套竞争性分析框架。轻描淡写、不得要领的战略分析不仅无法达到分析的真正目的，更会对企业战略选择产生误导。

例如，宏观环境分析的目的是寻找战略机遇与威胁，从而谋求竞争优势；中观环境的分析是基于波特提出的"产业竞争性分析"理论，特别是五力模型来展开；而微观环境分析一般以资源能力分析路线展开，并最终提出重要的"核心竞争力"理论及模型。

1. 宏观环境分析

宏观环境分析也称为一般环境分析，所谓一般环境，是指环境因素的变化并非针对某一个特定的企业，而是对行业或整个经济体系中所有的构成单元都产生影响，只是影响程度的大小因"企业"而异。宏观环境分析一般采用政治—法律环境、经济环境、社会文化和技术环境等所构成的 PEST 分析框架,也有学者将人口、全球化因素单独列出,形成六个方面的分析框架。

- 政治—法律环境因素:政体及制度、法律法规、产业政策等因素。
- 经济环境因素:经济增长或衰退、就业、税收、利率等因素。
- 社会文化因素:价值观、文化传统、人口结构、教育等因素。
- 技术环境因素:技术创新、研究与开发、技术扩散、产业渗透等因素。

宏观环境分析的四个方面,既可以单独进行分析,也可以进行组合分析,因为在很多时候因素与因素之间是交织在一起的,相互影响。比如国家对以电动汽车为代表的新能源汽车产业实施了特殊的补贴等扶持政策,显然该政策对于电动汽车产业的发展起到了重要的推动作用。这一政策属于政治与法律环境的因素,但该政策的实施同时也推动了电动汽车领域的技术创新因素,二者相互影响、相互促进。

宏观环境的变化可能给某些产业或企业带来机遇,但对另外一方可能意味着威胁。比如人口老龄化以及生育率下降所导致的人口结构的变化,一方面给医疗保健、养老等产业带来了巨大的发展机遇,但另一方面也会给学前教育、中小学教育乃至以后的高等教育带来威胁。

即使是在同一个产业之内,面对同样的外部环境的变化,企业与企业的反应也不尽相同。比如海外业务占比较大且主要集中在欧美日等发达国家的跨国经营企业,在当前逆全球化日益严重的外部环境下可能面临更大的经营困难,而业务领域局限于国内市场的企业则受到相对较小的冲击。

"企业兴盛或衰退、股市繁荣或崩溃、战争与经济萧条,一切都周而复始,但它们似乎总是在人们措手不及的时候来临。"对宏观环境的变化,多数情况下人们很难做出精确的预测和判断,这是宏观环境分析的难点,如对经济环境中的利率、汇率和通货膨胀率等很难准确预测。所以,很多时候重大的外部环境的变化会让产业以及身处其中的企业措手不及,企业被迫做出应激性的重大战略调整。

宏观环境分析最终目的是发现外部环境中的机遇与威胁,这是属于战略管理的独有的表达方式。机遇与威胁,是战略管理的出发点。

(1) 前瞻性是战略机遇的真正属性

所有人都看到的机遇,一定不是机遇;所有人都看到的威胁,已经既成事实,无可挽回,只能被动接受。多数情况下,对企业发展极其重要的机遇或重大威胁常常处于萌芽和端倪的状态,等待有战略眼光的企业家去识别与把握。同样，战略机遇和威胁的价值也在于萌芽和端倪，已露端倪和萌芽状态是战略机遇或威胁的特征之一。

在大革命的低潮时期，1930年1月5日，毛泽东写下了《星星之火，可以燎原》回答了红旗能够打多久的问题。对于中国革命的前景，毛泽东认为，马克思主义者不是算命先生，未来的发展和变化，只应该也只能说出个大的方向，不应该也不可能机械地规定时日。但中国革命高潮快要到来，绝不是如有些人所谓"有到来之可能"那样完全没有行动意义的、可望而不可即的一种空的东西。毛泽东用诗一般的语言写下："它是站在海岸遥望海中已经看得见桅杆尖头了的一只航船，它是立于高山之巅远看东方已见光芒四射喷薄欲出的一轮朝日，它是躁动于母腹中的快要成熟了的一个婴儿。"尖头、朝日、婴儿是中国革命在当时的时代背景下的生动写照，尽管依然脆弱但生机勃勃！

尖头、朝日、婴儿也是战略机遇最初的表现形式，并不会轻易地出现在外部环境的分析之中，"如同山坡上的蒲公英一样，唾手可得"。视力绝佳的人才能远远地看见桅杆"尖头"，甚至要借助于望远镜；志存高远、早早起来在暗夜中求索的人才能在高山之巅看见旭日东升；怀胎十月、孕育生命的母亲才能敏锐地感受到腹中婴儿的躁动，觉察到新生命的即将诞生。这一切都说明，前瞻性才是战略机遇的真正属性。

但是，与多数人的认知相反，前瞻性往往并不依赖行业经验和过去的成功经验。前瞻性是在对目标对象内在发展规律认知的基础上所做出的对其未来变化趋势的预测与判断。在战略管理的范畴之内，这种理解和判断是否一定依赖长期的行业经验、过去企业的成功经验，抑或对有关信息的更多掌握和了解呢？答案往往是否定的。

1972年的秋天，史蒂夫·乔布斯进入里德学院开始大学学习，这是一所位于俄勒冈州波特兰市的私立文理学院，也是全美最贵的大学之一。当时，里德学院的在校生只有1000人，这所学院以自由精神和嬉皮士生活方式著称。打开心扉、自问心源、脱离尘世的训诫被许多里德学院的学生奉为座右铭，该学院在20世纪70年代的退学率一度达到惊人的1/3。1974年2月，乔布斯从里德学院退学，也只用了18个月。1975年6月29日，个人电脑史上具有里程碑意义上的时刻到来：乔布斯本人看到了苹果公司最重要的合作伙伴沃兹尼亚克在键盘上敲下几个字符,然后这些字符立刻在面前的屏幕上显示了出来。这是历史上的第一次。

这一幕震惊了乔布斯,他连续向沃兹尼亚克问了好几个问题:这台电脑能联网吗?是否有可能添加一块磁盘作为存储器?随后的故事是乔布斯和沃兹尼亚克分别卖掉了自己的大众汽车和惠普65计算器筹得了1300美元创立了苹果电脑公司,尽管第一代APPLE Ⅰ计算机看起来更像是一堆带着各类电线的零部件,但却从此开创了IT产业的一个时代。

做出这一决定之前,乔布斯仅仅有过在游戏设计公司雅达利(Atari)改进芯片,设计更有趣和更人性化的人机交互等的经历,时间不超过1年。而对在里德学院的学习经历,乔布斯认为书法课是唯一让他感兴趣且终身受益的课程。乔布斯的成功在某种意义上说明,企业家的天赋极其重要且神秘,战略眼光并不一定是后天习得的产物。

(2)战略机遇一定具有不确定性和风险性

前瞻性是战略机遇的属性,识别这种前瞻性必须具有超前的眼光和独特的视角,体现企业家的素养。但是识别出这种前瞻性是否就能够找到所有问题的答案,意味着以后的战略发展之路是一片坦途呢?

如果战略机遇意味着一个美好的蓝图,那么仅有蓝图是远远不够的。战略机遇具有未来的潜在价值,但这种价值具有高度的不确定性和风险性,要将其实现绝非易事。20世纪90年代,一场由计算机和互联网技术革命引发的电子商务浪潮席卷全球,包括中国在内的全球互联网产业迎来了第一波发展高峰,无数的企业和资本纷纷入局,高潮时几乎每家企业都在谈论电子商务,都将其列为千载难逢的战略机遇。然而,这一资本的盛宴和狂欢很快戛然而止,无数的以互联网和电子商务为未来业务的投资者和企业关门倒闭,消失在历史的长河之中。2001年,全球互联网泡沫破裂,纳斯达克综合指数从2000年3月的5048点跌到2002年10月的1108点,跌幅达78%。此后,直到2015年3月,纳斯达克指数才再度越过5000点。最低谷的时期,中国互联网三大门户网站搜狐、网易和新浪在纳斯达克的上市公司的股票价格都低于1美元,真是"无边落木萧萧下"。

正是在中国互联网处于风暴的前夜,1999年马云和18位创业者投身到了互联网和电子商务产业之中。2009年,在阿里巴巴成立10周年的纪念大会上,马云回顾了10年前与18位同事在杭州的家里谈了2小时,就决定投身于中国的互联网产业和电子商务事业的往事。"有人说，阿里巴巴的商业模式、阿里巴巴提供的服务，就像是把一个万吨轮抬到喜马拉雅山上；但是今天阿里巴巴全世界 4000 万客户，相信我们可以把这个万吨轮抬到喜马拉雅山脚下，今天我们做到了，"马云总结道，"10 年以来，没有任何理由证明阿里巴巴能够活下来。"

创业的经历九死一生，对于经历了中国电子商务发展历程的人而言，一定对马云的话感同身受。2001 年是全球互联网产业的黑暗时刻，2001 年也是电子商务产业发展的分水岭。发现战略机遇固然重要，但要将机遇转化为实实在在的企业竞争优势和绩效，则是一项复杂的系统工程。把握战略机遇，既需要高超的"驾驭"技能，更需要企业家执着与坚守初心的精神。

（3）战略机遇具有明显的窗口期

虽然不像战争中的机会那样电光石火，但战略机遇同样具有时间性，多数时候需要决策者义无反顾、抢抓机遇。某些商机的出现，对首先行动者而言是机遇，一旦赛道上出现多个竞争者，机会的窗口就已经关闭。《货殖列传》中司马迁借先秦时期大货殖家白圭之口阐述了商业经营的理念——"趋时若猛兽挚鸟之发""吾治生产，犹伊尹、吕尚之谋，孙吴用兵，商鞅行法是也"，强烈的机遇意识是商业成功的关键所在。

多数研究者习惯将沃尔玛的成功归结为其成本领先的战略模式，以及在此基础上所构建的全球最有效率的分销系统，但容易忽略沃尔玛在超市选址方面的先发优势。沃尔玛的大多数商店选址在相对偏僻的城镇，公司向居住在这些城镇和附近的顾客提供十分必要的服务。关键是，这些城镇在规模上只能容纳一家大型折扣店经营。因此，虽然沃尔玛公司在这些地方经营的折扣店的定价比位于城市地区经营的沃尔玛店高出 6%，但不会导致其他连锁店到这些地区开店。

战略机遇契合企业的发展，就如同"在对的时间遇到对的人"。

2. 产业竞争性分析——五力模型

产业竞争性分析更加凸显了战略的竞争本质。在理论体系方面，波特的五力模型是产业竞争性分析的主要理论工具，也可以说是战略管理最为重要的分析工具之一。不仅如此，波特采用经济学理论解析战略问题也奠定了战略管理中结构—行为—绩效范式的基础，五力模型也是该范式的重要分析框架。那么，波特的五力模型究竟在分析什么？

我们通常认为，外部环境分析是为了发现机遇与威胁，找到企业前进的方向。但是，与宏观环境相比，波特的五力模型分析并没有延续机遇与威胁寻找的路径，而是建构了一个包含五种力量的"竞争结构"模型，如图 1-1 所示。

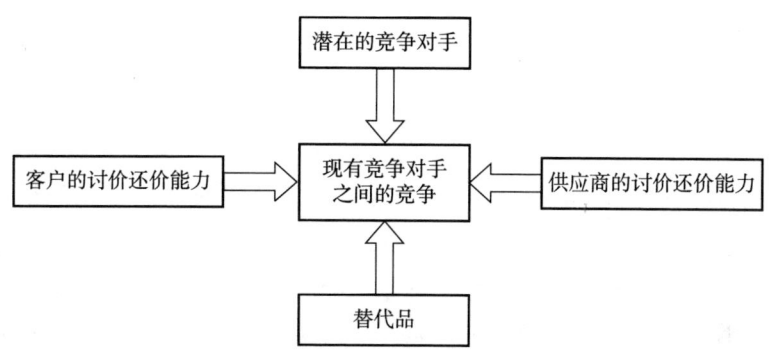

图 1-1　波特的五力模型

按照波特的理解，决定一个行业竞争激烈的程度和行业获利水平高低的力量不仅仅包括现有的竞争对手，还包括供应商和客户的讨价还价能力、替代品、潜在的竞争对手。这五种力量的综合状况共同决定了一个行业竞争激烈的程度和行业获利水平的高低。所以，五力模型从本质上讲，是一个彻头彻尾的竞争分析框架。五力模型的目的是通过五种力量的评价和分析来判断一个行业是"好的行业"还是"差的行业"。

首先，五力模型是产业组织理论中结构—行为—绩效范式的代表理论，深刻反映了产业组织理论对于竞争战略和竞争优势的理解。产业组织理论认为竞争优势来源于外部，产业结构性的特征决定了竞争优势的来源，该问题将在后面的专题中进行更进一步的探讨。

其次，由五种力量所构成的行业结构决定了行业获利水平的最终潜力。按照波特的观点，在竞争激烈的行业中，不会有一家企业能获得惊人的收益；在竞争相对缓和的行业中，各企业普遍可以获得较高的收益。

分别来看，供应商和客户的讨价还价能力决定了采购成本、销售利润；潜在的进入壁垒决定了行业能否获得超额利润和持续时间的长短；替代品决定了产品销售价格的上限；众多且势均力敌的竞争对手则会使所有的玩家都无法获得超额利润。因此，企业能否获得与保持竞争优势由行业结构决定，来源于企业外部。结构—行为—绩效范式更进一步地强调改变竞争地位的途径是改变行业结构，唯有改变行业结构才能从根本上改变企业在行业中的竞争格局。五力模型的建构，有助于形成企业在特定行业内如何竞争的"规则"。产业竞争性分析表明，一个企业竞争所处的行业结构对于企业所要面对的竞争本质有着深远的影响。

最后，用一句话来总结：五力模型在评价什么是好的行业，什么是差的行业。五力模型中有两个关键的要素：一是行业竞争激烈的程度；二是行业总体获利水平的高低。按照波特的观点，好的行业是竞争不那么激烈、获利水平高的行业；那些差的行业则刚好相反，即竞争激烈且获利水平低的行业。五力模型尽管聚焦于行业竞争性的分析，但是也可以作为行业吸引力分析的重要方法。五力模型中所涉及的规模经济性、行业集中度、竞争对手的多寡和竞争实力的差异、进入壁垒的高低，以及企业前向或后向一体化的倾向、供应类型和购买属性等，都是评价行业吸引力的重要指标。

通过五力模型分析得出好的行业和差的行业的意义重大。从投资的角度，好的行业和差的行业是投资的风向标。更为重要的是，五力模型的结论为企业的战略选择指明了方向，或者至少给出了企业获得战略竞争优势的一种路径——企业战略成功的关键是选择那些好的行业（竞争不那么激烈、获利水平高），采用低成本或差异化策略迅速地进入并建立起高的进入壁垒，在与现有对手的竞争中确立竞争优势；同时，努力在与客户和供应商的竞争中提高自身的讨价还价能力；最后关注潜在的竞争对手和替代品的竞争。

五力模型无疑是产业竞争性分析很好的工具，它是如此的流行，以至于人们常常忽略了它的缺点。五力模型看似完美，但也存在一些问题，其中最大的问题来自对潜在竞争对手和替代品的识别。在一个具体的行业中，现有的竞争对手是容易发现且易于理解的，但潜在的竞争对手是谁，来自哪里？多数情况下，新进入者的威胁往往是既成事实后才会被发现，战略潜伏期很难识别，替代品同样如此。在一些技术相对简单的行业，替代品是显而易见的，如电动自行车对私家车以及公共交通工具的替代。但是，在很多高科技领域或交叉融合的产业领域，替代品的来源是不清晰的、难以辨别的，但同时替代又是这些产业最主要的威胁形式。正因为存在上述这些难以解决的问题，很多基于五力模型的产业竞争性分析流于形式，无法深入进行。

3. 价值链分析

尽管宏观环境分析和产业竞争性分析都强调了竞争和竞争优势的核心地位，但是客观上讲，竞争优势依旧是一个抽象的概念。笼统地讲竞争优势很难被理解，而且多数企业不可能在所有的方面都具有明显的优势，而是优势和劣势集于一身。因此，竞争优势不能高高在上，而是要落实到企业的具体方面。也就是说，如果我们认为一个企业具有竞争优势，就应该明确地指出这个企业在哪些方面具有竞争优势。波特提出的价值链理论为这一问题的解决提供了工具。价值链的模型如图1-2所示。

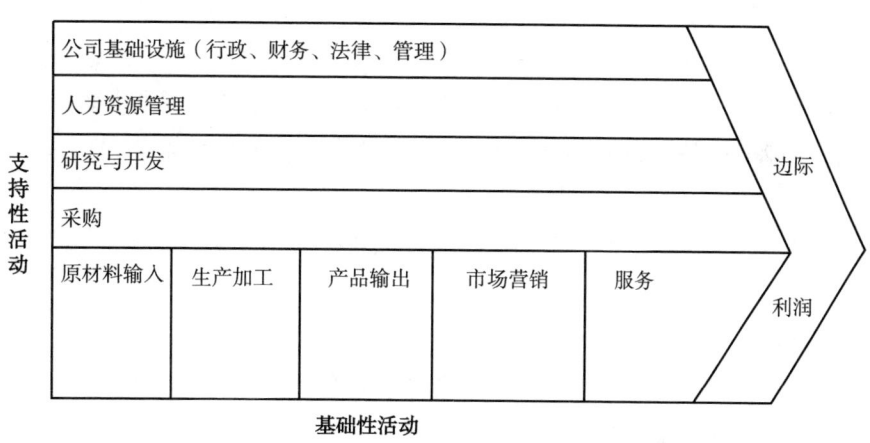

图1-2 价值链模型

价值链是对企业的"庖丁解牛"，波特运用结构化的思维将企业这个庞然大物进行了分解，从而使竞争优势落到实处。价值链没有按照组织结构的思路，也没有完全依照管理或作业流程的思维，而是以企业活动为基础来构建。波特将企业的所有活动分为两大类：基础性活动和支持性活动。其中，基础性活动基本上是产品及客户价值实现的过程；支持性活动则贯穿于基础性活动的始终，为产品和客户价值的实现提供支持。

首先，价值链是竞争优势的分析工具。企业的竞争优势可以来自价值链的任意一项活动，也可以来自多项活动之间的相互联系。例如，对通用电气公司而言，韦尔奇开创了通用电气公司最为辉煌的时代，因而有人将韦尔奇视为通用电气公司的竞争优势之一；英特尔公司在产品与技术的研究开发方面具有突出的优势；沃尔玛则在采购环节具有难以匹敌的优势；耐克、阿迪达斯等运动品牌则在产品设计与研发、营销与品牌运作等方面具有优势;马自达公司则注重营销、生产、供应等所有基础性活动之间的协作,以活动之间的紧密联系建立竞争优势。

其次,价值链是企业竞争战略制定的重要工具。不论是成本领先战略还是差异化战略,都可以从价值链分析中找到方向。波特在关于竞争战略的研究中提出了成本驱动因素和差异化驱动因素的概念,而上述因素都可以反映在价值链的各类活动之中。比如规模化作为重要的成本驱动因素,可以在采购、生产等环节中实现(参考大规模折扣零售企业或钢铁、炼油化工等规模经济性显著的企业),也可以通过在原材料获取等方面的独特性来取得成本优势。而差异化的产生既可以通过提供独特的、难以模仿的客户服务来实现,如IBM从硬件制造商全面转向为客户提供全面解决方案的服务供应商的战略,也可以通过塑造品牌的独特价值来建立差异化,如可口可乐公司的差异化战略。

再次,企业竞争优势的建立可以通过优化价值活动的方式来获取,也可以通过重构价值链的方式来建立。企业所有活动既是在创造价值,也在产生成本,因此,从价值活动的分析入手可以找到降低成本的途径。此外,如果战略需要,企业也可以通过重构价值链来寻求新的竞争优势。如一些企业实行纵向一体化战略,不断向产业链上下游延伸产业链条,如双汇集团建立从饲料、生猪养殖到肉制品加工、冷链物流等全产业链;而另一些企业则将价值链中某些活动外包,在去掉部分价值活动的同时强化另一些价值活动,如苹果公司将智能化电子产品的生产外包给富士康等代工企业,国际运动品牌公司则将产品的生产环节放到劳动力丰富且廉价的国家和地区,而将企业重心放到产品设计和品牌营销方面。

最后,要说明的是,将战略定义为"关于竞争的理论"以及将战略管理定义为"谋求和保持竞争优势"并不表明战略管理中只有竞争,没有合作。实际上,后面的专题会专门探讨竞争与合作的问题。在企业的战略选择中,与供应链成员企业展开协作,与竞争对手建立联盟关系,乃至成立合资企业都已经屡见不鲜、司空见惯。可以说,在竞争中合作、在合作中竞争才是战略管理的常态。

但是,合作也好,协作也罢,都无法取代竞争的主导地位。比如,在供应链协同关系中,你与你的顾客和供应商仍然是竞争关系,但是,它们也通过与你建立联盟和虚拟企业的方式来应对竞争。如果简单地认为协作就替代了竞争，或者是一个协作生态系统内相互结盟的厂商之间的协作就魔法般地消除了紧张和冲突，那就太幼稚了。基本的事实是，商务世界从本质上来讲是一个竞争的世界。在企业间建立起协作生态系统，是为了与它们之外的协作系统进行竞争。此外，即使是在协作系统内，成员之间也会相互竞争，以获得在联盟中的相对地位。协作的确会发生，但是，它和竞争同时存在，而不是替代了竞争。

专题二
价值观驱动

企业战略由价值观驱动。

为什么有些企业能够做大做强，而有些企业总是徘徊在生死边缘？

为什么有些企业能够获得核心竞争优势，在众多的同类企业中脱颖而出，而有些企业总是平淡无奇、默默无闻？

为什么有些企业偏爱纵向一体化战略，而有些企业却能够构建供应链战略？

为什么有些企业总是突破性创新的引领者，而有些企业总是追随和模仿？

为什么有些企业始终能够给市场提供可以信赖的产品，而有些企业的产品却良莠不齐，甚至粗制滥造？

为什么有些企业总是追求短期收益，而有些企业却二十余年如一日地坚守一个方向？

为什么有些企业总是在不同的领域里跳来跳去，而有的企业不达目的誓不罢休？

企业的战略选择千差万别，丰富多彩，真实世界中的战略案例要比理论的总结精彩百倍。支持理性分析观点的学者认为企业战略选择是基于外部环境中的机遇与威胁，根据自身的资源和能力属性而做出的合乎逻辑和理性的决策。因此，尽管存在很多影响决策的因素，但企业都是依据价值最大化目标做出的战略决策。这样的解释具有足够的合理性，所有的战略决策都是在风险与收益之间的权衡。

依据这一观点，理论上所有的战略决策都可以通过完全的数据逻辑来展开，管理者只需要根据数据本身的量值大小做出判断即可，不论是耗资百亿元的战略并购还是进入一个陌生产业的非相关多元化发展，也不论是追求差异化还是选择成本领先的竞争战略，都可以通过基本的投资—收益模型进行战略决策。

但是，现实中人们对价值最大化有不同的理解，甚至对价值本身是什么都有着不同的看法。企业是人的组合，对价值最大化的判断与评价标准因人而异，甚至有着天壤之别。1984年，张瑞敏在海尔全体员工面前砸掉76台冰箱的举动是一种价值宣示——在"纸糊的冰箱都能卖出去"的可以轻松赚钱的时代，海尔却选择走上一条艰难且充满挑战的以质量为生命的品牌战略之路，诠释了"优秀的产品是优秀的人做出来的"价值观。海尔品牌在国内打响且被市场和消费者高度认可的时候，海尔却选择通过"先难后易"向海外市场拓展，进入对品质要求最苛刻、最挑剔的德国、日本等发达国家市场，在公平竞争中赢得了国际市场客户的认可，再一次证明了"海尔是海"；随后，海尔以自讨苦吃的方式在美国直接投资设立制造基地、研发中心，对此张瑞敏的解释是——

海尔到美国设厂就是自讨苦吃。在全球竞争中，海尔是小学生，我们出去了就是要与国际竞争对手那些大学生，甚至研究生竞争。有人说海尔为什么不在国内把自己培养成大学生和研究生之后再进入全球市场，我们认为绝无这种可能。

在品牌化、多元化和国际化的三步走战略中，海尔的每一个选择都与轻松赚钱的常理相悖，也与赚快钱、快赚钱的理念相左。做企业是为了利益最大化，但赚长远而不是短期的钱，赚有尊严的钱而不是不择手段的钱，这本身就是价值判断。

单独看一个战略决策，往往平淡无奇并没有规律可循，但如果将企业一系列的战略决策放在一起研究，就会发现一些令人印象深刻的独特之处。如果再把不同时期、不同产业的企业战略决策放到一起进行横向比较研究，一些显著的差异就会显现出来。可以说，所有的战略决策都蕴含着价值判断，价值观是战略背后的真正驱动力量。

一、愿景与使命

要了解一个企业的价值观，首先要看其愿景和使命。很多公司非常重视总结自己的愿景和使命，并将其作为战略管理不可或缺的核心要素。一些企业长期坚持一个清晰而明确的愿景和使命，而另一些企业则根据战略和业务的发展而不断调整自己的愿景与使命。很多人也许还有这样的疑问，愿景也好，使命也好，看着总是很美好，但是不是企业的一种作秀呢？在回答这个问题之前，有必要先来认识一下什么是愿景和使命。

愿景和使命能够反映一个企业深层次的东西。愿景是想要成为什么样的企业的终极追求，因而愿景不是短期目标也不完全是长期目标，它不是具体的可以用财务指标进行衡量的东西，而是概括性的、抽象化的企业理想。使命是企业存在的意义，即企业因何设立、为谁服务、提供何种价值的总体性规定。不是每家企业都有自己的使命，每家企业的使命陈述也各不相同，对使命价值的理解也因人而异。

相对于愿景的宏大和抽象，使命的陈述要更加具体一些。既然是总体性的规定，多数企业的使命涉及以下三个方面的内容：一是产品和服务，企业在使命中介绍了自己的产品和服务，并对产品和服务的特征和属性进行描述；二是经营的范围和领域，企业要满足的客户群体和服务的对象；三是价值实现和价值分配，描述企业对社会、对股东和其他利益相关者的价值创造和责任。例如，美国强生公司在1943年制定的企业使命一直延续到现在而基本没有改变，这些使命的陈述简洁而清晰，已经成为公司的"教义"，简要摘录如下：

- 我们的首要责任是对医生、护士、医院、母亲和其他使用我们公司产品的人负责。
- 我们的产品必须永远是高质量的。
- 我们必须一直为降低成本而努力。
- 我们的交易必须有合理的利润。
- 在他们的工作中必须要有安全感，工资必须公平和足够。
- 必须有一个让员工提建议和抱怨的组织系统。
- 每个人都应该被认为有其自己的价值和尊严的个体。
- 我们必须是好公民——工作出色、待人宽厚，并负担合理的税负。

并非所有的企业都采取积极的态度构想自己的愿景和使命，也不是拥有明确愿景和使命的企业就一定有超乎一般的优秀业绩，一家企业经营不善也不一定是因为没有规划适合的愿景和使命，因此，任何神话愿景和使命作用的观点都是具有误导性的。

愿景和使命的基本功能是辨识功能，即人们通过愿景和使命可以了解、区别不同类型的企业。对企业而言，也正是通过愿景和使命展示自身的与众不同和独特之处。市场营销中，消费者一般通过品牌区分不同企业、不同产品，但是多数品牌只展示外在形象，简单的品牌宣传语等价值主张也过于简单,且随着营销的需要而随时改变。因此,要深入了解和认识一个企业,仅仅知道品牌是不够的。

愿景和使命是企业的总体性的、内在的规定,因而愿景和使命具有指引、约束的功能。如果一家企业以严肃认真的态度构想自己的愿景和使命,则已经表明了这家企业在给自身设定一些原则性的东西。愿景和使命并不是一成不变的、固化的教条,一些企业随着业务的发展变化会不断调整优化自己的愿景和使命。但规定自己前进的方向,描述提供给客户的产品和服务以及这些产品和服务的属性,界定企业经营的范围和领域,以及将会给股东、社会和员工带来何种价值,这些内容在展现企业独特性的同时,也在限定、约束企业的行动。在中国企业界令人印象深刻的是华为《基本法》中对愿景和使命的陈述:

华为的追求是在电子信息领域实现顾客的梦想,并依靠点点滴滴、锲而不舍的艰苦追求,使我们成为世界级领先企业。为了使华为成为世界一流的设备供应商,我们将永不进入信息服务业。通过无依赖的市场压力传递,内部机制永远处于激活状态。

在这样的陈述中,华为表明了企业的愿景——成为世界级领先企业;提出了企业的使命——在电子信息领域实现顾客的梦想、世界一流的设备供应商、永不进入信息服务业等。在2000年前后就写下的愿景与使命陈述对华为意味着什么,历史已经给出了答案。

德鲁克认为企业的目的必须存在于企业之外。企业的性质并不是由其名称、企业规章制度或章程决定的。决定企业存在的应该是顾客购买产品或服务的需要。满足顾客的需要,才是一个企业的宗旨和使命。愿景和使命要表明的是一家公司除了赚钱、利润最大化以外,是否还有别的追求。从这个角度讲,愿景和使命还有一个意义,那就是凝聚、鼓舞和感召。愿景和使命尽管可能是抽象的,但对于企业的意义是重要且深远的。

愿景和使命含有形而上的元素,这既是它不容易被理解和认可的原因,也是它的生命力所在。高露洁前CEO卢本·马克认为:"当愿景将每个人召唤到企业旗下时,其本质是在全球勾勒统一蓝图,而不是在不同文化环境中传递不同信息。其奥妙在于要保持企业愿景简明、宏大,'我们要制造世界上最快的计算机'或'我们为所有人提供电话服务'。永远都不要指望员工只为财务目标勇往直前，企业要提供让员工感觉美好的东西，要让员工感受到自己是某项事业不可或缺的组成部分。"

对多数人而言，职业是谋生的手段，企业是追逐利润的舞台，但正如马斯洛的需求层次理论，人的内在动力受多种欲望所支配且未被满足的需求才能被用来激励。另外，人类永远受好奇心驱使，对未知世界的探索才是永恒的追求。稻盛和夫认为"工作就是生活"，这句话包含两层意思：一是工作是生活的不可分割的一部分，而不是生活和工作的截然对立；二是工作和生活是一体的、相通的。赋予职业和企业赚钱以外的东西，如同赋予生活生存以外的价值。也许有一部分企业出于哗众取宠的角度用愿景和使命来给员工"画大饼"，但必须承认，依然有很多人梦想改变世界。愿景与使命的作用并不是刻意制造一种工作中的"崇高感"或"仪式感"，而是真正认识到了人性中最底层的内容，以职业或企业这样的载体将这一内容激发出来。

曾经，公司是一头力量难以控制的"怪兽"——臭名昭著的特许公司将毒品和战争带给了世界，也改变了世界历史的走向。19世纪末，中国驻英、法、意、比四国公使薛福成评价西方的公司是"尽其能事，移山可也，填海可也；驱驾风电、制御水火，亦可也。西洋诸国，所以横绝四海，莫之能御者，其不以此也哉？"。正因为公司的力量太复杂、太强大，有着惊人的创造力，也有着惊人的破坏力，因此不得不对其进行规定、进行约束。法律法规是一方面，企业伦理是另一方面。人类社会发展到今天，作为社会组织的企业已经不再，也不能仅仅是股东赚钱的机器，而是承担社会责任的特殊组织。这是新商业文明的要求，也是政府、社会等利益相关者的要求，是全社会的期望。所以，时代要求企业思考自己的愿景和使命，而拥有愿景和使命等价值观是企业进步的标志。

瑞士制药企业诺华公司的愿景和使命很具有代表性，这些表述也对企业战略产生了深远的影响。诺华公司是总部位于巴塞尔的全球医药健康企业集团，2022年营收505亿美元，是世界三大药企之一，业务遍及全球150多个国家和地区，是世界500强企业和全球最受尊敬的医药企业之一。

诺华的愿景——我们的愿景是成为全球最具价值和最值得信赖的医药健康企业。

在这个愿景中，最具价值和最值得信赖是两个关键词。诺华进一步对这个愿景进行解释：①诺华与患者之间的定位是合作关系。只有通过合作，我们才能为患者带来更好的结果，并改变医学实践。诺华与全世界的患者团体合作，共同探索新方法以改善人们生活质量、延长人类寿命。②通过科学引领创新的方式实现公司愿景。我们在研发领域投入了大量资金，支持并加强我们的承诺：以科学引领创新，去解决社会上面临的一些最具挑战性的健康问题。

诺华的使命——我们的使命是探索新方法改善人们生活质量、延长人类寿命。

诺华对使命的进一步解释阐明了企业存在的理由：①解决健康问题。以科学引领创新，去解决社会上面临的一些最具挑战性的健康问题。②公司的产品和服务。探索和开发突破性的疗法，并通过新方式惠及尽可能多的人。③价值创造和分配。志在为股东创造更多价值以回报他们对公司发展给予的资金、时间和创想。

在愿景和使命的构想之下，诺华也制定了企业的战略目标——

我们的战略是将诺华打造成为一家由先进的治疗平台和数据科学驱动、专注于医药健康的世界领先企业。

如果说愿景和使命是抽象的表述，那么企业战略目标则是该愿景和使命的落地。诺华的战略目标表明了要实现上述愿景和使命的具体形式和要达到的状态。比如在2009年，诺华支付385亿美元从雀巢公司购买总部位于美国的爱尔康公司77%的股权。爱尔康公司专注于视力保健，因其隐形眼镜护理液而闻名于世，这起并购是迄今为止瑞士公司历史上最大的并购。该项并购也兑现了诺华专注医药健康的战略目标承诺。

在该战略目标之下，诺华公司的战略重点涵盖五个方面：

在战略实施过程中，诺华通过五项战略重点塑造企业未来，为公司、股东和社会创造价值。①发挥员工的潜力。确保员工能够充分发挥各自的天赋和能力，努力将诺华打造成为一家让员工感到备受鼓舞、乐于求知，同时被充分赋能的公司。②夯实变革性创新。在寻求变革性治疗的过程中，努力挑战旧有模式，探索治愈疾病的可能性，并找到可以大幅改善生活质量的方法。③追求卓越执行。重构工作方式，提升团队的灵活性，提高公司的生产力并释放资源,以助力持续投入创新和取得更好的回报。④全力投入大数据与数字化建设。目标是推动诺华的数字革命,利用数字化技术、先进的分析技术和人工智能。⑤赢得社会的信任。在工作中遵循最高的价值观和最高的诚信标准,并积极探寻扩大医药可及性的新方法,从而努力赢得社会的信任。

愿景和使命尽管抽象,但却具有凝聚和振奋人心的作用,良好的愿景和使命约束了企业的战略选择,为企业的战略选择提供了终极背景。诺华的案例中,企业并没有回避为股东创造更大价值的财务利益的追求,但同时也将生活质量、人类寿命等作为企业存在的理由;而要实现"最具价值"和"最值得信赖"医药健康企业愿景,企业在战略上要成为数据科学与创新驱动、专注医药健康的世界领先企业。

当然诺华的案例有着特殊的行业背景,社会公众和法律也要求制药企业承担更多的责任、约束自身的行为,愿景和使命具有更加实际的意义,也更容易为大众所理解。但在其他行业,对愿景和使命价值持怀疑观点的人认为,多数企业的愿景和使命都与企业家的经营理念和价值观高度相关,特别是公司创始人的理念,比如美国强生公司。因此,企业的这些价值理念可能已经陈旧,不适应时代的发展甚至可能对企业建立竞争优势具有相反的阻碍作用。对企业家和管理者而言,愿景和使命并非一成不变,而是根据环境的变化和时代的要求及时创新与调整,在变与不变之间寻找平衡。

另一种观点则认为,愿景和使命是企业家或管理层的一种"作秀",出于对外宣传、树立企业良好形象的目的,这些理念从来就没有被很好地遵循过。即使管理者多么善于伪装自己,时间久了总会露出本心,这种双重人格的迷惑行为将给企业的战略带来危害并使员工无所适从。企业实践表明,只有发自个人信念所形成的领导行动,才会对组织的行为造成深远的影响。正如麦肯锡公司的一位专家所说的:"成功的领导者不是刻意地去扮演领导的角色,而是认真地去做他们所相信的事情——依靠信念而活,并且实际地去体现这些信念。"

二、战略决策背后的价值分析

所谓价值,是一种持续偏好某种行为的模型。企业的战略决策是一个复杂的课题,涉及很多方面的因素。理论上战略决策要综合考虑企业内外部的优势与劣势、机遇与威胁,从而选择对企业最有利的方案,但实际的决策过程远比理论分析要复杂得多。

多数战略决策受决策者对于风险的态度影响，经济学家根据人们对于风险的态度将决策者分为风险规避、风险中性和风险偏好三类。相对于风险规避的决策者，风险偏好的决策者更倾向于做出大胆激进的决策。被称为"中子弹"的韦尔奇在带领通用电气进行战略变革时曾经做出裁员幅度超过18%、总计超过10万人的重大决策，卖掉了通用电气原有210亿美元资产中的1/15，各类团体也从2100个减少到900个。这种激进的战略决策不仅使领导人承受巨大的心理和情感压力，同时也会使企业面临随之而来的经营风险。

与之相反，一些管理者更偏好低调且保守的战略决策。美国本杰瑞公司是一家著名的冰激凌生产企业，20世纪80年代得到长足发展，但90年代之后面临哈根达斯的激烈竞争。公司长期以来一直实行任何一位高层管理者工资不得超过员工最低工资7倍的规定，导致本杰瑞公司很难找到更加优秀的CEO人选，最终公司被联合利华收购。在全聚德案例中，从2016年至今其更换了5任总经理，但除了其中一位领导人做出的取消了外界广为诟病的服务费，同时菜价整体下调10%~15%的决策让人有印象以外，多数决策者在品牌运营、多元化发展、全球化开拓等领域乏善可陈，变革步伐缓慢且保守。

另外，一些战略决策类型包含着决策者本人对于人性的理解，比如信任与承诺。日本企业竞争优势的建立多数与它们的供应商等上下游企业之间复杂社会关系密切相关。在供应商的支持下，丰田汽车庞大且复杂的供应链管理体系是开展及时制、零库存等精益生产的基础，也是丰田获得低成本和差异化竞争优势的关键。

对企业价值观的坚守达到一种偏执的程度，成为一些企业生存与成功的关键因素。英特尔前CEO安迪·格鲁夫有一句名言："只有偏执狂才能够生存。"这句话很能说明一些企业战略现象，那些处于价值链顶端的企业表现得尤为突出。

"偏执"一词很容易被人理解为病态的、不良的性格，但能够获得竞争优势并最终从众多竞争对手中脱颖而出的企业，一定有着异乎常人的独特之处，而且这种独特之处经常不被普通人理解和接受。如果把偏执理解为一个"中性词"，那么优秀企业的偏执表现在很多方面。例如，一些企业追求产品的极致性能，以推出伟大产品的心态经营企业。戈登·摩尔是英特尔的创始人，1965年时任仙童半导体公司研究开发实验室主任的他发现了一个惊人的趋势：

每个新芯片大体上包含其前任两倍的容量,每个芯片的产生都是在前一个芯片产生后的 18~24 个月内。这就是著名的摩尔定律。在发展最迅速的时期,"让竞争对手追随我们"已经不是英特尔的策略,英特尔是在不断地超越自己。在随后的 26 年的时间里,芯片上的晶体管数量增加了 3200 多倍,从 1971 年推出的第一款 4004 的 2300 个增加到奔腾Ⅱ处理器的 750 万个。

对极致创新近乎偏执的追求在很大程度上促使了美国硅谷高科技企业的崛起,但对创新的理解却反映在不同的价值观上。贝尔实验室的前总裁金钟勋说:"在我看来,中国或韩国的文化,尤其是亚洲国家的文化,人们为了达成共识不惜降低标准。当然这不是对与错的问题,这是一种他们非常珍视的美德和价值观。但是颠覆性的创新,需要在不同观点的碰撞下获得激发。"对创新的价值取向往往决定了企业的走向。到目前为止,美国依然是全球创新的核心策源地,特别是颠覆性创新和突破性创新,即所谓"从 0 到 1"的创新。做到这一点,当然与美国国家创新体系特别是基础研究的强大分不开,也与健全的保护知识产权的法律法规相关,但美国社会创新的主体之一是企业,绝大多数的技术创新源于企业。美国的高科技企业既有宽容失败、鼓励创新的氛围,更有追求极致创新的内在价值取向。

另一些企业的偏执则体现在对目标的执着追求,即不达目的决不罢休上。比亚迪自 2003 年由电池生产商进入汽车制造产业,至 2023 年 20 年的时间在插电式混合动力、新能源电池和整车制造产业等方面的研发投入超过 1000 亿元,个别年份的研发投入甚至超过利润总额,这已经不能用纯粹的"追逐经济利益"来解释这种近乎疯狂的企业行为了,这更像是一种不撞南墙不回头的"执念"。坚持最初的目标、不忘初心对于现代企业而言,是一项艰巨的任务,这也是企业能够最终做大做强的关键所在。

对初心的坚守到了一种偏执的程度,也反映了企业对什么钱该赚、什么钱不能赚的理解。被誉为"经营之圣"的稻盛和夫先生,一手创立了两家世界 500 强企业:京瓷、KDDI。京瓷自创立以来从未出现过一次亏损,京瓷的企业性格可以被概括为长期导向、稳健经营。京瓷在发展最鼎盛的时期也被告知公司的净资产收益率太低,企业应该去并购企业、购买设备、购买股票,追求短期利润的最大化。但是稻盛和夫认为:"在我看来,最重要的就是经营者要有慎重、坚持的态度。在激烈的市场竞争中,为了保护员工、维持企业的生存,经营者绝不能示弱,要有坚韧好胜的性格。为了企业的长期繁荣,经营者时刻要保持如履薄冰的心境。"历史上那些伟大的企业总是表现出异乎寻常的偏执，而被轻易理解的企业往往是平庸之辈。

在苹果公司，战略由价值观所推动体现得尤为明显。从第一代麦金塔电脑，到以图形用户界面技术为核心的苹果操作系统开发，再到后来的智能移动设备的横空出世，在不断地进行技术与产品创新的背后，是乔布斯所主导的叛逆、蔑视与挑战权威、控制欲、改变世界等近乎疯狂的价值取向。很多人，包括《史蒂夫·乔布斯传》的作者沃尔特·艾萨克森也认为，乔布斯的管理风格受被领养的身世、青春期到印度和日本做苦行僧、逃课，以及大学从里德学院退学等事件的深刻影响。在第一代苹果电脑推出的时候，乔布斯和投资人马库拉一起制定了苹果的"营销哲学"。这一贯穿苹果公司始终的哲学由三个层面的理念构成：①共鸣，就是紧密结合顾客的感受；②专注，为了做好决定要做的事情，必须拒绝所有不重要的机会；③灌输，人们确实会以貌取人，如果以创新、专业的方式展示产品，那么优质的形象就会被灌输到顾客的思想中。

1984年，为配合麦金塔电脑的发布，苹果公司制作了著名的60秒《1984》广告，广告中的女主角是意图挫败老大哥世界的反叛者，她穿着纯白色背心，上面印有一台麦金塔电脑，当老大哥正在大屏幕上进行控制人心的讲话时，她将大锤砸向屏幕。

这是一则惊人的广告，这个广告抓住了个人电脑革命的时代精神。许多年轻人，尤其是反主流文化人士，认为计算机是奥威尔式的政府和大企业用以消除人们个性的工具。但在20世纪70年代末，电脑也被视作能够释放个人能量的工具。这则广告恰恰抓住了后一种心态，将麦金塔电脑塑造成为个人为自由而战的斗士——面对邪恶的大企业意欲统治世界并实行完全的精神控制，唯有苹果这家冷静、反叛、英勇的公司能够阻止它。

这则广告的观念与乔布斯有着特殊的共鸣，他喜欢将自己与这种价值观联系起来。他仍然希望别人将自己看作一个反主流文化的人，而非大企业文化的代言人。叛逆、反主流和蔑视权威成了乔布斯带领苹果公司不断创新的动力来源，而不仅仅是上市和获利，正如乔布斯所言："你永远不该怀着赚钱的目的去创办一家公司。你的目标应该是做出让你自己深信不疑的产品，创办一家生命力很强的公司。"

这一价值观念同样出现在苹果公司开发手机和平板电脑的战略中。诺基亚公司第一次提出了智能手机的概念，并且开发了触摸屏技术，但并没有将其成功地商业化。起初苹果公司计划与摩托罗拉公司在 iPod 的基础上合作开发一款手机产品，以及学习微软公司研发平板电脑产品，但是在发现摩托罗拉手机烦琐且笨拙的功能和微软平板电脑要使用手写笔输入这些"愚蠢"设计之后，乔布斯的创造力又一次被激发了出来。乔布斯召集自己的团队说："我要做一款平板电脑，不要键盘和手写笔，用户能够通过手指触摸屏幕输入。"这意味着，平板电脑的屏幕需要使用一种被乔布斯形容为"多点触控"的技术，能够在同一时间处理多个输入。这些疯狂的、离经叛道的想法最终在乔布斯的手下一一实现，并使手机等移动互联网产业发生颠覆性的改变。

乔布斯对于产品的理解也被生动地反映在他与迪士尼合作拍摄的动画电影《玩具总动员》之中，那就是：产品是有灵魂的，是为了一个使命才被生产出来的。如果一个物体是有情感的，那么它的情感应该是基于它想实现自己价值的渴望。事实也再一次证明，乔布斯与迪士尼的合作改变了动画电影产业的发展历史。只有"那些疯狂到以为自己能够改变世界的人，才能真正改变世界"，是乔布斯一生的真实写照。

李嘉诚创建的长江集团发端于中国香港本地的一家小地产商，从 1973 年至今已发展成为著名的全球化经营、业务绝对多元化的企业。李嘉诚的多元化战略是典型的非相关多元化战略，但却严格遵循了稳健经营、不敢为天下先的理念。郎咸平教授曾经研究长江集团下属的七大业务的息税前利润（EBIT）曲线，发现单个来看，这些业务的 EBIT 曲线波动剧烈，但放在一起却呈现错峰互补的关系。在坐标系中取七条线的加权平均数，增长率就变成了 $-5\% \sim 20\%$，这是一个十分稳健的投资。总结李嘉诚的多元化战略，具有以下突出特点：

一是并购低相关和非相关业务来分散风险。

二是收购或从事不同回报期业务，降低风险，确保每段时间都有足够的资金流与集团的正常运作。

三是在集团内部发挥资本杠杆作用，达到集团内的平衡协调发展。

四是收购或从事稳定回报业务来平滑盈利。

五是资金充裕时考虑长线投资，资金紧张时着眼短线投资。

六是一如既往地奉行稳健发展战略，发展不忘稳健，稳健坚持发展。李嘉诚旗下各集团的资产负债率是香港地区同业中最低的。

三、价值观的外在驱动

从外在来看，价值观驱动的表现之一是管理者对于目标人群的价值取向变化趋势的理解和判断，决定了战略选择的方向。很多依靠敏锐直觉而不是数字和精密逻辑做出战略判断的企业家，恰恰是对消费潮流的价值走向有着独特和异于常人的认知，比如对审美、娱乐等的理解。

一家五星级酒店的总经理，将酒店原有的 30 间用于商务接待的高档 KTV 场所进行重新装修，定位为家庭成员娱乐和朋友聚会使用。之所以做出这样的决策，原因在于这位总经理认为未来的消费趋势和消费理念是回归家庭、回归亲情和友情，人们更关注、更在乎家人与朋友之间的情感交流，而不是逢场作戏、尔虞我诈的商务娱乐。做出这样的判断也是在 2012 年中央出台八项规定之后。在被无数人质疑为不切实际、白日做梦的"空想战略"之后，这位总经理这样解释自己的想法——"等风来！"，也就是说，如果消费潮流的"风"来了，我就成功了；如果"风"没有来，那我必死无疑。这是一个极端的例子，但令人深思。

对目标客户群体价值观中的审美取向的判断不仅发生在服务行业，也发生在工业领域，并对企业战略产生重要的推动作用。一个发生在福特汽车公司卡车研发的案例很具有代表性，这个案例还发明了一个著名的管理术语——价值群体分析。

詹姆斯·布林和约翰·沃克纳韦茨准备为福特汽车公司设计新一代轻型卡车，但是工作很不顺利。很长一段时间以来，福特汽车公司一直是美国卡车市场的领先者，这是整个汽车行业获利最高的细分市场之一。新一代卡车的设计师必须以此为基础，不能让公司的市场领导权冒任何风险。詹姆斯·布林和约翰·沃克纳韦茨收集卡车设计的图片，将其作为设计师和工程师的资料来源。他们感到十分沮丧，因为他们得出的结论是：卡车设计在未来的几年内从根本上说会保持不变。由于对这种缺乏创造性的设计趋势感到失望，所以他们孕育了一项新的计划。尽管他们当时还什么也不知道，但这正是福特汽车公司的产品设计方案发生彻底变化的开端。

他们将近几十年里无数种不同产品的设计方案收集在一起，通过观察，他们发现许多产品的设计方案在相同时期发生变化，但是他们还难以解释这种现象。通过进一步挖掘，他们收集了与流行音乐、电影、时尚、战争、经济等方面的发展趋势相关的信息,并尽量找出这些信息与设计趋势之间的相关性。他们发现每一代设计方案都受到青少年的影响最深,在他们身上发生的事件形成了最基本的价值观以及消费品位,包括轻型货车。

詹姆斯·布林和约翰·沃克纳韦茨将基于这一现象之上的设计方法称为"价值群体分析"。价值群体分析不仅是"产品开发的瓶颈"之一,而且能给福特汽车公司带来一项真正的竞争优势。采用价值群体分析工具设计的新型卡车一上市就获得了成功,并且平均每年销售80万辆,确保了福特汽车公司的市场领导权。

与价值群体分析相类似的是惠而浦公司提出的"主导性顾客特许权"战略。这一战略最根本的目的是更好地理解顾客的需要,以客户为中心。该战略的基础是惠而浦全新的细分市场标准——根据消费群体的价值观而不是其他。惠而浦将目标客户分为六小类:①传统主义者;②不爱做家务者;③成功人士;④自信有把握者;⑤保守主义者;⑥人口多的家庭。要赢得竞争,提高产品质量和保持低成本是必需的,但是远远不够的,理解客户的价值观变迁趋势更为重要。

四、战略锚

所有的企业都有价值观,只是很多企业奉行实用主义和生存导向的价值观,很少考虑一些形而上的东西。在社会科学界,一些自认为深刻的观察者总是将国家、组织或个人的行为用彻底的经济利益来解释,诸如战争与地区冲突、发展问题、企业跨国并购等。在这些观察者眼中,经济动因是社会组织采取某种行动的根本动因,因此,可以用经济学的理论和指标解释一切问题,包括企业战略管理。这种看似深刻的见解实际上是将战略问题简单化了。

崛起于浙江宁波的杉杉集团如今几乎在服装行业中销声匿迹,原因是在21世纪初,杉杉通过投资中科英华等上市公司和高科技企业进入锂电池正负极材料等产业,实现了二次创业的华丽转身。从战略来看,如果说杉杉进入锂电池正负极材料产业是由于战略机遇与内外环境的契合,是一种利益最大化的战略决策的话,那么杉杉从服装产业转型、全身心地投入高科技产业则一定有着某种价值判断。

更一般的情况下,追求多元化战略的一些企业有着强烈的风险分散的意识,偏爱纵向一体化战略的企业则有着控制产业链的动机,而实施供应链战略体系的企业倾向于构建基于合作关系的上下游合作伙伴关系。这些特征鲜明的战略决策的背后暗含着对风险的偏好、控制欲、信任与承诺等复杂的人性因素，这些因素会主导企业的战略选择。驱动企业战略的价值观一旦形成，特别是与某一位企业家或创业者结合为一体的时候，则带有鲜明的个人风格。这种风格是否会随着战略选择的变化而变化呢？或者说，是否存在类似于"职业锚"的"战略锚"现象呢？不管这些企业选择何种类型的战略，总有一些因素保持不变，特别是当企业被某一位企业家或创业者主导时，这些保持不变的因素构成驱动战略选择的价值观内核。

索尼曾经以微型化、独一无二的技术与产品创新成为消费电子领域的第一品牌，但众多日本企业，如佳能、松下、东芝等都能够在推出设计精巧、细节完美、性能精良的产品方面在全世界独树一帜，而不仅仅是索尼一家。20世纪80年代，当欧美的企业家见到日本如艺术品一般的机床设备的时候，感受到的震撼是无以言表的。日本企业在细节方面追求极致并在小巧、微型化等方面的能力是独特且难以模仿的，这与日本的地理环境、人文环境、民族文化和大众心理等密不可分。但任何事物都有两面性，在日本大环境的影响之下，日本企业相对保守且固执。日本企业是技术引进再创新的佼佼者，而不是原创技术的提出者。多数日本企业是从美国等国家获得最初的技术来源，并在此基础上继续投入研发，并最终能够实现后来居上。可以说，日本企业独特的审美创造了令人印象深刻的产品属性，但日本的国民性也造就日本企业行动迟缓、战略创新瞻前顾后的风格。以曾经横扫全球的日本家电产业为例，夏普率先推出液晶显示器，到1994年日本在全球面板产业的市场份额高达90%以上，几乎是垄断性的存在。但随后韩国三星以新型技术创新引领后来居上，中国企业在规模优势和庞大的市场需求支撑之下奋起直追，反而是夏普等日本企业受制于笨重的液晶资产尾大不掉，变革迟缓、犹犹豫豫，最终失去行业领导者地位。松下在等离子技术领域曾经独步全球，也拥有全球90%以上的专利垄断，但极端的保守与控制整个产业链利润的心态最终导致盛极而衰，在新的技术迅速迭代升级的冲击下失去了充满希望的技术赛道。这种追求细节极致完美的价值观成为日本企业的"标签"，对日本企业的战略选择产生深远的影响，过去是，未来依然如此。

在日本，京瓷公司是一家充满矛盾的公司。京瓷专注于陶瓷的应用组合，它把过去传统的工艺变成了令人激动的技术。但创始人稻盛和夫却自谦地称自己为"乡下的孩子",他在整个职业生涯中,都在挑战日本固有的传统,经常抨击自己的国家过于关注维持现状。稻盛和夫本人非常强调标新立异,抵御传统的日式系统。

在日本京瓷公司,有40多本小册子详细描述着被称为"稻盛和夫"主义的价值理念:

- 公司的座右铭是"敬天爱人"。京瓷的管理者将其解释为:"我们是一家技术公司,我们贸然进入的科学领域越多越广,我们也越容易受到上天的打击。"公司不过是人们为了共同的目标而在一起工作,我们只有通过和其他人的相互关系才能完成工作。所以我们只有在互敬互爱的基础上才有可能提高,获得幸福。

- "像流浪汉一样行动。"这句话的目的在于传达独立和依靠自我的重要性,这种特征被认为是创造力、自由思考必不可少的条件,同时它也重视人们对自身梦想的追求。

- 只有当一个人愿意挑战被人们已普遍接受的信念,同时努力消灭这种障碍,他才能打开通向未来之门。

- 一个人必需的天性就是追求价值。如果你感到自己完全投入工作之中,对社会发挥作用,使自己感到幸福,那么你也就拥有了成功的生活。

- 工作就是生活,人们工作显然不仅仅为了挣钱,他们同时也在寻求精神满足。换句话说,人们努力在工作中寻找意义。

- 没有取得成功的人一般也没有足够的耐心:如果某件事出了麻烦,他们很容易就放弃了。永远不要放弃。

- 决策应当反映清晰的头脑和纯洁的心灵,它能够认清事情的真相。一颗自私自利的心灵只能看到盘根错节的复杂状况。

- 深度胜于广度。

- 一个能够管理大企业的人就是能为客户带来利润的人。满足客户的需要,同时使利润最大化——这就是商业。

- 当公司不再处于攻势时,这家公司就已经开始走下坡路了。

- 发展就是不断地反复破坏原有结构并重构的过程。

在日本历史上有两次堪称伟大的企业拯救,一次是卡洛斯·戈恩与日产汽车,另一次则是稻盛和夫与日航。1999年日产汽车岌岌可危,处于破产倒闭的边缘,卡洛斯·戈恩承担了号称有史以来最触目惊心的企业整顿大任。

1999年10月18日，戈恩上任后的第7个月，复兴计划全盘发表，其内容的严酷震惊了全日本。复兴计划准备在3年内裁员2.1万人，关闭5家工厂，卖掉非汽车制造部门，将13000多家零部件、原材料供应商压缩为600家，将占尼桑汽车成本60%的采购成本降低20%。消息发布后，和日产汽车多年来互相参股、有着千丝万缕关系的零部件供应商大惊失色，形容自己是"受惊的小鹿"。而许多员工则"止不住流出了眼泪"。但最终，卡洛斯·戈恩仅以两年时间便让日产汽车脱离了破产边缘，扭亏为盈。一位西方人，成功改造了一家观念闭塞、作风保守的日本巨型企业。

在2010年，日航宣布破产，年近80岁的稻盛和夫出山。稻盛和夫开始给这个"沉重的大象"做手术，裁员、组织结构和业务调整是大家都能想到的方案，比如在2010年1月，日航宣布在2012年度之前总计裁员1.93万人。此外，为了减少亏损，日航在2009年就砍掉了16条国内及国际航线，接下来还将陆续停飞45条航线。而且日航准备撤出航空货运业务，将旗下自有的5架全货机出售。

但是，稻盛和夫的与众不同之处是在调整业务或优化员工队伍时，能够回到做企业的原点，回归到企业宗旨和使命。日航最核心的战略变革与转型是将京瓷的"稻盛和夫"主义价值观传递给日航员工，而不是仅仅依靠唯股东利益马首是瞻的"大手术"。稻盛和夫认为经营成功的必需条件是建立起"每名员工都热爱公司，为了公司的发展不惜一切"的企业文化，拥有这样企业文化的公司必定能够持续发展。稻盛和夫尽可能多地去现场视察，和每名员工近距离接触，了解他们的想法和感受，并将自己的想法传达给他们。同时，稻盛和夫开展了持续不断的对以上价值观的宣讲和灌输，并将正确的经营思想和有效的管理模式传授给日航的每一位员工，迅速凝聚了人心，大家齐心协力投入日航的重建。

结果是稻盛和夫接管公司后不到500天，日航不仅起死回生，更是成为全球航空业利润第一的企业，堪称奇迹。在"敬天爱人"的核心价值观的引领下，日航战略变革的举措是多方面的，组织、人事和业务的调整是常规动作，但整体的方向是回归企业的宗旨和使命，让员工的献身精神重新成为企业的核心竞争优势。这一变革的路径与京瓷的理念一脉相承，是稻盛和夫企业哲学的又一次成功实践。

对固特异公司影响巨大的前CEO高特为企业制定了一些简单的原则——

低成本、高质量和赢得顾客满意。任何时候对质量毫不含糊，在持续不断地降低成本的同时保持差异化优势是固特异的竞争战略属性。另一家美国企业哈雷-戴维森公司被称为美国梦的象征，同时也是"家庭"这一概念的延伸载体，这是哈雷-戴维森公司成功的关键因素。分享冒险乐趣是哈雷的价值观，也是哈雷开拓市场的利器。一代又一代新加入哈雷大家庭的骑手每年都会耐心地等待积雪融化，然后怀着朝圣般的心情前往密尔沃基，开始自己的首次骑行。

当然，多数情况下企业价值观与某个企业家紧密联系，或者带有某个重要的创业者价值观的烙印，而一旦这些关键人物离开，新的人事变动会带来不同的理念。因此，本书一方面确信战略选择中存在一个不变的核心，即战略锚现象；另一方面也认为战略锚对企业战略选择的影响是相对的。

专题三

竞争优势来源于何处：外部还是内部？

回归核心竞争力，专注于核心竞争力，这是评判一个企业从幼稚走向成熟的标志。

一、产业组织理论的观点

竞争优势来源于外部还是内部，这是战略管理的根本性问题之一。在专题一的讨论中，战略管理被定义为谋求和保持竞争优势，竞争优势是战略管理追求的目标。但是并非所有的企业都能够获得竞争优势，一部分企业处于竞争对等的状态，而另一些企业则处于竞争劣势。从财务指标来看，处于竞争优势的企业往往能够获得超过行业平均水平的投资回报，为股东也为利益相关者带来更大的收益。处于竞争优势的企业一般都处于更为有利的市场地位，可以有更为多样和充裕的战略选择空间。既然竞争优势如此重要，而赢得竞争也是无数企业的梦想，那么竞争优势从何而来，战略管理应清晰地回答这一问题。

关于竞争优势的来源，历来有两派观点：一派是以波特为代表的产业组织理论；另一派则以资源基础理论为代表。产业组织理论基于经济学的方法、视角来看待战略管理问题，采用结构—行为—绩效的框架来解析企业的战略行为，主张竞争优势由产业结构所决定，即竞争优势外部说；资源基础理论则主张竞争优势来源于企业内部，是企业内部资源与能力的属性在外部竞争环境中的投射，即竞争优势内部说。

作为结构—行为—绩效范式的代表理论，五力模型始终是绕不开的分析工具。在这个产业竞争性分析框架中，五力模型给出了什么是好的行业、什么是差的行业的判断，更为重要的是给出了竞争优势由产业结构性因素所决定的结论。如果将能否获得行业平均利润作为衡量竞争优势的指标，那么按照五力模型的分析，在一个竞争激烈的行业，任何一家企业都不可能获得显著的超额利润；而在竞争不那么激烈的行业，多数企业都能获得较好的利润水平。因此，根据产业组织理论的观点，企业要想获得超额利润，应首先选择"好的"行业，迅速地进入并建立起行业壁垒，致力于削弱供应商和客户的讨价还价能力，改变产业结构和竞争格局，最终获得竞争优势。竞争优势来源于外部，在很大程度上由产业结构所决定。

产业组织理论的竞争优势外部说具有深厚的理论和实践支撑，在许多领域都能得到验证。在塑造某个行业的命运方面，外部的环境也扮演着关键的角色，管理者必须根据外部环境的变化来制定战略、调整战略。实证研究清楚地表明了公司绩效与战略和环境之间存在着很强的关联性。1991年，美国学者在一项对8个不同的产业环境中的1638家企业在两个不同时期的数据分析中发现，在解释企业财务业绩水平之间的差异时，环境与战略之间的联系一直是一项重要的因素。对创业期企业的研究和世界不同地域的企业研究也得出了相似的结论。外部环境不仅带来了机遇与威胁，同时也在很大程度上决定了竞争的规则，特别是在特定的产业结构环境中。可以说，一个企业竞争所处的产业结构对于企业所要面对的竞争本质有着深远的影响。所以，结论是肯定的，如果你想了解是什么促成了企业的成功竞争，你必须考虑公司所处的环境以及该公司战略与环境的匹配程度。

产业组织理论的观点在企业界也有众多的拥护者，原因在于从外部获取竞争优势更容易理解，更能直观地解释企业与企业之间的绩效差异。比如竞争对手的多寡对身处其中的企业会造成不同的竞争压力，很多企业常常回忆"短缺经济"时期产品供不应求的好日子，也时常感慨现在的生意越来越不好做。也许生意还是那个生意，只是做的人多罢了。1986年，第一根火腿肠诞生于中原大地，"会跳舞的火腿肠"也迅速红遍大江南北，洛阳春都几乎成了火腿肠的代名词。此后的十余年，企业几乎完整经历了一个创新性的产品投放市场后生命周期的各个阶段：从投入期的艰难起步，到成长期的供不应求、飞速发展，再到成熟期的竞争对手增多，市场增长放缓，直至衰退期的利润下降，产品迎来更新换代，低品质产品逐步被市场淘汰。在春都发展的高峰期，几乎每天都有来自全国各地的经销商来到位于洛阳道北的春都厂门口排队提货，企业赚得盆满钵盈，成为无可争议的行业龙头老大。

但是，火腿肠市场的高利润也吸引着越来越多的竞争对手加入这个行业。1992年以后，随着双汇等竞争对手陆续进入火腿肠市场，竞争格局悄然改变。春都的行业领导者的地位不断受到挑战，利润、市场份额不断受到蚕食，品牌影响力直线下降，最终完全被逐出火腿肠市场。同样来自中原大地漯河的双汇则最终赢得了竞争，并凭借出色的战略管理能力成为中国最大的肉制品加工企业并保持至今。

春都的案例曾经成为国内商学院 MBA 教学的经典案例，受到广泛的关注和解读。不同的视角会有截然不同的观点，但如果站在产业组织理论的角度，春都的成功在很大程度上应归因于产业结构性因素和宏观环境，而不仅仅是企业自身战略所导致的结果。在这个案例中，产业竞争性结构决定了战略竞争的本质特征，那就是稀少的竞争对手和相对空白的市场是企业获得超额利润的重要来源；反之，众多势均力敌的竞争对手则会使竞争加剧，行业利润迅速下降，并最终导致企业先前所获得的超额利润难以为继，从而丧失竞争优势。只是这样的分析结论不一定符合大众的心理，也会让部分企业家难以接受，因为多数情况下人们会将企业经营好的功劳归功于自己，而当企业经营差的时候，则倾向于从外部寻找原因。

另外，五力模型中的两种力量的作用也直接导致了企业能否获得期望的利润水平，即供应商的讨价还价能力和客户的讨价还价能力。对于这两种力量的分析，可以更加直观地理解企业竞争优势受到外部产业结构性因素制约的实质。一般而言，供应商的讨价还价能力决定了企业成本的高低，而客户的讨价还价能力则决定了企业获取利润的多寡。现实中人们经常看到的"店大欺客"和"客大欺店"现象实质上反映了不对等的上下游交易关系。2022年第四季度，苹果智能手机利润达到占全行业 85% 的历史新高，而 2021 年苹果利润达到惊人的 574.11 亿美元，是美国最赚钱的 50 家公司之一。但是对中国国内苹果供应链上的企业而言，则利润微薄。据时代财经 2023 年 5 月 6 日的数据，工业富联、立讯精密、京东方等 25 家 A 股苹果供应链上市公司的一季度财报显示，25 家公司归属母公司的净利润总额为 63 亿元，较上年同期下滑约 51%，仅为苹果公司的 3.8%，平均每家 2.52 亿元。

同样地，沃尔玛作为全球最大的零售终端，在各个行业都具有强有力的讨价还价能力。在 20 世纪 90 年代沃尔玛的销售量以每年 26% 的速度增长，而同期沃尔玛的主要竞争对手凯马特和希尔斯销售量的年增长率分别只有 9.9% 和 1.2%。依靠规模巨大的采购量和终端优势，沃尔玛在要求供应商提供更低的采购折扣的同时还制定了更为苛刻的回款制度，从而确立了难以撼动的低成本竞争优势。沃尔玛的销售净利润率为 4.1%，几乎是其主要竞争对手的两倍。

实证研究还发现，如果供应商和客户的讨价还价能力都很强大，则会显著地压缩处于中间产业的利润空间，这也是显而易见的。从外部寻找竞争优势，通过改变产业结构来确立竞争优势，产业组织理论给出了很合乎逻辑的阐释。同时，五力模型所判断的"好行业"和"差行业"也符合一般性的投资认知，毕竟在一个相对好的行业中更容易获得成功，而在一个相对差的行业中需要付出更多的努力。如果真的存在好的行业的话，那么正常的决策者都会选择容易成功的方向而不是迎难而上。

实质上，产业组织理论特别是五力模型是基于经济学的基本假设和关于垄断—竞争市场的理论对企业战略问题的解析。该理论最大的假设是将企业视为"黑匣子"——所有的企业都是一样的，都以追求利润最大化为目标，企业战略选择是对竞争结构的理性且合乎逻辑的反应，同时也是方向一致、整齐划一的反应。因此，在竞争激烈的产业内，不会有一家企业能够获得超额利润；而在竞争不那么激烈的产业，几乎所有的企业都能获得良好的绩效回报。通俗而言，就是在好行业，你不想成功都难；而在差的行业，你再努力也没用。但是，现实中总有例外情况出现，产业组织理论至少有两个方面的问题难以给出令人信服的回答，那就是"为什么在一个好的行业中居然存在着差的企业"以及"为什么在一个差的行业中也有好的企业"。越来越多的基于产业间战略与绩效研究，以及产业内绩效分布的研究发现了突出的问题：

- 同一产业内企业间竞争能力的差异，比处于不同产业的企业间竞争能力的差异还要大。
- 产业内企业长期利润的离散程度比不同产业间利润率的离散程度要大得多，达到3~5倍。

关于这一现象，资源基础理论给出了不同的解释。

二、资源基础理论

波特的竞争战略理论可表述为：在既定的产业结构内（由五种竞争作用力决定），通过企业的市场行为（实施成本领先、差异化、集中化战略）来改变市场结构（改变市场集中度、产品差异化和进入壁垒等）并获得理想的市场绩效（主要是高于行业平均的利润率）。产业组织理论将战略绩效的关键因素归结为外部市场，强调竞争优势的外生性，特别是行业结构因素，因而也就无法解释"好行业中的差企业"和"差行业中的好企业"等现象。

要想解释这两种现象，首先必须打破"企业黑匣子"的理论束缚，从企业内部属性上寻找答案。"行有不得，反求诸己"，资源基础理论不承认所有的企业是一样的，企业与企业之间的差异远远大于不同行业属性所带来的差异。资源基础理论将目光投向企业内部，试图从企业内部属性出发找到问题的线索。

资源基础理论作为战略管理的一种新范式，强调竞争优势的内生性，竞争优势来源于企业所拥有的资源。企业是各类资源的组合，该理论将企业视为一个资源的蓄水池，它的成长除了受到市场竞争状况等外在因素的制约外，还受到经营资源以及组织能力的制约。资源基础理论并没有完全否认产业结构性因素的作用，但企业竞争毕竟是产品或服务的竞争，企业处于什么产业以及产业结构的因素对企业利润的影响处于从属地位。产业结构性特征是竞争性分析的基础，而不是竞争优势的决定力量。在一定范围内，处于产业结构中有利地位的企业可能更容易获得超额利润，但这种可能性需要经受时间和环境变迁的考验。换句话说，竞争优势地位不是恒定的，而是随时处于变化之中，而根据变化迅速地做出调整的能力则来自企业的某种素养。因此，可以说，持久的竞争优势来源于企业内部。

更进一步地，并非所有的资源都能够产生竞争优势，多数企业的资源仅仅能够维持竞争对等，甚至导致竞争劣势。企业的利润源泉主要由企业本身内部所具有的特殊性决定，内部资源的异质性是持续竞争优势的真正基础。能够产生竞争优势的资源必然是稀缺的、独特的资源。这种资源的价值在于其所具有的某种独特属性，这种属性由于各种原因难以被竞争对手所模仿。因此，资源基础理论认为，企业如果无法仿制或复制出优势企业产生特殊能力的源泉，那么各企业之间的效率差异状态将持续下去。按照资源基础理论的观点，在独特的资源支撑下，如果只有一家企业能够采取某种战略行动，而其他企业不能够采取类似的战略行动，则表明该企业处于竞争优势地位。此外，资源基础理论还认为，战略资源要素市场是不完备的，对这类资源的获取会受到路径依赖、因果关系模糊、时间压缩不经济等因素的限制，因而使战略资源具有价值性、稀缺性、不可模仿性和不可替代性，由此战略性资源所创造的租金就有可能长期持续，并转化成企业的竞争优势。最重要的超额利润源泉是企业长期积累形成的、独特的资源及其不可模仿和难以替代的竞争力。

资源不是静态的，而是一个动态的存在。企业是资源的蓄水池，假如资源是静态的，那么企业最多是一潭死水。因此，资源基础理论又提出了组织能力概念，强调了企业对资源的利用。在更多的战略情景下，重要的不是你拥有什么，而是你能够将所拥有的东西发挥到何种程度。现实中，握有一手好牌的玩家却常常打得稀烂，而开局一手烂牌的反而笑到了最后。对资源利用能力的差异，可以更好地解释为什么有些资质平平的企业能够创造营销奇迹，而资源丰富且优质的企业却屡屡深陷亏损泥潭。在中国餐饮行业，海底捞的崛起和全聚德的衰落形成了鲜明的对比，很好地诠释了资源与能力是如何从各个方面影响企业竞争优势的获取与丧失的。

竞争优势内生性这一革命性的理论认为企业内部资源对获得超额利润和维持竞争优势具有重要意义，进而得出了企业以资源替代产品的视角来从事战略决策这一对企业更有意义的结论，从而将战略管理带到一个新的高度。可以说，资源基础理论打破了"企业黑匣子"，主张探索研究企业组织的内部，反对均衡假设，即试图把企业描述成在本质上同一的组织，并以此说明企业是一个学习型组织。企业不仅要善于构建和拥有关键性资源，而且需要有效率地培育和使用技术创新和管理创新的能力优势。

三、核心竞争力不可或缺

没有核心竞争力，何谈战略？

核心竞争力是一个高度凝练和抽象的概念，抽象到有人怀疑它是不是一个理性且合乎逻辑的概念。更让人难以接受的是，学术界创造了一个更加抽象的评价指标体系，去评价抽象的核心竞争力。整体上，核心竞争力难以理解，多数情况下不论是企业家还是研究者，都很难轻易地、明确地指出企业的核心竞争力到底是什么。但是，这也正反映了战略管理的魅力所在，是战略管理艺术性的集中体现。

1. 核心竞争力是战略所系

1984 年，迪士尼公司赚到了 2.42 亿美元的利润。那一年，该公司的大部分利润（77%）来自位于加州、佛罗里达州和日本的主题公园的经营。著名的迪士尼特色消费品产生了 22% 的利润，而电影娱乐产品仅产生了 1% 的利润。显然，迪士尼的业绩无法让董事会满意，这种不满不仅体现在收入规模上，也体现在结构上。最终，迪士尼公司从派拉蒙电影公司聘请了迈克尔·艾斯纳担任迪士尼公司的主席。艾斯纳做出了三项改变业务开展方式的决策，彻底改变了迪士尼的发展战略，全面缔造了迪士尼新的传奇。

首先，艾斯纳坚定且毫不迟疑地明确了迪士尼的核心竞争力，实施了擦亮迪士尼金字招牌的战略，让迪士尼的战略回归了公司的核心竞争优势。艾斯纳推断，迪士尼公司提高其产品和服务价格的能力主要取决于迪士尼公司通过电视和电影节目形成的稳定且独特的产品特性，这是迪士尼赖以成功的关键，是迪士尼一切业务开展的根本，是迪士尼的核心竞争力。但是，迪士尼公司的许多独特性已经开始老化。此外，能够吸引20世纪50年代和60年代孩子的特性，是否能吸引80年代和90年代的孩子，是个未知数。如果迪士尼公司能够持续通过公司的影视经营来发展新特性，这些问题将不成为问题。然而，在1984年，这些产品的经营显得死气沉沉。自《白雪公主》之后已经有很长的时间了，谁都不清楚迪士尼电影厂是否还能创造出如此激动人心的传奇产品。

艾斯纳将影视剧的创作置于公司战略的重中之重，投入巨资于一系列的高度成功的电影作品。1994年这一努力达到了巅峰，迪士尼电影厂创作的电影——《狮子王》是有史以来的第二大成功的电影，全球的票房收入达到了7.4亿美元。另外，还有10亿美元是与《狮子王》相关的商品的销售收入，其中的几亿美元来自《狮子王》光碟的销售。自《狮子王》之后，迪士尼电影厂还创作了一系列成功的电影，包括《风中奇缘》《钟楼怪人》《大力士》《花木兰》《人猿泰山》等。在1984年，迪士尼公司电影产品创造的利润为242万美元，到1997年电影产品给迪士尼带来了16亿美元的利润。

其次，艾斯纳实施了基于迪士尼核心竞争力的杠杆战略。艾斯纳判断，迪士尼公司的众多独特资源并没有在其电影和主题公园经营中产生杠杆效应。在努力利用这些资源的过程中，艾斯纳广泛地多元化了迪士尼公司的经营。1984年，迪士尼公司基本上还是一个经营主题公园的公司；到2000年，迪士尼公司经营了包括电影在内的一系列综合业务：迪士尼频道、ESPN、广播电视以及电视产品公司，在美国、欧洲和日本的主题公园（包括与主题公园相关的地产、建筑、酒店和餐饮经营）、消费产品、零售店、邮购业务、出版公司、唱片公司、生活剧院业务、全国冰球联盟特许经营业务、棒球联盟特许经营业务，以及一条航线。这些业务中的多数是相互补充并建立在迪士尼公司传统力量基础之上的。

最后，艾斯纳充分利用了迪士尼产品在全球消费者眼里独一无二的属性，实施了提价策略。艾斯纳提高主题公园门票价格的理由是门票价格实际上只占这些"目标度假胜地"的总成本的很小比重。艾斯纳断定提高门票价格不会使参观者的数量减少。此外，迪士尼主题公园开发了许多迪士尼公司独有的资源，顾客不可能以去其他的主题公园的方式对迪士尼门票涨价做出反应。除涨价之外，艾斯纳扩张和更新了迪士尼的旅游胜地，结果非常惊人。1984年，迪士尼主题公园的利润仅1.86亿美元，1989年这些主题公园产生了7.87亿美元的利润。1998年，迪士尼主题公园的总营业收入达到了45亿美元，总利润达到了9亿美元。

艾斯纳的行动对迪士尼公司产生了深刻的影响，创造了惊人的业绩。1999年，迪士尼公司的营业收入超过了234亿美元，雇用人员超过了117000人。1984年，迪士尼公司的市场价值仅仅为20亿美元，到1999年，迪士尼公司的市场价值为705亿美元，超过了福特汽车公司（市值为500亿美元）和通用汽车公司（市值为638亿美元）。

总结艾斯纳的迪士尼发展与变革战略可以使研究者深化对核心竞争力的理解，使核心竞争力更加具象化。艾斯纳的战略支点来自迪士尼影视形象的独特性这一独一无二的属性，以及不断创造这种生动且独特形象的能力，这是迪士尼的"独家秘方"，或者至少是那一个时期的独家秘方。艾斯纳所做的一切都清晰地表明了迪士尼围绕其核心竞争力的战略展开路径，即强化核心竞争力、发挥核心竞争力、延伸核心竞争力。迪士尼的成功，是发展战略的成功，更是核心竞争力的成功。

2. 短期导向与长期导向

当一个企业开始思考核心竞争力时，标志着企业开始由短期导向转向长期导向。核心竞争力对于企业具有独特的价值，这种独特性集中体现在以下四个方面：①核心竞争力与竞争优势的连续性、持久性高度相关；②核心竞争力与企业的长生命周期高度相关，是企业基业长青的关键；③核心竞争力与企业的超额利润高度相关，是企业竞争优势的源泉；④核心竞争力与企业的高成长性高度相关，是企业高速成长的利器。尽管核心竞争力具有上述独特的商业价值，但创造属于自己的核心竞争力绝非易事。

在改革开放初期，特别是短缺经济的时代，市场到处存在机遇，企业最主要的职能是寻找机会、把握机会，"挣快钱"是相当长的一个时期里企业的主导经营理念。用四句短语来概括这些企业的经营价值观，就是"投资少、见效快、低成本、高回报"，这是典型的短期导向。

短期导向的价值观以市场机会为导向，在企业经营方面也具有突出的特点。短期导向并非没有优点，这种理念的优点在于高度的灵活性和适应性。多数企业并没有明确的发展战略，而是随遇而安，跟随市场机会走。这类企业往往并不拘泥于某一个特定的经营领域，不愿意也不适应被固定的行业、固定的产品束缚，涉足多个领域、经营多种产品是这类企业共同的特征。另外，这些企业也并非没有良好的业绩，对某一个市场机遇的把握也能给企业带来丰厚的回报，只是这种业绩的表现往往是短期的和不可持续的。

短期导向的企业更加倾向于快速获得回报。从投资学和技术经济分析的角度，这些企业更喜欢那些投资回收期更短的项目。实际上，企业多数的战略决策都可以理解为一种投资决策，比如战略性的兼并收购，多元化、一体化战略，这也是近年来越来越多的经济学和金融学理论和工具被用到战略管理中来的原因所在。投资回收期是技术经济学中一个重要的概念，几乎被用于所有的项目投资方案的技术经济评价中。经济学家和企业管理者从历史数据和产业对比分析中，提出了一个重要的指标叫标准投资回收期。标准投资回收期是一个衡量投资回收时长的指标。

以动态投资回收期为例，令一个投资项目的动态回收期为 T_p（一般以年作为计量单位），行业的标准动态投资回收期为 T_b，项目的基准收益率为 i_0，则有

$$\sum_{t=0}^{T_p} (CI - CO)_t (1 + i_0)^{-t} = 0$$

式中：

CI——投资项目的年现金流入量；

CO——投资项目的年现金流出量；

$(CI-CO)_t$——第 t 年的净现金流量。

通过上式的计算，可以求得投资项目的动态投资回收期。项目的投资方会把计算出来的投资回收期 T_p 与标准投资回收期 T_b 进行对比，短于标准投资回收期的项目是可行的。

投资回收期指标具有非常突出的优势，比如，该指标具有强烈的风险意识，简单明了，会给投资人一种强烈的紧迫感。投资回收期越短，项目的风险也相对越小，企业的投资安全感越高。但是投资回收期指标的缺点也非常突出，其只考虑了回收全部投资时间的长短快慢，并没有考虑投资项目在整

个寿命周期内的盈利水平。此外,投资回收期指标进行项目投资评价时,往往偏向于早期收益高的项目,而具有战略意义的长期项目则有可能被拒绝,单一使用投资回收期方法,容易使投资决策产生短视行为。因此,这是投资回收期方法的内在缺陷,也是追求"投资少、见效快"的短期导向价值观必然面临的问题。

通过前面的分析可以看到,不论是核心竞争力的概念、内涵,还是评价指标体系,都与企业的短期导向格格不入。那么企业为什么不愿意进行长期投入呢?原因是多方面的。

按照企业资源维持竞争优势的时间长短,可以将企业所拥有的资源分为短周期资源、标准周期资源和长周期资源(见表3-1)。这些资源不一定完全是企业内生的,如企业与某些利益相关者的关系资源、获得特殊的政策资源等,但这些资源是企业可以利用的资源,因此,都可以归入企业所拥有的资源中。

表3-1 资源的分类

长周期资源(难以模仿)	标准周期资源	短周期资源(容易模仿)
企业家资源; 专有技术、专利; 品牌; 企业文化; 员工对企业的高度认同; 组织资源	达到规模化生产的技术; 提升运营效率的诀窍; 获得低成本的原材料; 与某个利益相关者的关系	产品制造的低端技术; 一定的市场知名度; 渠道资源

尽管所有的资源都有可能对企业的竞争优势产生影响,但构成核心竞争力的资源一定是长周期资源。多数长周期资源都需要企业沉下心来长期投入,核心竞争优势是长期投资的产物,是长周期资源凝聚的产物。假定投资于长周期资源是企业获得核心竞争力的有效途径,那么企业可以在哪些方面展开投资活动呢?

(1)投资于技术创新,特别是专有技术的创新。但是技术创新不仅需要基础研究的支持,而且具有一定的创新风险和不确定性,同时技术创新一般都需要大量资源的投入,这些资源包括经费、人力,也包括时间。

(2)投资于基础研究。按照美国企业界的经验,基础研究的成功率是5%,剩下的95%是失败的。因此,基础研究只有极少数企业能做,多数企业根本不具备开展基础研究的条件。

（3）投资于品牌建设。这是许多企业乐于接受的领域，广告和口碑容易给企业带上光环，产生晕轮效应。但长期来看，品牌一定是以产品为核心，而商誉的取得也是一个长期坚持的过程，没有好的产品或服务，品牌是靠不住的。

（4）投资于人，把员工作为最大的价值创造源泉。企业家对企业成功的关键驱动因素必须有准确的认知，并且让员工理解它、接受它，转化为员工的自觉行动，这依然是一项系统工程，并非一朝一夕的事业。

（5）投资于组织管理。由于中国经济的快速发展，催生了很多民营企业的"野蛮生长"。我们用几十年的时间，走过了西方发达国家上百年甚至几百年时间才能走完的路，因此，中国企业需要补的功课实在太多。2015年，任正非在接受深圳电视台专访的时候，总结了华为28年的发展历程，对华为的组织管理，任正非有这样的评价："华为坚定不移持续变革，全面学习西方公司管理。我们花了28年时间向西方学习，至今还没有打通全流程，虽然我们和其他一些公司比管理已经很好了，但和爱立信这样的国际公司相比，多了2万管理人员，每年多花40亿美元管理费用。所以我们还在不断优化组织和流程，提升内部效率。"这反映了华为公司的清醒认识，也从一个侧面说明强如华为这样的公司，依然不能足够自信地认为自己在组织管理方面已经达到世界一流水平，更何况普通企业。

正因为投资于上述的长周期资源对于企业是一个困难的任务，所以多数企业选择了相对容易的道路，这些道路无一例外地都带有短期导向的特征。

生存与发展是企业面临的两大问题。企业是一个特殊的社会组织，盈利是企业存在的根本目的，是企业其他任何诉求得以实现的基础。可以说，失去盈利能力，对企业而言就意味着失去了一切。正因如此，处于激烈竞争市场环境中的企业时刻面临着生存问题，不论这些企业规模大小，是否有过辉煌的历史。当然，小企业面临的生存问题可能更紧迫、更现实，大企业抵御风险的能力更强一些。

但反过来讲，也只有随时站在悬崖边上的企业，才能保持内部随时激活的状态，来应对来自各方面的挑战。企业在市场竞争中面临的压力是完全可以理解的。对许多企业而言，活下来是第一要务，活得更好才是第二层次的追求。对于时刻面临生存压力的企业而言，挣快钱是一种合理的企业价值取向，因为发现机遇比创造机遇简单得多，活下来最重要。

也正因为生存与发展之间的矛盾，企业才需要高超的管理艺术来处理短期利益与长期利益的关系，把握战略成功的关键驱动要素。在一个复杂的市场环境中，什么是关键成功要素的答案可能千差万别，企业家需要深刻地理解行业中的主要经济过程，建立自己对于如何才能取得竞争优势的最佳假设。

1917年，美国人阿瑟·W.帕迪花了5美元买了50只来亨小鸡，开始在马里兰州的索尔斯伯利附近的一个小镇上卖鸡蛋，他的正式身份是铁路快运公司的职员。和大多数中国民营企业家的创业故事一样，梦想开始的地方一定是简陋的，甚至是残破不堪的。他很快就打开了他的鸡蛋市场并远销到纽约。他精打细算，自己配制鸡饲料，用旧皮鞋的皮革为鸡笼子做铰链，因此他没有借债，生意逐渐兴隆起来，每年他都尽可能地增添一只新的鸡笼。在1940年新年来临之际，阿瑟先生和他的儿子都把未来定位于卖鸡而不是卖鸡蛋上，开始售卖经过仔细处理的烧烤用鸡。该公司在激烈的市场竞争中以质量过硬的产品和交易公平而为人熟知。1950年，公司已经拥有40名员工。1952年，公司从其销售的260万只鸡中赚取了约600万美元的利润。到1967年，年销售额增长到了3500万美元左右，但很显然，增长的利润主要来自鸡加工。到1968年，公司已经发展成为一个垂直型的综合经营的农场，业务涉及孵蛋、把小鸡运往签约的养殖场、购买谷物、供应饲料和干草等环节，后来又加进了鸡加工和运往市场的工作。到1977年，阿瑟先生去世，他留下了一家年销售额近2亿美元、年增长率17%的公司，这家公司每小时加工78000只鸡，每年生产3.5亿磅家禽肉制品，已经发展成了一家名副其实的大公司。

该公司是如何处理好短期利益与长期利益、生存与发展问题的呢？第一，为了产品的独特属性不惜放弃市场。从最开始，公司就不允许它的鸡冷冻后装运，因为冷冻的鸡在烹调时，鸡骨会变黑，失去美味和水分。该公司的鸡都是在冷藏的情况下运往市场，实践了公司在广告中所说的只卖"新鲜鸡"的承诺。但是，这也限制了公司向更远的市场发展。因此，该公司把人口密度较大的城镇，特别是纽约等这些消费它的鸡多于其他品牌的地方作为东部海滨主要的市场。

第二，坚守对产品质量的信念。以质量为中心是该公司的使命和价值观。该公司比其他的公司更体现了全面质量管理的内涵，"质量是一段没有尽头的旅途"。为了让所有的员工都知道公司的使命、质量政策、价值观和年度目标，经理人员都把一个折叠的、钱包大小的卡片放在身上，以便他们牢牢记住。"质量并不是偶然事件，它是世界上所有最成功公司取得成功的必要条件。"该公司的质量政策被这样表述：我们生产的产品和提供的服务要满足或超过我们消费者的期望值。我们不能满足于达到竞争对手的质量水平。我们承诺不断进取，帕迪农场公司每个员工所具有的责任感造就了高质量产品。

第三，品牌意识和品牌策略。在过去，鸡肉是作为成品卖给商店的，也就是说，鸡被大批地出售给屠宰场，然后再由屠宰场加工、包装。消费者不知道这些鸡是什么公司养的。公司创始人的儿子，也是帕迪公司的继承者弗兰克·帕迪相信，如果帕迪公司的产品质量上乘，就可以卖更高的价格，从而得到更多的利润，但是唯一能让高质量起作用的方式就是顾客能够指定品牌购买。也就是说，产品必须具有异质性、品牌深入人心，以让消费者了解优质产品的质量。弗兰克·帕迪亲自认真地研究和学习了广告方面的知识，在这方面他比该行业内的前辈们做的都多。他花了十周的时间阅读关于广告的书籍和论文，与销售部经理讨论纽约地区的每一家报纸、电台和电视台，并咨询有关专家，还考察了48家广告公司。最终决定在1970年花费16万美元在电台和电视上做广告。最终广告获得了巨大的成功，也使得后来纽约消费者购买的鸡中有50%来自帕迪公司。

第四，技术研发。帕迪公司在利用科技为顾客提供优质产品和服务方面是有名的行业领先者。帕迪公司雇用了该行业中最有成就的25人。由于它在研发方面实力雄厚，帕迪公司拥有该行业中最广泛、最昂贵的接种疫苗能力。所以，帕迪公司所养的鸡中绝大部分有抗病能力，它的鸡死亡率是该行业最低的。帕迪公司产品的优势体现在以下几个方面：

- 鸡的胸部出肉率为20%。
- 首家使用数字秤确保给顾客的分量。
- 首家生产微波炉中可以使用的鸡产品。
- 首家拥有确定其他的供应商包装盒质量的包装盒实验室。
- 首家每周使用52个质量因素检测自己及竞争对手的鸡产品。
- 1987—1993年的及时送货率提高了20%。

从这个案例中，我们可以得到很多的启示。在中国这样的市场竞争环境下，如何才能处理好短期利益和长期利益之间的矛盾呢？这里给出以下建议：

（1）永远如履薄冰、永远战战兢兢，不论是在事业的繁荣时期，还是处于低谷与崩溃的边缘。

(2) 不要触犯法律，这是底线。

(3) 把产品和服务做好，不论你售卖的东西是什么，这也是底线。

(4) 永远不要以为客户是傻瓜，学会从心里尊重他们、理解他们。

(5) 选择比努力更重要，学会时刻反思和总结，特别是失败。

尽管我们可以为企业的机会主义行为找到100个理由，但机会主义行为绝不可能造就优秀的企业。所以，不存在低投入、高回报的好事，尤其是在今天全球化竞争和网络无处不在的时代。如果有，也会因大量的竞争对手迅速涌入而导致成本洼地很快被填平，使该项投资大大贬值。所以，持有短期导向价值观的企业，也总是在为生存而烦恼，企业始终无法走上健康发展的良性轨道。有人统计中国企业，特别是民营企业的寿命在3年左右，短寿的原因当然有市场竞争激烈的因素，市场总是存在广泛的优胜劣汰，竞争失败的企业被淘汰是正常的现象。但是，企业在处理战略问题时的短视和随遇而安的机会主义行为也是短寿的重要原因。

一个人成熟的标志是形成了自己的世界观和价值观，收敛自己的小孩脾气，学会适应成人世界的规则，一个企业成熟的标志是开始思考企业长远发展的问题，特别是认识到核心竞争力对于企业的重要意义，这也标志着企业从此走上了正轨。

3. 核心竞争力是买不来的

2018年5月28日，习近平总书记在中国科学院第十九次院士大会、中国工程院第十四次院士大会上的讲话中指出："实践反复告诉我们，关键核心技术是要不来、买不来、讨不来的。只有把关键核心技术掌握在自己手中，才能从根本上保障国家经济安全、国防安全和其他安全。"核心竞争力是如此的重要，但却无法像其他生产要素一样通过市场交易进行买卖。

对核心竞争力的理解，中国企业走了太多的弯路。改革开放之初，汽车行业纷纷与外国汽车巨头组建合资企业。在国家和行业层面，合资的意图是好的，即通过开放国内汽车市场的代价，换取技术、换取管理，推动我国汽车产业的技术升级和管理升级。但是，几十年过去了，以一汽、上汽等为代表的中国本土汽车企业，不仅完全放弃了自主品牌汽车的开发，而且在技术上完全依赖外资企业，连基本的汽车外观设计人才都没有培养出来。合资的结果是外资汽车品牌在中国市场赚得盆满钵满，遍布大街小巷，而自主品牌销声匿迹。如果不是在2000年前后，以奇瑞、比亚迪、吉利、长城等为代表的民营企业杀入国内汽车行业掀起"滔天巨浪"，民族汽车产业的技术进步和产业升级不知要被推迟到何时。

关于合资，我们始终有一个美好的、善良的愿望，那就是技术，特别是核心技术可以通过外部交易的方式来获取。但就国内汽车产业的合资历史来看，这纯属一厢情愿。现实情况是，即使进行技术转移，转移过来的技术也是成熟的过时技术，核心技术被专利等各种方式牢牢掌控在外资企业手中。

模仿创新是落后一方追赶先进一方的主要创新方式，日本、韩国等东亚国家都曾经依靠模仿创新实现了企业的追赶和超越。但是，模仿与模仿不同，日本从国家层面到企业层面高度重视技术引进后的消化吸收和再创新，消化吸收和再创新的资金投入是技术引进成本的几倍；而国内许多企业则陷入了"引进—落后、再引进—再落后"的怪圈，许多产业不仅技术起步依赖引进，甚至连产业升级也严重依赖从国外引进先进技术和设备。21 世纪后，这种核心技术缺乏导致的"产业空心化"现象有所改善，在高铁、核电和 5G 等产业领域有了实质性的核心竞争优势，中国企业在全球产业链、价值链的一些领域、一些环节上实现了突破和升级。

但更应该看到，全球化竞争和供应链分工导致产业技术分布高度分散化，没有任何一家超级企业能够拥有构成最终产品的全部技术。供应链分工的不断深化、细化，既延伸了产业链条，也使得产业与产业之间、价值链与价值链之间、技术与技术之间交叉融合，其结果是世界各国企业间形成相互依赖的产业网络。新的全球竞争格局造就了与以往完全不同的局面，那就是在全球供应链中拥有话语权和定价权的企业，不再凭借企业规模优势，也不必一定是供应链的集成商，或是最终产品品牌的提供商，更不必是距离消费者最近的终端企业，而是凭借独特性、不可替代性和难以模仿性，于是，时代真的变了，"卡脖子"的问题出现了。

2017 年，中美之间逐渐产生经贸摩擦，受影响最大的是中国的跨国公司。以华为为例，2019 年 5 月 16 日，美国商务部工业与安全局将华为列入所谓"实体清单"，禁止华为在未经美国政府批准的情况下从美国企业获得元器件和相关技术。2020 年 8 月 17 日，美国再次修改禁令，要求凡是使用了美国技术、设备的公司，不得给华为提供芯片服务。尽管拥有芯片设计能力，但由于光刻机等核心技术原因，华为 5G 芯片生产夭折，对华为公司产生持久而深远的巨大影响。

中美经贸摩擦击中了国家创新体系和企业技术创新的"软肋"。长期以来，忽视基础研究、原创性研究，严重依赖外部技术引进，导致国内相当比例的企业在全球技术供应链体系中受制于人，技术创新生态体系脆弱。即使没有经贸摩擦，仅仅依靠追赶和模仿也是无法成为世界级的领导企业的。模仿需要有模仿对象，追赶得有追赶的目标，在技术发展的最前沿，国家和企业都需要原始创新，实现从0到1的突破。这不仅是领先的行业头部企业的责任，也是大大小小无数位于全球化供应链节点上的各类企业的责任。

但任何事物都具有两面性，"卡脖子"问题的出现也给塑造核心竞争力带来了积极的影响，那就是促使企业丢掉幻想，摒弃以市场换技术的"死路"、通过外部交易获取核心技术的理念、短期导向的价值观，从根本上促使国内企业的管理从幼稚走向成熟。

既然核心竞争力买不来、讨不来，企业只能立足自我去创造核心竞争力。在战略层面，决定核心竞争力有无的最大力量是企业家精神。所谓企业家精神是企业家独特人格特征与内在气质的综合表现，是企业家决策行为背后所隐含的逻辑假设和最终价值取向。

中国不缺勤奋创业、谦虚学习、敢于冒险、灵活变通、发现机遇、把握机遇的企业领袖，缺的是"读懂还没有落实到纸面上的东西"的市场机遇的创造者；不缺四处出击多元化发展、什么赚钱干什么的投机者，缺的是在市场机遇和诱惑面前抱定主业、精耕细作的坚守者；不缺深谙关系与权力寻租之道、左右逢源的平衡高手，缺的是横下一条心、十年如一日持之以恒技术创新的投入者。也正是创新精神、坚守精神的欠缺，使得华为这样的企业才成为中国企业的凤毛麟角。大量的企业家缺乏战略眼光和投资未来的勇气和耐心。机会主义、短视、缺乏创新精神与塑造高价值、稀缺独特、难以模仿的核心竞争力的要求背道而驰、格格不入。

四、VRIO 分析框架

核心竞争力是一个被广泛使用的概念，不仅是在战略管理理论中。但同时，核心竞争力又是一个难以理解的概念，可以说，理解核心竞争力的概念需要深厚的战略理论功底。

以下问题与核心竞争力有关：

- 为什么有些企业在激烈的市场竞争中能够拥有旺盛的生命力，甚至成

为百年企业，而有些企业如同流星，一闪而过？（长期性）

● 为什么只有少数企业能够实现迅速成长，多数企业增长平淡，甚至只能勉强跑赢 GDP 增长的速度？（价值性）

● 为什么有些企业能够不断地进行技术与产品创新，创造出新的市场需求，引领行业前进的方向，而多数企业只能模仿与追随？（独特性）

● 为什么即使是成为行业竞争对手竞相模仿的对象，一些企业的竞争优势依然牢不可破、无法复制？（模仿性）

这些问题体现了企业与企业之间最明显的差异，普拉哈德和哈默尔将这种差异归结为企业的一种特殊技能，表现为企业"发展独特技术、开发独特产品和创造独特营销手段能力"的特殊技能。1994 年，普拉哈德和哈默尔在《哈佛商业评论》发表了重要的文章，第一次提出了核心竞争力的概念，将其视为企业的积累性学识，稀缺和独特是核心竞争力的主要特征。随后的研究提出了核心竞争力的三个方面的特征，即价值性、支撑多个核心产品和难以模仿性。

核心竞争力的概念提出后，迅速成为战略管理的重要概念和思想，究其原因，是这一理论与战略竞争的属性相一致，能够很好地解释企业竞争成败背后的逻辑。直至今日，核心竞争力依然是战略管理最为流行的理论，其应用的范围还在不断地扩展。

但是在现实的战略分析中，对于一个企业有没有核心竞争力，以及如果有，它所拥有的核心竞争力到底是什么等问题，依然很难给出确切的答案，不论分析者是来自企业自身，还是研究者。造成这一现象的原因在于核心竞争力的评价标准。

核心竞争力有四个方面的评价标准，即有价值的能力、独特的能力、难以模仿的能力和不可替代的能力。但上述四个方面的评价标准主要围绕能力本身的属性进行分析判断，没有考虑组织方面的因素，即组织是否为该项能力的充分发挥制定了相应的政策、措施和策略等。核心竞争力本身是一个抽象的概念，如果仅仅从价值性、独特性、难以模仿性和不可替代性等方面来评价，会使这一概念和理论更加虚无缥缈。因此，组织方面的因素是核心竞争力在企业落地的保障，是核心竞争力的具体的、有形的载体，是判断一个企业是否有核心竞争力，以及是否很好地利用了核心竞争力的关键。

因此，美国著名战略学家杰恩·巴尼在原有四个评价标准的基础上，提出了更具有操作性、应用更为广泛的核心竞争力评价模型。这一模型称为 VRIO 分析框架。VRIO 是四个英文单词的首字母，分别是 Value（价值性）、Rarity（稀缺性）、Inimitability（难以模仿性）和 Organization（组织）。

VRIO 分析框架同样从四个方面来考察企业所拥有的资源和能力：

- 价值性：核心竞争力是否为企业创造了战略竞争优势，基于此项优势企业是否获得了超额利润？
- 稀缺性：这些资源是否仅由少数企业所控制，甚至只由一家企业拥有？
- 难以模仿性：没有这些资源的企业在获得这些资源时是否需要付出高昂的成本，存在难以挑战的壁垒？
- 组织：组织是否为利用这些有价值的、稀缺的和难以模仿的资源和能力制定了政策和程序，是否充分发挥了这些资源的作用？

（1）价值性

核心竞争力的价值性最直观地体现在企业的竞争绩效上。核心竞争力是企业独特的竞争能力，应当有利于企业效率的提高，能够使企业在创造价值和降低成本方面比竞争对手更优秀。因此，能否为企业创造战略竞争优势，取得超额利润，是评价企业是否拥有核心竞争力的标准之一。要使企业的资源和能力成为优势，这些资源和能力就必须能够利用环境的机遇或者中和环境的威胁。那些不能用于利用环境机遇或中和环境威胁的企业资源和能力，可以看成企业的劣势。企业是否拥有核心竞争优势，是企业能否有效利用外部环境中的机遇、规避威胁的条件；另外，正因为企业拥有核心竞争优势，才能很好地利用外部环境中的机遇，避免可能的威胁，创造高于大多数竞争对手的显著绩效。

以全球市值最高的公司之一——苹果公司为例，这家企业在智能通信产品制造领域拥有无可争辩的核心竞争优势。根据 Counterpoint 市场监测服务 2023 年的研究，2022 年全年全球手机出货量下降到 12 亿部，创下自 2013 年以来的最差的年度业绩。但苹果例外，苹果取得了 1% 的增长，成为前五大智能手机厂商中唯一实现增长的品牌。2022 年，苹果公司实现营业收入 3943 亿美元，同比增长 7.79%；归属母公司净利润 998 亿元，同比增长 5.41%，利润率超过 25%。不同于陷入困境的智能手机市场，苹果在 2022 年出货量、营收和经营利润增长方面依然表现优异。苹果以占智能手机全球总销量 18% 的比例，实现了占全球智能手机营收 48% 的份额，拿走了全球智能手机总利润的 85%。这一惊人的数据背后，充分体现了苹果公司核心竞争力的价值所在。

企业资源和能力的价值性是一个动态的概念，而不是一个静态的概念。企业的资源和能力在过去的某段时期具有价值，并不意味着这些资源和能力就会一直有价值。市场需求、消费偏好、行业结构，乃至技术的进步，都能导致企业资源和能力的价值的降低。诺基亚在功能机时代所拥有的杰出的产品和通信质量、发达的销售渠道体系、严格的渠道管控、雄厚的产品线和完美的全球售后体系，在智能机的时代几乎丧失了继续竞争的价值。尽管诺基亚是智能手机概念的提出者、触摸屏技术的首创者，但不愿意放弃自身在功能机领域的巨大优势主动寻求变革，诺基亚"似乎并没有做错什么"，但被时代所抛弃。同样，在汽车制造产业，电动化和智能化是汽车发展的潮流，这就导致了传统燃油车企在近百年以来确立的以发动机、变速箱、车辆操控、底盘与车身控制方面的优势大打折扣，失去对新一代消费者的吸引力，进而逐步丧失市场竞争优势。

（2）稀缺性

如果一种特定的资源或者能力为大量竞争企业所掌握，那么，这一资源就不太可能成为任何一家企业的竞争优势的源泉。有价值但是普通的资源和能力是对等竞争的源泉。只有有价值且是稀缺的资源才是创造竞争优势的源泉，是核心竞争力的来源。

独特和稀缺是事物的一体两面，只有足够的独特，才有可能稀缺；反之，稀缺的一定是独特的，否则就不可能稀缺。所以，大众永远是普通的，只有杰出人物才是稀缺且独特的。

要具备在不同的环境下产生竞争优势的潜力，有价值的企业资源或者能力应该稀缺到何种程度呢？不难发现，在一批当前和潜在的竞争者中，如果企业的有价值的资源或者能力是独一无二的，那么企业的这些资源和能力就能够产生竞争优势。

美国 W. L. Gore 联合有限公司（以下简称 Gore 公司）是一家非常独特的公司，甚至可以说是一家独一无二的公司。公司以创始人 W. L. Gore 的名字命名，Gore 本人在 1945 年加入了杜邦公司，担任高级研究人员，领导策划研究工作。在杜邦公司的时候，他开发出了化学名称为 Polytetrafluoroethylene（简称 PTFE）的合成材料，也就是科学界称为聚四氟乙烯的物质，杜邦的顾客把它称为"特氟纶"。该合成材料后来被证明具有非常突出的物理和化学性质，同时也就成了 Gore 公司赖以取得巨大成功的决定力量。

PTFE 是一种非常理想的绝缘材料，可用于生产电缆。在试图说服杜邦公司生产电缆失败后，W. L. Gore 离开了杜邦公司，于 1958 年 1 月 1 日，成立了 Gore 公司。到 1995 年，Gore 公司获得了巨大的成功，在全球范围内有超过 40 家工厂，员工达到 6000 人。Gore 公司的电缆产品在众多行业中表现十分优异：在高速计算机中，Gore 公司电缆传送数据的速度达到光速的 93%，是世界上最大的超声波电缆制造商；在航空航天业，Gore 公司电线和电缆耐受极端的高温和寒冷；Gore 公司还生产用于地下石油运输、潜艇等承受高压的电缆。

在医疗领域，Gore-Tex——一种扩展的 PTFE 已经能在许多情况下作为人体组织理想的替代品。心血管疾病的患者的动脉中不健全部分已经能用扩展的 PTFE 代替。坚韧的、相容的人造血管能够在动脉的压力下运输血液。Gore 公司在这种产品的市场中地位非常强大。另外一种 Gore 公司的医疗产品是一种医用填充材料，通过这些材料将小孔密封，修复破损的心脏。1985 年，Gore 公司因其在为人类服务的聚合物生产方面的成就，获得了不列颠皇家菲利普奖，该奖肯定了 Gore 公司医药产品团队在挽救生命方面做出的贡献。

故事的发展还远不止于此。Gore 公司成立的纺织部门向制造商供应原材料，生产恶劣气候条件下的滑雪服、跑步服、鞋子、手套以及打猎和钓鱼的工具等。其核心专利产品 Gore-Tex 膜状织物具有独特的属性。在每平方英寸上随机分布有 90 亿个小孔，而且轻如羽毛，每个小孔大约是水蒸气分子的 700 倍。风和水不能透过小孔，但是汗液可以蒸发掉。因此，由 Gore-Tex 薄膜制成的织物防水、防风、透气，这种膜状织物也可以做成从救生衣到非常流行的雨具等各种产品的防护材料。消防员和美国海军水手都穿着 Gore-Tex 衣料的服装，就连一些奥林匹克运动员也是如此，美军部队全部采用由 Gore-Tex 做成的服装系统。

Gore 公司还以其独一无二的管理模式在美国企业界独树一帜。Gore 公司的管理模式是"没有管理"。它的组织结构的特征是：

- 直线交流——个人对个人，没有中间层。
- 没有固定的或事先安排好的领导。
- 只有责任人，没有上司。
- 由下属定义的自然的领导。

- 目标由那些必须"使之实现"的人确定。
- 通过使命把任务和功能组织起来。

还有一个故事更能说明 Gore 公司的管理风格。在 1965 年 Gore 公司是一家蓬勃发展的公司，在特拉华州的纽瓦克有一处工厂。在某个夏日周一的早晨，公司第二任领导人小 Gore 穿过工厂进行例行的散步，突然，他意识到，他并不认得工厂中的每个人，队伍变得太大了。结果，他规定把公司规模限制在 200 人左右。因此，"维持小规模才能做得更大"这一扩张政策诞生了。维持小规模是为了强化一种亲密团结的气氛，鼓励工厂内员工的交流。

Gore 公司的案例表明了稀缺性的资源是竞争优势的来源。

(3) 难以模仿性

造成竞争优势难以模仿的原因很多，其中之一是模仿成本的问题。在复制成功企业有价值的资源的过程中，竞争企业会遇到重要的成本劣势。如果出现这样的情况，这一创新性的企业将获得可持续的竞争优势，这是一个不会因为战略性模仿而消失的竞争优势。拥有模仿成本高、稀缺的并有价值的资源的企业，会把这些资源用于选择和实施可能给企业带来可维持的竞争优势和高于正常的经济利润战略。

模仿可以通过两种方式进行：直接复制或者替代。模仿企业可以直接复制拥有竞争优势的企业的资源。因此，如果企业的竞争优势源于其研究和开发技巧，那么竞争企业可能会试图模仿这些研究和开发技巧；如果企业的竞争优势源于企业的专门的市场营销技巧，那么模仿企业可能会仿效这些市场营销技巧。但是，如果其他企业直接复制具有竞争优势企业的资源或者能力的成本高于具有竞争力的企业研制这些资源和能力的成本，那么，企业的这一优势可能得以维持。如果直接复制成本比原始的开发成本还要低，那么，这一竞争优势只是暂时的。

另一个难以模仿的原因在于企业形成的核心竞争优势体现了历史，企业获取、开发和利用资源的能力常常依赖企业的时间和空间条件。一旦时间和历史成为过去，没有时间和空间依赖性资源的企业就会在获取和开发资源时面临明显的成本劣势，因为完成这些工作需要其他企业重新创造历史。独特的历史条件至少可以从两个方面创造可以维持的竞争优势。一方面，一个行业中的特定企业可能首先认识和利用一个机遇，并且先动者可以获得先动优势。因此，尽管行业中的其他企业也能够利用这一机遇，但只有一个企业利用了这一机遇就会使其他企业的模仿成本比最先利用这一机遇的企业成本高。历史能够对企业具有重要的影响的另一方面以路径依赖概念为基础。如果企业早期发展过程中的事件对后续事件有显著的影响，那么，这一过程就可以理解为路径依赖。在竞争优势的演进过程中，路径依赖意味着企业可以凭借过去获得或者开发的资源获取当前的竞争优势。在早期，企业常常难以清楚地认识到特定资产的未来充分价值。由于存在这种不确定性，企业能够以低于未来的完全价值的成本获取资源。然而，一旦这些资源的完全价值为人所共知，寻求获取或者开发这些资源的企业就必须支付这些资源的完全价值，完全价值一般会高于企业在更早时期获取这些资源的成本。同时，资源的完全价值为人所共知，获取复制资源和替代资源的成本都会上升。

最典型的案例是美国卡特皮勒工程机械公司。在美国宣布参加第二次世界大战之前，为了在全球建立和维持军事基地以及飞机场，联邦政府认为美国需要一个主要建筑设备供应商。这一供应商不仅要制造高质量的建筑设备，还要为支持建设基地与机场而在全球范围内开发有效的供给网络。当时，没有哪家建筑设备生产企业拥有全球服务和供给网络。几个中型建筑设备企业进行了简短的竞争之后，联邦政府选择了卡特皮勒公司作为主要的供应商。联邦政府答应对卡特皮勒公司的产品支付的价格高到足以使该公司有能力在全球范围内形成有效的服务和供给网络。卡特皮勒公司高兴地接受了这一机遇，开始生产高质量的建筑设备，并且形成了一个新的全球服务和供给网络。

第二次世界大战后，卡特皮勒公司是唯一具有全球服务和供给网络的企业。卡特皮勒公司的广告中还宣传自己能够在2日内将任何设备部件、任何设备，送到全球任何指定地点的能力。通过使用这一有价值的资源，卡特皮勒公司成为重型建筑设备的主导供应商。即使是在今天，卡特皮勒公司依然是各种类型的重型建筑设备的市场份额领导者。

卡特皮勒公司核心竞争力的形成得益于第二次世界大战、美国政府与军方的采购政策，以及当时美国国内工程机械产业的竞争结构，这样的历史条件是独一无二的，也可以说是无法成功复刻的。

此外，因果关系模糊和复杂的社会关系也是核心竞争优势难以模仿的重要原因。很多的企业资源和能力都可能具有社会复杂性，包括企业内经理人员之间的人际关系、企业文化以及企业在客户和供应商中的声誉等。理解一个组织具有某些特性的文化能够提高一个企业的效率和效果，但并不必然意味着缺乏这些特性的企业就能够以系统的努力去创造这些特性，也不意味着会存在低成本的替代资源。就目前而言，这样的社会工程可能超越了大多数企业的能力。

如果把企业拥有核心竞争力当作结果，那么理解被模仿对象之所以能够拥有该核心竞争力的原因是模仿的基础。例如，沃尔玛的低成本竞争优势为行业所熟知，但是创造这种竞争优势的原因是复杂的、多方面的，涉及超市选址、物流、采购和供应链管理等各个方面，特别是沃尔玛的企业文化和促使员工对工作投入和热情等难以被轻易理解的复杂因素。美国西南航空公司也以运营低成本航线而著称，但几乎没有第二家航空公司能够成功复制西南航空的成功。西南航空公司只使用一种机型、最少的机上服务、执行中短途航线、提供机上商务服务等易于理解，但是"培养员工的献身精神"则显得高深莫测而难以理解了。在社会复杂性方面，美国朗讯公司和贝尔实验室之间存在着特殊的关系。对于朗讯公司而言，维持与贝尔实验室之间的这种特殊关系要远比其他想与贝尔实验室建立同等关系的竞争对手的成本低得多。因此，朗讯公司在获得贝尔实验室的具有原创性的技术成果方面具有独特的优势，这种优势是其他公司无法复制的。还有一些企业在与顾客和供应商之间建立了特殊的联系，如丰田汽车公司等。这种特殊的联系可能会促进企业与外部合作伙伴的协同创新，从而降低创新成本、缩短创新时间；也可能通过供应链的协同在快速响应客户需求、降低整个供应链系统的成本等方面具有显著的作用。但很多管理者可能将这种资源和能力视为理所应当的常规操作，这就更加导致了竞争者模仿的高难度。

日本人关注细节、追求完美的民族性格使得企业具备超精、超微的技术创新氛围，这非常好地体现了技术创新的社会复杂性；同样，美国企业为什么总能在颠覆性创新和突破性创新方面成为全球的策源地和发动机，这与美国提倡个人主义、鼓励自由、宽容创新的文化密切相关，美国企业的创新源于美国具有生长创新的沃土。

（4）组织

设想一下，如果一个企业拥有有价值的、稀缺的和难以模仿的资源和能力，那么它就必然拥有核心竞争优势吗？答案是否定的，因为要清晰而明确地认识这种资源对于企业的重要意义，以及将这种资源和能力充分地施展出来，使其潜力发挥到极致，还需要企业制定一系列系统性的政策、措施并采取一定的手段。要做到这一点，就需要解决组织问题。

首先，企业需要识别出有可能形成核心竞争优势的资源，并且评估这些资源的潜力。在前面关于迪士尼的实例中可以看出，在艾斯纳之前，迪士尼的高层管理团队在迪士尼影视创作资源对于迪士尼公司意味着什么这个问题上存在模糊性，这导致迪士尼电影娱乐产品在1984年创造的利润只有242万美元，仅占迪士尼公司该年度全部利润的1%；更为严重的是这会让人产生一种错误的判断，那就是迪士尼可以只通过主题公园和特色消费品的销售实现公司绩效增长目标。显然，现在看来，这是一种致命的战略性的误判。扩展到更一般的情况，如果一个企业拥有某种独特性，但由于各种原因，经理人对"这种独特性对于企业究竟意味着什么"并没有清晰的、一致的认识，那么必然会导致企业战略失去方向感，从而找不到使企业长期健康发展的支点。因此，对核心竞争力的认知，是战略选择的出发点。

其次，企业要设计适宜的政策、方法和手段，将核心竞争力落实到组织的各个方面，使之落地。20世纪80年代后期到90年代，是戴尔电脑发展的黄金时期，戴尔电脑创造的商业奇迹曾经一度使乔布斯创建的苹果公司黯然失色。1984年5月，迈克尔·戴尔创办了戴尔电脑公司，当年的销售额就达到了600万美元，在接下来的4个月以惊人的速度增长到2.57亿美元，到1990年公司的销售额已经达到了5.46亿美元，1993年则达到了21亿美元。

众所周知，戴尔的核心竞争力是客户满意和直销模式，是"一切以为顾客提供服务和满意产品为中心，通过直销方式提供质量一流的产品"。围绕这一核心竞争力，戴尔电脑不仅制定了适宜的公司战略，而且在组织层面精心设计以确保核心竞争力能够充分发挥。例如，在产品生产方面，戴尔电脑公司的生产策略是个性化定制，即根据消费者的需求制造每一台电脑。顾客可以先根据自己的需要对产品加入一些个性化的选择，然后公司将订单汇集到一起，根据顾客的要求进行生产。为此，戴尔公司提供种类繁多、性能良好的产品，既有供初学电脑者使用的便宜电脑，也有应用最新技术的电脑。这种策略使得公司要经常对其产品生产线进行重新预测和调整，不断推出新的产品，同时淘汰一些老产品。

在市场营销方面，戴尔公司的全部产品都是通过电话销售代表来进行销售的，他们在业务繁忙时每天要接8000多个电话。电话销售取消了电脑销售的中间环节，减少了终端加价行为，是戴尔电脑的独特性所在。在客户服务方面，公司制定了 30 日内无条件退货的政策，公司的免费技术服务机构从早 7 点到晚 7 点为大洋两岸的顾客服务。95% 的问题可以在 6 分钟之内及时得到解决。迈克尔·戴尔还经常邀请一些顾客，请他们以书信或电话的方式就产品的质量和售后服务的水平对公司提出宝贵意见。这些政策、策略和措施都保证了"客户满意"和"直销"核心竞争力的有效实现，在戴尔电脑战略中发挥着重要作用。

最后，核心竞争力必须找到具体的载体，其中最好也是最重要的载体是企业的产品。企业的产品可以是有形的产品，也可以是无形的服务，都可以成为核心竞争力的有效载体。

今天，企业所面对的消费者非常挑剔和善变。消费者对企业、对品牌的所谓忠诚是基于企业所提供的产品和服务。消费者又是健忘的。如果企业不能向市场提供足够吸引人的、激动人心的产品和服务，消费者很快就会将企业遗忘。而任何一家企业留下的市场空白都会不出意外地被其他竞争对手迅速填满，市场如同刚刚退潮后的海滩，似乎什么也没有发生过一样。

在这一方面，施乐公司提供了非常生动的反面案例。在 20 世纪 70 年代，施乐公司投资于一系列的很有创新性的研究和开发活动。施乐公司在美国加州的帕洛奥图研究中心（Palo Alto Research Center）——常被叫作"施乐 PARC"——成立于 1970 年，目的是为数字领域的创想提供成长环境。这里距离康涅狄格州的施乐公司总部有 3000 英里。施乐 PARC 建立了独立的研究和开发中心来管理其研究和开发活动，并且组织了一大群具有高度创新性的科学家和工程师在该中心工作。这些科学家和工程师研制出了一系列惹人注目的创新技术——个人计算机、鼠标、图形用户界面技术、激光打印机、"无纸办公室"和以太网等。现在来看，这些技术有极大的市场潜力和商业价值。总的来看，施乐公司在 PARC 研究和开发的技术是高价值、非常稀缺，并且模仿成本极高的资源和能力。如果施乐公司能够将这些技术转化成产品，它就可能获得某些重要的先发优势，以及巨大的商业利益。

但实际上，在 20 世纪 70 年代中期，施乐公司的大多数经理人员不清楚这些技术开发成果，也很少有技术能够通过该公司高度官僚化的产品开发程序。在该公司的产品开发程序中，产品开发项目被分成数百个任务，并且每一个任务的进度都要经过数十个委员会的评估。即使创新技术闯过了产品开发程序的重重关卡，施乐公司的经理人员也不会利用，因为施乐公司的正式报告制度、明确的管理控制系统及其补偿政策都给创新技术的产品实现制造了重重障碍。

这里最具有戏剧性的故事是关于施乐公司所创造的图形用户界面技术,这是一种类似于微软公司的 WINDOWS 操作系统的技术。施乐 PARC 的工程师开发了使用友好的图形用户界面技术,以取代电脑屏幕上那些拒人于千里之外的命令行和 DOS 提示符。他们想到,可以把桌面的概念应用到屏幕上。屏幕上会有很多文件和文件夹,用户可以使用鼠标指向并点击自己想要使用的内容。但是,施乐公司的高管并没有把此项技术成功地商业化。1979 年 12 月,经历了层层波折,苹果公司的创始人乔布斯终于在施乐 PARC 看到了图形用户界面技术的展示。施乐 PARC 的研发人员对于公司愿意把自己最宝贵的科研成果拱手示人感到震惊,特别是展示给苹果公司,但事情还是实实在在地发生了。

当施乐 PARC 的研发人员开始展示图形用户界面技术成果时,苹果公司的一群人都惊呆了。乔布斯跳了起来,兴奋地挥舞着胳膊。"他跳来跳去的,我都不知道他有没有看清楚整个演示,但事实证明他是看到了的,因为他不停问问题,我每展示一部分,他都会发出惊叹。"乔布斯反复说自己不敢相信施乐还没有把这项技术商业化。"你们就坐在一座金矿上啊,"他叫道,"我真不敢相信施乐竟然没有好好利用这项技术。"乔布斯后来回忆道:"仿佛蒙在我眼睛上的纱布被揭开了一样,我看到了计算机产业的未来,我们要把它变成现实!"这正是乔布斯和苹果公司一直以来寻找的突破:将电脑推广到普通人家,让他们享受到美好又廉价的设计,以及厨房电器一般的简易操作。

乔布斯和他的工程师对在施乐 PARC 看到的图形用户界面技术进行了巨大改进,然后又以施乐永远无法实现的方式对这些技术做了进一步完善。比如说,施乐的鼠标有三个按键,结构复杂,每只造价 300 美元,移动不够平滑。而乔布斯最终开发出了一种简单的、只有一个按键的、造价只要 15 美元的鼠标;施乐 PARC 的鼠标并不能用来在屏幕上拖拽窗口,而苹果工程师设计出的界面上,用户不仅可以任意拖拽窗口和文件,还可以将它们拖到文件夹中。

施乐公司的管理层根本没有意识到图形用户界面技术带给计算机行业的巨大潜力,在将该项革命性的技术转化为市场所需要的产品这一方面,显然施乐公司既缺乏判断力,也缺乏执行力。"在这场计算机产业最伟大的胜利中，他们被打败了。施乐本可以称霸整个计算机产业的。"这是乔布斯在很多年后对该事件的总结。

(5) 对 VRIO 分析框架的总结

VRIO 分析框架非常重要。这个分析框架是建立竞争性思维模式的理论基础，也是竞争优势获取与保持的逻辑起点。可以肯定，很少有资源能够通过 VRIO 分析框架评估，只有那些通过每一项测试的资源才能被认为是具有竞争力的、有价值的资源，进而使企业获得竞争优势，这些资源就是企业的核心竞争力。

VRIO 分析框架是评价企业是否拥有核心竞争力，以及核心竞争力到底是什么的理论工具。它对企业认识、理解和培育属于自己的核心竞争力具有很强的现实指导意义。特别的是，它不仅在价值性、稀缺性和难以模仿性等方面给出了合理的解释，还对组织如何充分发挥自身的核心竞争力给出了重要的理论依据，这一点尤为重要。

VRIO 分析框架不仅仅可以用于核心竞争力的分析和评价之中，实际上它对企业几乎所有的战略决策都具有理论指导价值，因为企业的任何战略决策都可以通过价值性、稀缺性、难以模仿性、组织四个方面进行分析，对于企业做出合乎逻辑的战略决策具有非常重要的意义。

核心竞争力是一个动态的概念，以前有，现在不一定有；以前的核心竞争力有高的价值，现在可能严重贬值；以前的核心竞争力适应以前的市场和消费者，现在的消费者不认可了，也就没有所谓的核心竞争力了。所以，核心竞争力一定要与当前及未来的经营环境相匹配。核心竞争力随时在流动和变化，而不是稳定固化。

专题四
精密逻辑和直觉洞察：战略决策的复杂性

> 越是重大的战略决策，越需要直觉洞察。

著名的管理学家戴明曾说:"上帝,我们相信,其他人,请带数据来。"这样的观点已经清楚地表明了理性分析在战略决策中处于非常强势的地位。从理性分析的角度来说,企业战略的研究者希望把复杂且抽象的管理决策变成纯粹的数字游戏。

数据是战略决策的基础和条件。通过精密逻辑的分析和纯粹数字的呈现,最终可以得到一个简单且确定的结果,这是许多战略决策者,或者战略管理研究者希望看到的。今天管理学的研究成果绝大多数需要借助于数学基础和数学模型,纯粹的经验总结已经很难见到了。

持理性分析观点的研究者或者决策者,怀疑经验主义和直觉判断的结论。他们认为在变化迅速的行业环境中,经验和直觉是靠不住的,没有人是预言家,对趋势的判断依赖精密的数据分析。

在当代,运用经济学和金融学的理论和方法对战略管理的问题展开研究,已经成为战略管理领域的一个重要学派,这个学派提出了许多重大的战略管理创新。比如战略管理的集大成者迈克尔·波特,他是迄今为止公认的战略大师,开创了战略管理研究的新时代。波特不是第一个,当然也不是最后一个运用经济学理论和方法分析研究战略管理问题的大师。

此外,在定量化的战略决策中,还有学者将技术经济学的理论和方法引入战略分析和决策之中。技术经济学属于管理学还是经济学,至今似乎还有争议,但技术经济学的理念、思想和方法已经应用到了企业战略决策之中。技术经济学研究的领域有宏观也有微观。在微观层面,技术经济学的核心指标和工具,如现金流、净现值(NPV)、投资收益率等常被用来辅助战略决策。例如,范围经济性是战略管理中被广泛应用的概念,用于分析战略决策背后的经济学内涵。范围经济性被定义为两种或两种以上的业务在一家企业的统一管理下的总成本低于各自独立运作的成本之和的经济现象。范围经济性常被用来解释多元化战略,特别是相关多元化战略背后的经济逻辑。范围经济性体现了"1+1>2",从技术经济分析的角度,这一现象可以采用净现值指标来评价。

即假设有两项业务,A 业务和 B 业务,在给定折现率和寿命周期的情况下,根据两项业务各自分别经营所能够产生的净现金流和两项业务合在一起经营所能够产生的净现金流,可以分别计算两种战略决策下的净现值。则有

$$NPV(A+B)>NPV(A)+NPV(B)$$

更多的学者则将经济学、金融学和技术经济学的理论融为一体,从而使基于数据之上的战略决策的工具库更加丰富多彩。

一、SWOT 分析

基于数据之上的理性决策同样是从战略分析开始的,但分析思路和要求截然不同。比如大家所熟知的 SWOT 分析方法在理性决策中依然非常重要,但已经面目全非。基于严密的逻辑和数据分析来开展战略决策,颠覆了传统意义上对 SWOT 分析的认知,对理解理性决策具有非常重要的意义。

SWOT 模型是内外环境分析的集成者,同样也是理性战略决策的基础。一般情况下,战略管理过程从战略分析开始,而战略分析的目的是从外部找出机遇与威胁,从内部了解企业的优势和劣势。机遇与威胁、优势和劣势分析最直接的结果是构建 SWOT 分析矩阵,并以此作为战略决策的基础。

对很多人而言,SWOT 分析是耳熟能详的模型,它也被认为是定性分析的重要工具,被广泛应用于各个领域,不仅仅在战略管理之中。作为定性分析的方法,SWOT 分析具有以下特征:

(1) SWOT 是对企业优势和劣势、机遇与威胁的定性描述。

(2) SWOT 分析中对优势和劣势,以及机遇与威胁的定性一般使用模糊的词汇,且不需要数据的精确支持。

(3) 某一项因素既可以是优势,也可以是劣势。

(4) SWOT 分析是定性的战略决策工具。

SWOT 分析具有的属性导致几乎所有的人认为 SWOT 是一个简单易行的分析工具,同时又是一个无关痛痒的分析工具,这样就导致 SWOT 分析被滥用到可以完全不负责任的程度,成了一个最好用但又最无用的工具。

但是,在完全的数据逻辑之上的战略决策过程对 SWOT 模型重新进行了定义,形成了外部因素评价矩阵(EFE)和内部因素评价矩阵(IFE)。这两

个矩阵不仅对企业的机遇与威胁、优势和劣势给出了量化的总体评价结论,而且是后续战略决策的重要输入项。因此,在内外部因素评价矩阵中,对每一项因素的描述都不是定性描述,而是定量的且带有数据指标的精确描述。

1. 外部因素评价矩阵

战略决策的过程,不是一个漫无边际的发散过程,而是在严谨的数据基础上的逻辑推演。这一推演过程是从外部因素评价矩阵开始的。外部因素评价的目的是寻找机遇与威胁,如果外部环境分析没有发现机遇与威胁,那么外部环境分析是没有价值的。通过外部环境分析,寻找到对企业有利的机遇或者不利的威胁,列出这些机遇与威胁绝不是简简单单的工作。

在理性分析者眼中,任何的机遇与威胁都应该是具体的而不是抽象的;任何的机遇与威胁也都应该是可衡量的,而不是模糊不清的。因此,机遇与威胁的表述必须有事实支撑、有数据支持。否则,这样的表述就是模糊的、抽象的,不能被列入外部因素评价矩阵。外部因素评价矩阵如表 4-1 所示。

表 4-1 外部因素评价矩阵

某二线城市新区一家大型商业综合体的 EFE 矩阵分析			
关键外部因素	权重	评分	加权分数
机遇			
1. 吸引人才落户政策显著,近两年每年城市新增落户超过 20 万人,且以中青年为主	0.05	3	0.15
2. 3 年内本市规划新建一所 1 万人左右的职业技术学院,距离本综合体 5 公里以内	0.08	4	0.32
3. 所在区域内有多家高档住宅小区,入住率逐年攀升,调查结果超过 40%	0.08	3	0.24
4. 本市促销费的补贴政策已持续 2 年,每年额度都在亿元左右	0.07	2	0.14
5. 去年本市的餐饮行业增长率达 15% 以上,超过全国平均水平,年轻消费群体贡献最大	0.09	1	0.09
6. 5 号地铁明年初正式开通,地铁口距离本综合体 100 米	0.06	3	0.18
7. 线上销售收入占总销售收入的 20%,且逐年增长	0.03	2	0.06
威胁			
8. 市中心新增 1 家规模相当的竞争对手	0.12	4	0.48
9. 本市年轻人失业率创下 25% 的新高	0.06	2	0.12

续表

某二线城市新区一家大型商业综合体的 EFE 矩阵分析			
关键外部因素	权重	评分	加权分数
10. 近5年来本区域内新建了5家3D影院	0.06	3	0.18
11. 服饰领域的实体销售低迷，去年一年内共计9家品牌因经营原因关闭门店	0.04	3	0.12
12. 租金上涨15%后引起商户的普遍不满	0.08	2	0.16
13. 去年本市城镇居民人均可支配收入超过5万元，但增长只有2.3%，低于全国平均水平	0.04	3	0.12
14. 去年电影平均票价上涨30%	0.08	2	0.16
15. 线上消费增长的同时，减少线下客流约10%	0.06	1	0.06
总计	1		2.58

列出外部因素仅仅是外部环境分析的第一步，紧接着要对这些因素进行量化的评价。一般情况下都需要列出10~20项外部因素，包括机遇与威胁。

量化评价的第一步是要对各个因素赋予权重，权重的总和为1。权重的大小意味着该因素对于企业在行业中取得成功或导致失败的重要程度，重要程度越高权重越大，反之则越小。因为机遇与威胁对企业产生截然相反的影响，因而必须从战略成功和失败两个方面进行衡量。

量化评价的第二步是对所列出的关键的10~20项外部因素进行评分，衡量企业对每一项因素的响应程度。机遇因素得分高，意味着企业能够很好地识别与把握该项机遇，企业有充分的准备；威胁得分高，意味着企业对该项威胁因素能够有效识别和规避，企业有很好的应对危机的准备。以5级量表评分法为例，1分代表企业对该项机遇或威胁既没有有效识别，也缺乏应对之策；5分代表企业很好地识别且把握了该项机遇或规避了该项威胁。

在外部因素评价矩阵中，每一项因素的权重乘以评分，得到该项因素的得分，将所有因素的得分加总，得到外部因素评价的总得分。以5分等级制为例，总得分3分为中间分值。超过3分说明企业对外部机遇与威胁的应对尚可，低于3分则说明企业对外部机遇与威胁的应对欠缺，需要改进。5分说明企业对外部机遇与威胁都有很好的响应和应对之策，而1分则说明企业对已经出现的机遇与威胁基本上无能为力、无所作为。

表4-1列出了某二线城市新区的一家大型商业综合体的外部因素评价矩

阵。其中机遇 7 项、威胁 8 项，共计 15 项因素。通过对该商业综合体的外部因素进行综合评价，最终得分 2.58 分，低于 3 分的评价值。2.58 分表明该商业综合体对外部的机遇与威胁总体上缺乏有效的应对战略，企业亟须在战略层面进行调整和优化，以把握机遇、规避威胁。

2. 内部因素评价矩阵

内部因素评价矩阵是对内部优势和劣势的分析与评价。

第一步，找到对企业在某一行业内成功或失败具有重要影响，存在明显的因果关系的 10~20 个因素。

第二步，对这些因素给出权重，权重反映了该项优势或劣势对企业在行业内成功或失败的相对重要性，重要性越高则权重越高，反之则越低。

第三步，对上述因素进行评价。对优势而言，企业在该项优势因素上得分高，意味着企业在该方面具有突出的优势；对劣势而言，企业在该项劣势因素上得分低，意味着企业在该方面具有突出的劣势。

以 1~5 分评价体系为例：

1 分——有优势但微弱，有显著的劣势。

5 分——优势显著，劣势不明显。

第四步，将各个因素的权重和评分相乘，得到各因素的评分；将各个因素的评分加总，得到内部因素评价的总得分。依然以 1~5 分评价体系为例，3 分是中值，代表企业在优势和劣势两方面相对均衡，可能既没有明显的优势也没有明显的劣势，也可能有突出的优势的同时也具有突出的劣势。

1 分代表企业基本没有明显的优势，但劣势非常显著。5 分则代表企业优势显著，劣势微弱，整体实力很强悍。

表 4-2 是对国内某品牌电脑公司的内部因素评价矩阵，最终得分为 3.06 分，高于 3 分的中值。得分比较准确地反映了该电脑公司在当前市场中的竞争地位，即有一定的优势，但劣势同样明显。

表 4-2　内部因素评价矩阵

国内某品牌电脑公司的内部因素评价矩阵			
关键内部因素	权重	评分	加权分数
优势			
1. 中国市场占有率为 24.6%，排名第 1	0.15	4	0.60
2. 品牌知名度排名第 1	0.07	4	0.28

续表

国内某品牌电脑公司的内部因素评价矩阵			
关键内部因素	权重	评分	加权分数
3. 销售渠道覆盖全国市一级95%以上的市场	0.1	3	0.3
4. 准时交货率达到88%	0.05	3	0.15
5. 产品毛利率为25%	0.02	3	0.06
6. 经销商满意度超过90%	0.15	3	0.45
劣势			
7. 总体满意度为77%（产品品质不如国际一流公司产品）	0.1	2	0.2
8. 关注客户体验不够，客户服务满意度为68%	0.08	3	0.24
9. 新产品成功率为50%	0.1	3	0.3
10. 去年在美国申请专利数81件，在计算机行业排名第7（与国际主要竞争对手相比，技术创新能力弱，远低于IBM的6191件和惠普的1362件）	0.06	2	0.12
11. 产品销售以国内市场为主，海外市场占比不超过20%	0.07	3	0.21
12. 主要依赖经销商等间接渠道，线上直接销售占全部销量的10%	0.05	3	0.15
总计	1		3.06

3. SWOT分析的内在要求

在外部环境分析中，外部因素往往纷繁复杂，来源广泛，在理论上可能都会对企业的发展产生直接或间接的影响，但外部环境分析所选取的机遇与威胁因素应与企业战略具有高度的相关性。

那么，对企业内部竞争优势和劣势的分析是否可以漫无边际呢？答案也是否定的。对企业优势和劣势的总结，应基于对企业所在行业关键成功因素的深刻认识，更要对当前及今后一段时间企业战略成功关键要素有深刻认识，而不是信手拈来。

多数情况下，SWOT分析提炼出来的企业优势和劣势，应该与企业所在行业的成功与失败直接相关，对企业是否能够获取竞争优势影响显著。因此，行业内任何一家企业的优势或劣势在相当程度上应该具有共性，如零售行业，成本控制、服务和营销永远是最重要的优势来源；餐饮行业，一般在菜品与服务、品牌与人力资源管理等方面体现出各个企业的优势与劣势；高科技制造行业，多数在技术与产品创新、全球分销与供应链管理等领域展现竞争优势与劣势。行业内企业竞争的优势和劣势可能千差万别，但在竞争优势的来源和类别上是具有共性的。内部环境的分析者要想准确地识别出这些共性特征和因素，就需要对行业内的主要经济过程和关键成功因素有深刻认知。因此，SWOT分析绝非天马行空、任意裁剪，企业可能拥有某一项一般性的优势，但该优势能否真正成为优势，需要放到具体的行业和竞争环境下去衡量。在某一行业或领域的优势，在另一个行业或领域不一定就是优势；在某一行业或领域的劣势，在另一个行业或领域不一定就是劣势。

优势之所以是优势，劣势之所以是劣势，就在于该项优势或劣势对于企业的战略成败具有重要的作用，否则空洞抽象地谈论优势和劣势是没有任何意义的。优势和劣势的探讨，必须基于该项优势或劣势与战略之间的相关性，存在与战略成功与失败之间的因果关系。内部环境分析不能抽象地归纳出一个竞争优势或劣势，也不能将一个一般性的竞争优势概念适用的领域无限延伸。

例如，多数情况下，消费电子领域是典型的技术和产品驱动的产业，企业的技术创新能力至关重要。但是，笼统地概括某个企业具有技术创新方面的优势并没有实际的意义，而应明确地指出是哪一方面、哪一领域的技术创新优势。原因在于：一是该行业技术迭代升级的速度非常快，很难或无法预测下一代的突破性技术，以及该项技术可能的爆发点和应用场景，所以，必须明确地指出企业到底具有哪一方面的技术创新优势；二是企业在过去一段时间内所具有的某种优势，不一定与当前及今后的企业战略相适应、相匹配。诺基亚在功能机时代曾经创造了令业界惊叹的商业奇迹，但是随着智能机时代的到来，企业原有的产品耐用性、成本控制和发达的营销及售后服务网络等竞争优势，在智能化、应用场景扩展、移动互联、在线支付新业态面前相形见绌，竞争优势的瓦解和消失同样令人猝不及防。有人评价诺基亚极致的成本控制，扼杀了创新，反映了原有的竞争优势与新的竞争战略之间的严重冲突。

战略是关于竞争和竞争优势的理论。成本领先和差异化代表了竞争战略的两极，以成本领先战略获取竞争优势的企业，一旦转向寻求品牌溢价和差异化的战略方向，其原有的竞争优势尽管依然非常重要，但导致差异化战略成功的关键驱动因素已经悄然改变。企业必须引入新的元素，建立新的谋求稀缺和独特性的竞争优势，在市场运作、品牌、技术与产品创新、服务等领域另辟蹊径、迎难而上。因此，在内部因素评价矩阵中，评价企业原有的竞争优势或劣势对企业战略成功与失败的重要性，以及对竞争优势和劣势的评分，都应考虑企业当前和未来的战略选择。

4. SWOT 分析的核心

一般认为从外部环境中找到机遇与威胁，以及从内部分析中明确优势和劣势，并形成 SWOT 分析矩阵，SWOT 分析也就结束了。图 4-1 是国内某品牌电脑公司的 SWOT 分析矩阵。

优势	劣势
S1.中国市场占有率为24.6%，排名第1； S2.国内市场品牌知名度排名第1； S3.销售渠道覆盖全国市一级95%以上的市场； S4.准时交货率达到88%； S5.产品毛利率为25%； S6.经销商满意度超过90%	W1.总体满意度为77%； W2.关注客户体验不够，客户服务满意度为68%； W3.新产品成功率为50%； W4.去年在美国申请专利数81件，计算机行业排名第7； W5.产品销售以国内市场为主，海外市场占比不超过20%； W6.线上直接销售占全部销量的10%
机遇	威胁
O1.中小企业PC市场年均增长37%； O2.政府采购市场每年增长27%； O3.新兴经济体PC消费增长迅速，其中印度PC出货量逆势增长15%； O4.我国数字经济蓬勃发展，预计将超过10万亿元	T1.招投标方式覆盖100%客户资源，价格竞争加剧； T2.全球PC出货量持续低迷，预计本年度下滑10%； T3.戴尔电脑直销模式带来很大冲击，国内市场占有率近三年来增长100%； T4.公司在台式机上积累深厚，但近年来笔记本出货量占PC总出货量的比重已经超过50%

图 4-1　国内某品牌电脑公司的 SWOT 分析矩阵

列出 SWOT 分析矩阵，仅仅是分析工作的开始，SWOT 分析最重要的部分是组合分析以及对组合方案的评价。也就是说，SWOT 分析是战略决策的开始，而不是结束。

通过外部环境和内部环境的分析，企业需要从 SWOT 分析中看到前进的方向，找到适宜的战略决策方案，这才是 SWOT 分析的真正目的。SWOT 分析有四大类组合，如图 4-2 所示。

关于 SWOT 组合，有下面的认识：

图 4-2　SWOT 组合分析

- 理论上可以有多种组合，但有意义的组合是有限的。
- 某一种因素，可以与另外的一种或多种因素相互组合，反之亦然。
- 因素与因素的组合并不必然产生方案，因素只是为方案的形成提供依据，或指明战略决策的方向，方案需要决策人的战略思维加工才能形成。
- 因素与因素之间组合所形成的方案与方案之间的关系是复杂的，可能存在独立、互斥或相关等关系，需要理性判断。
- 一类组合与一类组合之间，比如 SO 组合和 ST 组合之间，并不一定是互斥的关系，需要具体分析。
- 相同因素构成的组合，可能会产生不同的决策方案，因为决策人的视角不同、立场不同，这些都是正常的。
- SWOT 分析并不会给出最终要选择的方案，而是尽可能多地给出可供选择的方案。

下面就图 4-1 中的矩阵做组合分析：

(1) SO 组合

S1、S2 和 O1、O2、O4 组合，可能产生以下方案：

- 维持并强化目前国内市场占有率和销量第一的战略地位，采取积极有力的措施进入增长强劲的市场。

S1、S2、S6 与 O3 组合，可能产生以下方案：

- 进入新兴经济体市场，优先选择印度市场作为目标市场，拓展国际市场空间；在进入方式上，根据自身优势和经验，优先选择通过经销商或代理商进入的方式。

（2）ST 组合

S1、S2、S3、S4、S6 和 T1、T3 组合，可能产生以下方案：

- 由于戴尔直销减少了中间环节而具有成本优势，因此，公司应利用自身在供应链方面的优势，不断降低成本来应对主要竞争对手的价格压力。
- 未来价格竞争在商业运作中将起到至关重要的作用，公司应扬长避短，采用成本领先战略赢得市场竞争。

（3）WO 组合

W4、W5 与 O3 组合，可能产生以下方案：

- 缺乏国际市场开拓的经验和国际市场品牌影响力，是企业进入新兴经济体市场的最大制约因素，可能导致企业国际化战略不能成功；公司应采取"先易后难"的方式进入海外市场，并在人才、资金、市场等方面弥补短板。
- 在缺乏国际市场运作经验的情况下，公司可以尝试与本土企业，或竞争对手建立合作关系，借船出海。

（4）WT 组合

W1、W2、W4、W5 和 T2、T4 组合，可能产生以下方案：

- 全球市场低迷加剧竞争，但在产品独特性方面与主要竞争对手相比处于劣势，国际市场运作方面也缺乏经验，公司可以通过海外并购的方式获得国际化所需的资源。
- 坚定走全球化的发展道路，塑造企业核心竞争优势。

总结以上组合方案，可以看出各个组合方案并不是互斥的非此即彼的选择，更多的时候是相互关联的方案。

对以上组合方案进行梳理和总结，公司可能的战略有：

- 全球化战略，优先拓展印度等新兴市场，通过经销商等间接渠道进入，但长期来看，应考虑并购海外 PC 品牌获取国际化运作的资源。
- 确保国内市场的地位和竞争优势是公司战略的压舱石，保持富有竞争力的成本优势是公司产品努力的方向。
- 以笔记本电脑作为公司产品与技术创新的主要方向。公司在技术与产品独特性方面的短板，以及国际市场运作经验的缺乏是制约因素，需要制定技术创新、产品创新战略和国际化战略来扭转。

此外，还可能有多个组合以及在这些组合基础上的战略选择方案，但企业如何选择，SWOT分析并没有给出方法。因此，倾向精密逻辑和理性分析的战略学者对此并不满意，因为不论是组合分析还是组合后得出的方案，都没有经过数据分析和评价，因而是不充分、不彻底的，所以是不可接受的。

为此，接下来SWOT分析将作为输入项，进入更大规模的决策框架体系中去。

二、精密逻辑下的战略决策过程

沿着精密逻辑的思路，必须构建一个可以对各个可行的战略组合方案进行量化评价的理论体系，而战略定量规划矩阵很好地体现了战略管理的严谨性和基于数据之上的分析逻辑。当然，战略定量规划矩阵并不是唯一的分析框架，但它具有很好的代表性，也与前面的外部环境分析、内部环境分析一脉相承，对于理解理性分析的逻辑主线很有帮助。因此，在此重点介绍这一理论模型。

战略定量规划矩阵分为三个层面：

第一个层面：输入阶段。将前面战略环境分析中获取的外部机遇与威胁因素、内部环境分析中总结的优势和劣势因素所构成的外部因素评价矩阵和内部因素评价矩阵作为战略决策的输入项。

第二个层面：匹配阶段。根据输入项所列出的各项因素，以及这些因素之间的合乎逻辑的匹配关系，利用SWOT、BCG矩阵（波士顿矩阵）等工具，得到尽可能多的备选战略方案。

第三个层面：决策阶段。将初步选定的战略方案一一与各项关键因素进行吸引力评价，结合因素的权重，计算各个方案的吸引力总评分，根据总评分的高低选择最终战略行动方案。

图4-3是战略定量规划矩阵的结构。关于其他分析工具会在本书的其他部分得以体现。

输入阶段和匹配阶段已经在前文中进行了详细的阐述，接下来探讨决策阶段的定量评价矩阵。通过输入阶段各个因素的相互匹配，已经形成了可供选择的战略方案，需要对这些方案进行量化评价。

评价指标的选择多种多样，本书采用较为成熟的吸引力评分指标。所谓吸引力，是指战略方案与关键的外部和内部因素之间的适应和匹配契合度，

```
┌─────────────────────────────────────────────────────────┐
│                  层面1：输入阶段                         │
│                                                         │
│   外部因素评价矩阵              内部因素评价矩阵         │
│     （EFE矩阵）                   （IFE矩阵）           │
├─────────────────────────────────────────────────────────┤
│                  层面2：匹配阶段                         │
│                                                         │
│  SWOT分析矩阵    BCG矩阵（波士顿矩阵）   其他分析工具    │
├─────────────────────────────────────────────────────────┤
│                  层面3：决策阶段                         │
│                                                         │
│                  吸引力评价矩阵                          │
└─────────────────────────────────────────────────────────┘
```

图 4-3　战略定量规划矩阵

采用5级量表。例如，某一个战略方案如果很好地利用了外部的机遇，或中和了可能的威胁，那么该战略对这项因素就具有高吸引力；反之，没有利用外部机遇或中和威胁，则表明该战略对这项因素没有吸引力。吸引力同样适用于优势和劣势的评价，如果某一个战略很好地基于公司所拥有的优势，避开了劣势，则该战略对这项因素具有高吸引力；反之亦然。如果该战略方案与某一因素之间没有必然的合乎逻辑的匹配关系，则对该因素不进行吸引力评分。吸引力评价矩阵如表4-3所示。

表 4-3　吸引力评价矩阵

关键因素	权重	备选战略方案					
		战略方案1		战略方案2		战略方案3	
		吸引力评分	吸引力得分	吸引力评分	吸引力得分	吸引力评分	吸引力得分
优势							
S1. 中国市场占有率为24.6%，排名第1	0.05	4	0.20	5	0.25	4	0.2
S2. 品牌知名度排名第1	0.07	3	0.21	4	0.28	4	0.28
S3. 销售渠道覆盖全国市一级95%以上的市场	0.1	—		4	0.4		

续表

关键因素	权重	备选战略方案					
		战略方案1		战略方案2		战略方案3	
		吸引力评分	吸引力得分	吸引力评分	吸引力得分	吸引力评分	吸引力得分
S4. 准时交货率达到88%	0.05	—		—		—	
S5. 产品毛利率为25%	0.02	3	0.06	4	0.08	3	0.06
S6. 经销商满意度超过90%	0.15	4	0.60	4	0.6	3	0.45
劣势							
W1. 总体满意度为77%（产品品质不如国际一流公司产品）	0.1	3	0.3	3	0.3	3	0.3
W2. 关注客户体验不够，客户服务满意度为68%	0.15	2	0.3	3	0.45	3	0.45
W3. 新产品成功率为50%	0.1	—		2	0.2	2	0.2
W4. 去年在美国申请专利数81件，在计算机行业排名第7（与国际主要竞争对手相比，技术创新能力弱，远低于IBM的6191件和惠普的1362件）	0.08	—		—		2	0.16
W5. 产品销售以国内市场为主，海外市场占比不超过20%	0.04	3	0.12	—		—	
W6. 主要依赖经销商等间接渠道，线上直接销售占全部销量的10%	0.09	—		—		—	
机遇							
O1. 中小企业PC市场年均增长37%	0.15	—		4	0.6	3	0.45
O2. 政府采购市场每年增长27%	0.15	—		4	0.6	3	0.45
O3. 新兴经济体PC消费增长迅速，其中印度PC出货量逆势增长15%	0.1	5	0.5	—		—	
O4. 我国数字经济蓬勃发展，预计将超过10万亿元	0.08	—		4	0.32	2	0.16
威胁							
T1. 招投标方式覆盖100%客户资源，价格竞争加剧	0.2	—		3	0.6	—	
T2. 全球PC出货量持续低迷，预计本年度下滑10%	0.1	3	0.3	—		—	

续表

关键因素	权重	备选战略方案					
		战略方案1		战略方案2		战略方案3	
		吸引力评分	吸引力得分	吸引力评分	吸引力得分	吸引力评分	吸引力得分
T3. 戴尔电脑直销模式带来很大冲击，国内市场占有率近三年来增长100%	0.07	—		2	0.14	—	
T4. 公司在台式机上积累深厚，但近年来笔记本出货量占PC总出货量的比重已经超过50%	0.15	2	0.3	—		2	0.3
总计			2.89		4.82		3.46

以前文中根据图4-1所示的国内某品牌电脑公司的SWOT组合分析所形成的3个战略方案为例，进行吸引力评价，3个方案分别为：

战略方案1：国际化战略。以经销代理方案进入新兴经济体市场，优先选择印度市场为主攻方向，长期应考虑并购海外PC品牌，获取国际化运作的资源。

战略方案2：成本领先竞争战略。确保国内市场的地位和竞争优势是公司战略的压舱石，保持富有竞争力的成本优势。

战略方案3：集中于笔记本电脑方面的技术创新和产品创新战略，塑造企业核心竞争优势。

吸引力评价矩阵的量化评价分为5个步骤，具体如下：

步骤1：在评价矩阵的左侧列出关键的外部环境因素和内部因素，包括机遇与威胁、优势和劣势。上述因素主要从前面的外部因素评价矩阵和内部因素评价矩阵中提取。

步骤2：给出每个因素的权重。权重的大小应当和外部因素评价矩阵和内部因素评价矩阵中的权重相一致。

步骤3：给出吸引力评分。吸引力的大小按照5级量表给出，是该因素对某一战略方案的相对影响力得分：1——没有吸引力；2——有弱的吸引力；3——有一定的吸引力；4——有较强的吸引力；5——有很强的吸引力。

步骤4：计算吸引力得分。吸引力得分由吸引力评分乘以权重得到。

步骤5：计算每一个战略方案的总得分。把吸引力得分加总，即可得到总得分。吸引力总得分表明在考虑所有影响战略决策的外部和内部因素的情况下，分数越高，对应战略的吸引力越大。吸引力总得分可以作为战略选择的依据。

战略定量规划矩阵是精密逻辑分析的产物，是量化评价战略方案的典型理论框架。它反映了战略管理学家试图建立一种完全基于数据之上，尽可能减少直觉判断的战略决策的努力。但是，多数情况下战略决策并不是对静态环境所做出的反应，而是对未来变化趋势所做出的行动。对量化评价的极致要求，往往会导致不论是内部因素，还是外部机遇与威胁因素，都是对现状的总结，因为对刚刚出现的"苗头""端倪"很难给出具体的量化的描述以及量化的评价指标。

战略定量规划矩阵以及前面阐述的SWOT组合分析工具，在战略决策中是有价值的。第一，它促使战略决策者在决策时通盘考虑企业所面临的内部和外部因素，将战略选择置于各种因素的相互作用之中。第二，它将抽象的、高度凝练的、跨越职能的战略决策具体化，使多个方案之间的比较具备了共同的基础。因此，这一理论不但可以应用于跨国公司和大企业，而且可以应用到各类小企业。

但是，战略定量规划矩阵并没有完全消除人为的判断而成为纯粹的数字游戏。例如，对各个因素权重的给出，以及吸引力的评分等都需要战略决策者个人的主观判断，而这些主观判断所产生的各类"分值"本身就代表了某种倾向性。因此，可以说，该矩阵本身就是理性分析和直觉判断相结合的产物。

三、精密逻辑的漏洞

战略决策具有全局性、长远性和风险性等特征，因而它不是常规性的、程序性的和确定性的决策。经济学、金融学乃至技术经济学的学者试图找到恰当的数学模型去描绘企业所面临的所有战略决策问题，从兼并收购到建立战略联盟，从纵向一体化到多元化战略，几乎涵盖了所有的领域。例如，规模经济性的有关理论经常被用来解释集中生产单一产品和服务的战略；交易费用理论及其模型被用来分析纵向一体化战略与外部市场化战略之间的区别；范围经济性理论则被用来阐释多元化，特别是相关多元化战略的优势；博弈论等被用来探讨战略联盟、供应链协同战略等。一些新的研究成果如实物期权等,则被用来分析不确定性环境下的战略决策。

举一个实际的数学模型例子来说明上面的观点。例如,美国著名的战略管理学者杰恩·巴尼对多元化战略的风险问题进行了研究。该研究采用了纯粹的数学模型。研究认为多元化公司的现金流风险低于非多元化公司的现金流风险。研究建立了两家独立经营的公司和一家同时经营两个业务的多元化公司的风险模型。这里的风险,指的是某种不确定性,以及由于这种不确定性所带来的收益波动;风险的测度,沿用收益的方差或标准差来衡量,即收益波动程度的大小即风险的大小。

在该研究模型中,设业务Ⅰ的现金流风险(用长期现金流的标准差来测度)为sd_I,业务Ⅱ的现金流风险(同样用长期现金流的标准差来测度)为sd_{II},并且这两种业务的收益服从正态分布,那么,同时经营两种业务的多元化公司的现金流风险如下:

$$sd_{I,II}=\sqrt{\omega^2 sd_I^2+(1-\omega)^2 sd_{II}^2+2\omega(1-\omega)cov_{I,II}}$$

式中,$sd_{I,II}$为两种业务合并后的现金流风险;ω为业务Ⅰ在总投资中的比重;$(1-\omega)$为业务Ⅱ在总投资中的比重;$cov_{I,II}$为业务Ⅰ和业务Ⅱ的相关系数乘以业务Ⅰ和业务Ⅱ的标准差。其中:

$$cov_{I,II}=r_{I,II}sd_I sd_{II}$$

上式中的$r_{I,II}$为业务Ⅰ和业务Ⅱ的现金流的相关系数。进一步地,如果$sd_I=0.8$,$sd_{II}=1.3$,$\omega=0.4$,$r_{I,II}=-0.8$,则有

$$sd_{I,II}=0.558$$

业务Ⅰ和业务Ⅱ的共同风险为0.558,既小于业务Ⅰ的风险(0.8),又小于业务Ⅱ的风险(1.3)。如果业务Ⅰ和业务Ⅱ的现金流不是完全正相关,那么,两种业务的共同风险至少低于其中一种业务的风险——也就是说,只要$r_{I,II}<1.0$,例如,$r_{I,II}=-0.2$,那么,$sd_{I,II}=0.782$(多元化公司的风险还是低于任何一种独立业务的风险);如果$r_{I,II}=0.7$,那么,$sd_{I,II}=1.0296$(多元化公司的风险大于业务Ⅰ的风险,但是依旧小于业务Ⅱ的风险)。这种分析还可以应用于收益不服从正态分布的多种业务当中。最终的结论是公司可以通过长期现金流非完全相关的多种业务来降低总体风险。

这个模型很典型,它表明对风险进行精确的计量有助于企业做出正确的多元化战略决策。有的学者将最优化的理论和方法也引入战略决策中,试图进一步寻找到最优的战略方案。但是,极致的理性模型终究还是有漏洞的,

那就是在战略决策领域，根本不存在"完美的方案"。从技术经济分析的角度，技术经济常用的评价方法和工具，如净现值（NPV）或净年值（NAV）、投资回收期、投资收益率、内部收益率等指标，在评价多个投资项目的时候常常会出现冲突与矛盾的情况。比如，投资回收期短的项目，可能净现值低；而净现值高的项目，也可能内部收益率低，现实中几乎不存在一个方案在任何一个方面都超越其他任何方案的情况。因此，所有的决策最终都需要人来做出选择。

决策是人做出的，决策也必然是选择题。多数情况下，战略决策都是高度不确定的、充满风险的，需要决策者在多个选项中权衡利弊，做出取舍。假定存在"一边倒"的方案，对决策者而言未必是好事，因为所有一边倒的方案往往隐含着重大的缺陷，"不是馅饼而是陷阱"。既然要对各有利弊的方案做出取舍，那么决策人的价值判断就显得极为重要。在风险决策中，一般存在4种价值判断，分别是期望值最大原则、风险最小原则、最大可能原则和满意原则。

期望值最大原则实际上是收益最大原则，尽管这里面有概率的问题。但是收益总是与风险相对应，高收益往往意味着高风险，因此，对风险敏感的决策者可能会做出另一种选择——风险最小的方案。保守求稳的决策者总是在恰当的时候规避风险，所谓"诸葛一生唯谨慎，吕端大事不糊涂"。期望值最大原则与风险最小原则都与不确定事件发生的概率有关，但如果有一种状态发生的可能性明显高于其他的状态，那么决策者可能会做出第三种选择，即将最大可能的状态作为决策的方向，而置其他状态于不顾。

期望值最大原则和风险最小原则可以理解为乐观原则和悲观原则，而最大可能原则体现了决策者的判断力和决断力。由于信息的不完备，无法穷尽所有的可能，理性的决策者会追求满意而非最优的方案，满意原则是第四种价值导向。在满意原则之下，决策者既不是盲目的乐观派，也不是悲观主义者，而是将欲望控制在合理的范围内。决策者首先给企业设定一个可以接受的目标，如投资的净现值或收益率指标，满足上述指标的方案都是可以接受的选项。在可接受的备选方案中，按照最大可能或最小风险的判断标准，选定最终的方案。

上述四种风险决策的原则都与决策者的价值导向密切相关，不论是悲观还是乐观，风险规避还是风险偏好，谨慎克制还是孤注一掷，极端还是平衡，都充分反映了决策者的价值判断。正因为没有最优和完美的方案，优缺点共存是所有战略方案的共性特征，无论在数学上设计得如何精巧，模型与现实如何接近，最终的抉择都需要一种无法言表的判断，这种判断在很多场合被称为直觉。

四、直觉洞察

与理性分析和精密逻辑的战略决策理念相反，有一种观点主张战略决策更多的是一种直觉判断而非纯粹的数字游戏。在高度不确定性的内外环境中，许多战略管理者依靠以往的经验或直觉在多个难以清晰判断的方案中做出抉择，并对企业的发展起到了神奇的作用。例如，历史上著名的职业经理人斯隆对通用汽车公司的创始人杜兰特的评价是："据我所知，杜兰特是一个仅靠直觉迸发的灵光就能开展活动的人。他从不认为有必要依靠工程方式探寻事实真相，他的直觉判断常常惊人的正确。"一些非常自信的企业家甚至表示，他们有超常的单靠直觉、潜意识就能做出非凡战略的能力。

2004年，联想集团并购IBM的PC事业部的战略轰动一时，被业内许多人视为"蛇吞象"的惊人之举。IBM号称"蓝色巨人"，是美国精神的象征，在2004年，IBM公司的全球营业收入达到965亿美元。而彼时的联想，尽管已连续8年占据中国市场份额第一的位置，但刚刚经历了战略转型的失败，并且还没有建立起全球营销的企业格局和具有全球影响力的品牌。可以说，联想的此次并购是非常典型的战略性并购。

联想的并购在当时引起了巨大的争议，争议的焦点主要来自两个层面：一是花费巨资值不值；二是联想是否具备打好IBM这张牌的实力。此次收购，联想集团出资的12.5亿美元包括6.5亿美元现金及按2004年12月交易宣布前最后一个交易日的股票收市价计算的总价6亿美元的联想股票。此外，联想将承担来自IBM约5亿美元的净负债。同时，联想所并购的IBM的PC事业部在此前已经连续亏损多年，与IBM的其他高盈利部门形成强烈反差，是IBM战略转型过程中不受重视的业务领域。在资产价值的评估上，联想接受了IBM的业务价值评价方法，在支付方式上采取了常用的"股权+现金"方式，并且有著名投行高盛的介入。此次收购的资产包括IBM所有笔记本电脑、台式电脑及相关业务，包括客户、分销、经销和直销渠道以及一定期限内的"Thinkpad"品牌及相关专利。这是一个在许多研究者眼中注定是"赔本"的买卖，因为在 IBM 手中，PC 事业部根本无法实现盈利，联想购买的是一个负资产，且 12.5 亿美元要价太高，很多人认定联想实际上并没有得到真正有价值的东西。

还有人质疑联想"凭什么能够拧干 IBM 毛巾上的水"，因为联想尽管通过 20 年的时间在国内市场登顶，但并不是具有全球影响力的 PC 品牌，国际市场运作经验不足，公司也刚刚经历了由 PC 制造向 IT 服务业战略转型的挫折。国内各路媒体纷纷发文"追问柳传志"，怀疑在 IBM 手中亏损的业务能否在联想这里实现盈利，批评联想的并购是胆大妄为的鲁莽行为，甚至有人预测此项并购和历史上的许多并购一样将以失败告终。

质疑主要集中在两个方面：一是联想并没有真正得到它想要的品牌、供应链和全球市场运作的资源；二是正因为联想没有得到这些东西，加上联想自身的资源与能力短板，这项并购是不值得的。但是，战略决策超越数字游戏的属性以及企业家的价值判断在这一事件中起到了至关重要的作用。

2004 年，柳传志多次在各种媒体上接受质疑并回答了联想究竟得到了什么："联想有全球品牌吗，没有，IBM 有；联想有技术吗，没有，IBM 有；联想有全球供应链吗，没有，IBM 有。怎么能说联想什么都没有得到呢？"在企业家眼里，柳传志非常清楚地知道联想集团想要什么、缺少什么，以及真正得到了什么，即使是这一事件本身所带来的广告效应和对全球 PC 市场的冲击，给联想带来的收益也无法估量。这种认知和价值判断，很难甚至无法用精确的数学模型去计算，也是企业家超乎常人的地方。

事实也证明，联想的大胆并购并非一帆风顺。在经历了 2008 年北京奥运会主赞助商的高光时刻后，2008 年联想集团第三季度的销售额为 35.9 亿美元，较 2007 年同期的 46.02 亿美元下降了 22%，同时亏损 9671.9 万美元，这也是联想集团三年来的首次亏损。尽管随后柳传志重新出任联想集团董事局主席并在 2009 年成功扭亏，但联想的全球化道路一直如履薄冰，在饱受争议中不断前行。

到 2022 年，距离联想并购案过去了 18 年，联想集团全年营收为 4240 亿元，净利润为 129 亿元。根据 IDC 的数据，2022 年联想全球 PC 出货量为 6810 万台，市场占有率达 23.3%，超越惠普、戴尔、苹果、华硕，连续 5 年位列行业第一。可以说，联想今天成就的取得，与 2004 年重大战略决策密不可分，也许这就是战略管理的魅力所在。

并非所有的战略决策都由企业家做出,但是企业家或具有企业家精神色彩的决策在战略管理中居于核心位置,这些决策几乎都对各自企业产生了至关重要的作用。企业家的战略决策有三个方面的突出特征。

1. 敏锐的直觉

《工程师大拇指案》是福尔摩斯探案集中的经典之作。在判断假币制造团伙的作案地点的时候,福尔摩斯通过两轮马车的马的毛色和精神状态,通过直觉敏锐地判断作案地点就在火车站附近,为破案指明了方向。现实中,企业家凭借直觉做出的战略决策,其精彩程度不亚于小说中的侦破高手,同样引人入胜。

很多企业家对于战略和企业前景的判断并不依赖结构化的严谨分析,这种结构化的解读容易造成"只见数字而不见全局",失去对于全局性的敏感和把握。正如乔布斯所言:"我们从来不做市场调查,我们要做的是发现还没有落实到纸面上的东西。"苹果公司的很多战略决策都很难用理性逻辑来解释清楚。1997年1月,乔布斯重新回到了他一手创办的苹果公司。此时的苹果公司正面临严重的困境,按乔布斯的说法是"离破产不到90天"。该从何处入手拯救苹果呢?乔布斯选择了产品。产品评估显示出苹果的产品线十分不集中,在官僚作风的驱动下,苹果公司对每个产品炮制出若干版本,去满足零售商的奇思怪想。"无数的产品,大部分都是垃圾,由迷茫的开发团队制造。"在一次大型产品战略会议上,乔布斯抓起记号笔,走向白板,在上面画了一根横线和一根竖线,做成一个方形四格表。"这是我们需要的,"他继续说。在两列的顶端,他写上"消费级"和"专业级"。在两行的标题处,他写上"台式"和"便携"。苹果公司的战略就是做四个伟大的产品,每格一个。

乔布斯开始大刀阔斧地砍掉不同的产品,很快就砍掉了70%,这意味着公司要退出很多业务领域,如打印机和服务器。1997年,苹果在销售StyleWriter彩色打印机,基本上就是惠普DeskJet的另一个版本。苹果很快就退出了打印机市场,以及砍掉带有手写识别系统的个人数字助理产品。在1997年9月的董事会上,乔布斯介绍这个计划时,现场同样鸦雀无声。"史蒂夫来了以后说我们需要更少的产品。他给我们画了个四格矩阵,说这就是我们应该专注做的。"董事会反对乔布斯的战略,他们告诉乔布斯这是在冒险。但乔布斯坚定地认为他的战略能够成功。实际上,苹果公司的董事会从来都没有投票赞成过这个新战略。

而结果呢？苹果的工程师和管理人员高度集中在四个领域。第一，专业级台式电脑——Power Macintosh G3；第二，专业级便携电脑——PowerBook G3；第三，消费级台式电脑——iMac；第四，消费级便携电脑——iBook。这种专注能力拯救了苹果。在他回归的第一年，乔布斯裁掉了3000多人，扭转了公司的财务状况。到1997年9月乔布斯成为临时CEO时，之前的一个财政年度苹果已经亏损了10.4亿美元。经历了两年的巨额亏损后，在1998年整个财年，苹果实现了3.09亿美元的盈利。

另一个案例也说明了企业家直觉判断的价值。京瓷是世界知名的企业，但京瓷的成功富有传奇色彩。很多业内人士，包括京瓷自己的员工都认为，京瓷成功的关键在于能够提供无与伦比的客户服务。当美国的芯片制造行业遇到麻烦的时候，京瓷对此做出了令人敬佩的反应，他们彻夜不眠寻找解决方案。当客户需要新产品的样本时，京瓷不分昼夜地工作，总是第一个提供出样本。在20世纪60年代后期，京瓷非常关注行业中另一家重要的公司——Fairchild（仙童）半导体公司。京瓷的销售人员每天都拜访他们，同公司的每一个人——从运输职员到总裁都建立了良好的关系。1971年，仙童公司决定退出陶瓷元件行业，自然而然地将这部分业务外包给京瓷的同时也把它的陶瓷元件工厂卖给了京瓷。当仙童公司退出这一行业后，京瓷就成为留在这个市场中的唯一一家公司。但是这种垄断并没有保证京瓷取得成功。新工厂的几名管理人员努力解决了一些问题，为仙童公司的半导体提供可用的陶瓷元件，但是京瓷对仙童公司的贡献并没有获得预期的回报。正如仙童公司本身的纷争一样，大批职员离开公司独自创业。但是，也正是由于京瓷所付出的努力打动了所有的客户，那些所谓的"仙童人"，包括英特尔、国家半导体和高级微电子设备的创始人，都离开仙童公司，最终成为京瓷的用户。也许正是稻盛和夫凭借敏锐的直觉，押宝在了戈登·摩尔、罗伯特·诺斯和安迪·格鲁夫等几个名不见经传但极富创造力的天才青年身上，才有了京瓷后来的巨大成功。

2. 颠覆预设

一些战略决策是在给定的内外环境、给定的资源条件以及给定的产业竞争格局下做出的。也就是说，很多战略决策是在一堆预设条件下寻找最优或最满意解的过程，这些预设条件在很多大程度上限定了战略选择的方向、类型，甚至界定了战略选择的边界。例如，资源约束条件决定了企业投资的规模等。但是，预设条件是动态而非静态的产物，不受预设条件的限制才能提出出人意料的战略创意。

1970年，Intel公司推出第一款商用动态随机存储芯片（DRAM）Intel 1103，彻底颠覆了磁存储技术。DRAM的出现解决了磁芯存储器体积庞大、运行速度慢、存储密度低及能耗较高等问题。但在1979年，日本公司占领了美国（DRAM）40%的市场份额，引起了行业的巨大震动。惠普公司检验了日本芯片，发现故障率只有美国产品的1/5。随后，日本存储芯片公司耗资40亿美元打赢了与美国企业之间的芯片价格战，并导致了硅谷有史以来最严重的经济衰退，在20世纪80年代中后期，当地的半导体行业中每5个雇员中就有1个失业。1985年10月9日，Intel公司被迫宣布退出这个自己一手开创并叱咤风云的市场。时任CEO安迪·格鲁夫在思考接下来Intel的前进方向时说："有人问Intel的战略是什么，Intel的战略就是放弃存储芯片市场，全力进入微处理器市场。"实际上，在此之前数年，Intel公司就已经开始了研发战略的转移，随后Intel公司在微处理器领域重新崛起并依靠持续快速的技术与产品创新成为该领域的全球领导者，与微软等公司一道共同推动了世界IT产业的技术进步。到1994年底，全世界有75%的个人电脑使用英特尔的产品，其年销售收入一路猛增，接近100亿美元。1994年3月，《商业周刊》将其列为"美国利润最高的10家企业"之一。

在与日本公司存储芯片的战略竞争中，常规的选择是继续在存储芯片这一Intel赖以成功的领域内采取行动，可能的战略重点是如何不断降低成本来应对日本企业咄咄逼人的价格战。而实际上，一旦日本企业通过学习和模仿将美国公司的科技创新成果吸收转化，并在此基础上开展有效的再创新后，美国公司的竞争优势就很快丧失。硅谷的风格是向前看，多数硅谷的公司都只关注未来的发展，没有人会回头看旧的技术和模式，下一个产品才是重点。格鲁夫的战略选择恰恰跳出了已知的战略预设条件，与竞争对手不在一个层面竞争才是最好的竞争。当然，Intel能够跳出预设条件开创新的战略格局，也是得益于提前进行了技术储备和研发战略转移。格鲁夫可能很早就意识到了存储芯片产品将会面临的危机而未雨绸缪，这也正是企业家敏锐的直觉。

很多现实中的成功案例表明，企业家的战略决策不是在给定预设条件下的求解，企业家的决策是要改变预设条件本身。企业家决策超越了数据逻辑范畴，企业家需要想象力，需要超乎常人的价值判断。

3. 成就小概率事件

在很多情况下，企业家做的事是多数人反对的事情，因为多数人看不到成功的希望，或者被艰难险阻吓倒。成功是一种偶然，成功当然是一种小概率事件。尽管成功的火焰微弱，但企业家心中有执念。

从理性和逻辑的角度，人都不应该选择小概率事件，但很多企业家总是反其道而行之。小概率事件不是不发生，而是发生的概率小，成功的难度大。比如有一项投资，所有的人都投赞成票，往往说明这项投资没有价值；而一项投资被多数人认为是异想天开，恰好证明了这项投资的价值。企业家异于常人之处，就在于对事件成功概率的认知上。企业家就是要做看似不可能成功的事情，企业家的使命就是要把看似做不成的事情做成。

1989 年，郑永刚接手宁波当地的一家严重亏损的小服装厂。担任厂长后，郑永刚对国内的服装行业进行了考察，他发现国内的服装企业要么只是一家服装加工厂，要么是国外品牌的 OEM 代工企业，没有一家企业打出自己的服装品牌。郑永刚敏锐地意识到了这是一个市场机会，随即将产品定位为正装西服，取名"杉杉"并在服装厂内挂出了"杉杉西服，争创中国第一名牌"的横幅。这个口号在中国服装行业是石破天惊的，因而经受了无数人的嘲笑，饱受质疑，甚至自己企业的人也不例外。

然而，从 1989 年到 1999 年 10 年的时间，郑永刚带领杉杉创造了 12 个"服装行业第一"的辉煌业绩。它是中国服装行业第一个提出品牌化运作的企业，第一个在电视上为自己的西装产品打广告的企业，第一家服装行业的上市公司等，在短缺经济的时代创造了令人惊叹的商业奇迹。到 1999 年，杉杉品牌销售收入达 23.5 亿元，并且连续 7 年占据中国服装市场占有率第一，市场综合占有率达到 37.4%。杉杉西服迅速成为品牌、规模、效益全行业第一，郑永刚更是连续十年被评为"中国服饰业最具影响力企业家"。10 年时间，郑永刚完成了几乎不可能完成的任务。

阿里巴巴的电子商务创业也曾被视为"如同把一艘万吨轮从海平面搬到喜马拉雅山顶上"的艰巨工作。海尔的国际化战略选择先难后易，张瑞敏形容海尔在美国设厂的战略就是自讨苦吃。1980 年韦尔奇成为通用电气的 CEO，提出了著名的"数一数二"的价值观，即通用电气的所有战略经营单位（SBU）如果不能成为行业的第一或者第二，就应该砍掉；通用电气的投资回报率要远远高于行业平均的投资回报率。为实现这些战略目标，韦尔奇进行了超高难度的变革，包括出售一些业务、大量裁员、业务重新整合等。可以说，韦尔奇选择的战略是一条充满挑战的道路，也是一条难度极大的小概率道路。但是，对做出这一决策的意义的认知，以及追求成功的价值判断使得韦尔奇成就了通用电气的商业传奇，也让他本人获得了20世纪最伟大CEO的称号。

有一种观点认为，西方文化更注重理性与科学精神，因而西方的企业家更多地采用理性分析和精密逻辑的模式来进行战略决策；相对应地，由于中国社会长期以来缺乏工商业文明的熏陶，加上人情社会的现实文化和复杂的营商环境，中国企业家更习惯于通过直觉判断来做出战略决策。

这种判断并不准确，实际上不论中外企业家，都有依赖经验和直觉判断做出成功战略决策并引领企业快速发展的案例。但近几十年来，越来越多的企业家重视数据分析对战略决策的重要作用，出现这种情况并不完全与世界各国持续开展的商业教育有关，更多的是由于企业内外环境发生了根本性的改变。企业经营环境由相对稳定和简单逐步转变为高度动荡、极其复杂，给战略管理带来了巨大的挑战。更多的企业家需要在战略决策中综合运用理性分析和直觉判断。

在此，对本专题的主要观点总结如下：

- 不存在纯粹的完全基于数据逻辑的战略决策，即使是最极端的数据分析都蕴含着价值判断。
- 越是重大的、不可逆的战略决策，越体现企业家的直觉洞察，在这一点上，东西方企业家是一样的。

专题五
理性规划与组织学习

未来是创造出来的,不是规划出来的。

一家公司，是否一定需要战略管理才能走向成功？或者换一个说法，没有战略管理的企业是否就一定意味着失败呢？前者将战略管理视为企业成功的充分条件，而后者则将战略管理视为企业成功的必要条件。对战略管理特别有信心的人坚定地认为企业战略是引导企业走出迷雾的必由之路，如果企业没有清晰而明确的战略则会处处碰壁、一无所成。但是，现实是什么样的呢？

有没有一个人完全没有所谓的战略规划，仅仅凭借不断出现的机遇就在每一个他所涉足的领域都取得了不小的成功呢？美国学者亚历克斯·米勒在其战略管理著作中讲述了一个叫伯尼的美国退伍大兵的创业故事，其曲折离奇、引人入胜的程度足以拍成一部关于人生悲喜的电影。

伯尼是一个犹太裔美国人，"二战"时参军入伍。因为想学会滑雪，伯尼加入了美国陆军最著名的登山师，但这家伙从来没有见过雪。伯尼所在的登山师被派往意大利的山区与德军进行作战，那里的战况相当激烈。伯尼和许多美国大兵一样擅离职守，最终被德军俘虏。而这对伯尼，一个犹太人而言，生还的机会看起来是微乎其微了。当伯尼明白自己的处境之后，他立即跟所有的人断绝联系，并以最低的头衔"被捕"，现在看起来这可能是他生命中最幸运的一件事。

由于级别最低，伯尼在被俘期间平安无事，战争结束后伯尼同其他美军被俘人员一样，通过运兵船返回美国本土。但不幸的是，伯尼在船上的铺位被强行用作赌博的桌子，但这也开启了伯尼富有传奇色彩的一生。没有地方睡觉的伯尼只好整夜打牌赌博，通过玩骰子赢得将近2000美元。为保护这笔"巨款"，伯尼在船上雇用了两名保镖，并承诺如果能够安全返家，他会把赢得钱的10%付给这两个人。在越过漫长的大西洋后伯尼终于抵达美国，他兑现承诺并把剩余的1800美元电汇给他的父亲。他父亲在偶尔听到一个内幕消息后，就立即把这笔钱购买了美国电话电报公司的股票。

在接下来的四年中,伯尼有幸在国防部的资助下进入纽约大学学习,学习期间平淡无奇,但毕业后他卖掉了大幅上涨的美国电话电报公司的股票,并获得一笔相当可观的资金,这笔资金最终成为伯尼进入商界的本金。伯尼起初在家的附近开了一家小的洗衣店,但伯尼对这个行业一无所知。在接下来的几年中,他开了他的第二家洗衣店,并添加了两台干洗设备。但在20世纪60年代美国国内的暴乱中,他的这两家洗衣店化为乌有,但好在精明的伯尼买了大量的保险。有点灰心丧气的伯尼拿着保险赔偿金并变卖了其他的资产,准备到科罗拉多州享受退休生活,希望最终能够学会滑雪。

到了科罗拉多州后,伯尼惊奇地发现,那里竟然找不到好吃的百吉饼。这让伯尼看到了商机,当他发现一家糕饼店要出售时,他立刻决定进入这个行业,为前来滑雪的游客提供早餐服务。显然这项业务是很辛苦的,伯尼和他的助手在半夜起床,烘烤白天要用的糕点,并把它们运送到去滑雪山坡的路途中。这项业务一直经营得很好,直到他的助手在一个很长又喧闹的滑雪庆祝节日之后,忘了关煤气阀,点火时引发了爆炸,把他的糕饼店夷为平地。

伯尼只好又一次拿着保险赔偿金退休了,这次他选择了温暖的迈阿密海滩。他买了一个又大又舒服的游艇,由于他对航海技术知之甚少,就让船朝任何一个顺风的方向行驶,最后在维吉海滩靠岸。在当地他遇到了一个企业家,该企业家有一个新业务的创意,但却缺乏相应的启动资金。这个创意是为租用度假船的游客在海中安装能永久使用的固定浮标并收取相关费用。当地联络人已经从政府手中获得了在最受欢迎的小湾和海港安装浮标的专有权,条件是浮标每租用一次给政府付1美元的税。伯尼找到了两个正在海岸上找运输活干的运输游艇的船长。他们同意学习佩戴水肺的潜水,这样就能在水下安装固定浮标了。当他们运输游艇到海湾时,正巧碰到那里的捕虾业正处于严重的衰退期。在那里,他们发现了一艘非常坚固的小捕虾船,几乎没花什么钱就把它买了下来,并把它改造成一艘工作艇。在此期间,伯尼和他的合伙人说服当地餐厅的管理者,向安装在他们附近的浮标收取每晚15美元的费用,作为交换,餐厅能收4美元的佣金。

所有这些都安排好之后,伯尼的新业务非常受租艇者的欢迎。正当他热衷于铁人三项和自行车运动、享受健身所带来的人生乐趣的时候,1995年的两场飓风摧毁了他的游艇,好在游艇都上有保险。已经60岁的伯尼并没有被人生的这些挫折击垮,而是又一次拿着保险赔偿金买下了一个冰激凌卡车车队。与以前的创业经历一样，他对冰激凌行业知之甚少，但却非常有自信，他希望在他的退休期内将其发展成为一项庞大的业务。

伯尼的传奇经历让人惊叹，但更让人印象深刻的是他超乎寻常的发现机遇、抓住机遇的能力。显然，伯尼绝不是一个创造机遇的人，但是他敏锐的嗅觉和随机应变的能力是一流的。尽管这只是一个故事，但却蕴含了那些追求随遇而安战略的企业的一些鲜明特征：

- 这些企业不会主动地去规划企业的未来，更不会刻意地将自己限定在一个固定的轨道之内，这些企业在更加宽广的范围内追求企业的战略目标，很少用某种东西束缚自己。
- 价值观多元化。这些企业并没有明确的企业使命和宗旨，尽可能地服务每一个它力所能及的客户的同时赚取最大的利润，就是这些企业的使命。
- 完全依赖外部环境中所提供的机遇，这些企业一般都具有敏锐的市场嗅觉，善于将客户潜在需求转化为实际的购买力，是发现机遇、把握机遇的高手。
- 这些企业中的佼佼者也能成长为具有一定规模的大企业，甚至在公司战略层面实现多元化经营，但多数情况下由于缺乏长期且深厚的积累，这些企业大多规模不大，或就企业内部某一战略经营单位而言，规模不大。
- 这些企业可以拥有短暂的竞争优势，但受外部环境变化的影响大且不能持久。大多数此类企业不具备明显的竞争优势，处于竞争对等或竞争劣势的市场地位。

总之，这些企业缺乏改变产业结构的资源，也很少具备创新产品或服务的能力，但这些企业往往具备在多个不同战略间灵活切换的技能。由于无所拘束，有时候反而表现出很好的生存能力，这也是无数中小企业的真实写照。

为什么这些企业不愿意进行战略规划呢？有一种观点认为它们没有能力进行中长期的预测，也缺乏将一个既定战略执行到底的勇气和魄力。因此，实施随机制宜战略的企业既受制于资源与能力因素，也根植于企业家的价值观。但也有另外一种观点，那就是外部环境根本无法被准确预测，没有人能预知未来。

一、理性规划学派

与随机制宜的观点相反，理性规划学派往往对预测未来很有自信，认为未来尽管有不确定性和风险性，但是可以预测的，或者部分地可以被预测。按照经济预测与决策的有关研究，之所以能够进行经济预测的条件是经济活动之间的连续性、经济发展模式的相似性、经济现象之间的相关性和经济发展过程中存在的必然性等因素。在战略决策中，宏观环境的分析可能会涉及对国际关系的预测、对产业政策的预测、对市场走势和消费者需求变化趋势的预测、对经济增长与衰退的预测、对技术创新方向的预测等。尽管准确的预测难度很高，但凭借一定的行业经验和价值判断可以对环境变化和企业发展方向做出大的判断，而企业家的这种判断往往成为战略规划的前提条件。

理性规划学派之所以自信的另一个原因在于他们认为尽管外界环境变化无常，但是企业可以对环境施加一定的影响，并促使环境因素朝着对自己有利的方向发展。例如，美国企业界经常在国会参众两院进行游说活动。2008年金融危机后美国福特、通用和克莱斯勒三大汽车公司的CEO齐聚一堂向美国国会寻求帮助，尽管由于事先没有拿出一份令人信服的商业计划就贸然提出资助请求而吃了闭门羹，但可以看到企业寻求影响政策制定的企图。据环球网报道，2023年7月15日，美国三大芯片巨头英特尔、高通和英伟达的CEO前往华盛顿游说美国总统拜登，试图说服美国政府放弃对华芯片出口限制。而据彭博社介绍，高通公司向中国智能手机制造商供应零部件，该公司60%以上的收入来自中国；英特尔首席执行官基尔辛格曾访问中国，展示了最新的人工智能芯片，英特尔销售额的1/4来自中国；而对英伟达公司来说，中国贡献了该公司约1/5的收入。对这三家美国企业而言，中国市场无疑是战略性的和不可替代的。由于企业与政府之间的不对等的关系，企业的政策影响活动能否真正起作用还受多方面因素影响，但也有很多成功的先例表明企业并非完全坐以待毙、束手无策。

第三个信心的来源是随着战略管理体系的不断完善，企业建立了动态的、内在的战略纠偏机制。在成熟的战略管理架构中，战略控制与评价、战略反馈与变革等都是重要的组成部分。外部环境可能有变化，企业的战略执行也可能存在偏差，但及时的评价和反馈能够在一定程度上发现问题，只要不是重大和颠覆性的因素，战略方向和战略行动方案就没有必要做根本性的改变，战略规划的有效性还是能够得到保障。总之，战略规划学派始终相信存在一条通往梦想的康庄大道，企业要做的只是找到它。

换个角度来看，既然企业总要在各个方面进行资源分配，那么战略规划只是为资源分配找到合适的理由罢了。企业所拥有的资源是战略选择的背景和制约条件，而资源也总是稀缺的，企业的能力不是无限的而是存在边界的，不可能为所欲为。因而，所有的企业都是在多个方向、多个领域、多个项目之间做出选择和取舍，有限的资源必然是投放在特定的方向上，战略规划只是在诸多的选择中给出一个明确的答案而已。能够给出答案和不能给出答案是一个层面的问题，而答案的正确与否，即战略方向和战略方案的对与错则是另一层面的问题。首要的问题是给出答案而不是没有方向。从这个角度来看，战略规划学派显然也有其合理性。

二、随机制宜的观点

战略规划学派主张通过长期规划来设计企业的未来，并通过按部就班、有条不紊的战略实施方案将战略由蓝图变为现实。这种规划思想的前提是未来是可以预测的，环境即使不是如同规划时那样稳定而渐变，企业也可以通过战略管理过程中的评价与反馈机制来进行局部的、轻度的调整。战略规划有效性受到六个方面因素的制约（见表5-1）。

- 外部环境的稳定性。
- 外部环境的简单性。稳定且简单的环境使企业能够对未来做出合理的预测，并在较长的时间周期内配置企业的资源。
- 技术变革的剧烈程度。剧烈的技术变革带来难以预料的结果，甚至无法预测。
- 行业成熟度。成熟行业和新兴行业的发展内涵截然不同，相对而言，成熟行业更容易预期。
- 资产专用性程度。热衷于制定规划的企业往往拥有重资产并固定在特定的用途上，企业退出成本高且资产用途单一是企业制定严格的规划、预算管理的前提条件。
- 外部控制力量。如国有企业或国有资本控制的企业，其生产经营活动相对具有稳定性和连续性，行政权力因素的影响大。

表 5-1　战略规划有效性的影响因素

影响因素	表现
外部环境的稳定性	稳定的环境下企业可以做出预测
外部环境的简单性	简单的环境使预测能够进行
技术变革的剧烈程度	剧烈的技术变革带来难以预料的结果
行业成熟度	新兴行业难以预判其发展方向
资产专用性程度	资产专用性程度高的行业更热衷于制定规划
外部控制力量	强有力的外部控制力量使得企业经营表现出稳定和连续的特征

在人人迷茫的时代，战略管理已经发生了根本性的变化，坚持随机制宜观点的人对此有不同的见解。

首先，与理性规划学派截然不同的是，随机制宜的人认为未来是未知的而且是不可知的。一直以来，几乎所有的社会科学的研究者都是在做总结归纳的工作，也就是事后诸葛亮的工作而不是预测未来。即使预测未来也从来是不准确的，而不是经常不准确。必须接受的事实是，企业的管理实践要远远走在所谓经济学和管理学的学者们研究的前面。如果企业家想从学者那里获得产业未来发展前景的判断从而指导自己的战略选择，那无异于缘木求鱼、南辕北辙。如果学者们经常犯错，那么企业界又如何呢？不幸的是，同样没有准确的预测。在 20 世纪 80 年代，当许多微机生产厂商错误地认为它们所采用的操作系统会成为行业标准时，谁都没有料到它们会输给微软的 DOS 操作系统。企业界的预测同样离谱的原因也很简单，你的竞争对手总是低估你，而你的利益同盟则总是高估你，两者都靠不住。

其次，一些关键因素对于企业获得竞争优势、取得成功至关重要，但同时这些因素也很强大，超出了组织或其管理者所能控制的范围。比如利率、汇率等因素基本上难以准确预测，但对国际化经营的企业而言又非常重要。20 世纪 70 年代日本汽车依靠可靠的质量、新颖的设计和低能耗优势得以进入高度垄断的美国汽车市场，但是，当汇率变动使美元的购买力大为降低时，每一家日本汽车生产商都看到，它们的市场通路被一个它们根本无法克服的因素所阻挡。当然，如果汇率持续走低的话，这一因素同样会打乱一些美国的汽车生产厂商进军海外的计划。今天，政府管制、金融市场的波动，甚至人口结构的变动都会使企业业已建立的竞争优势瓦解，导致一个又一个企业的失败。尽管今天企业的社会地位已经达到有史以来最高的时候，但仍无法跟一些经常和它们作对的更强大的力量相抗衡。

产业政策对身处其中的企业产生直接的影响，是某些企业成功的关键因素，但是对产业政策的预测会更容易吗？行业经验对产业政策变化趋势的预测具有一定的作用，个别企业甚至具有影响国家政策制定与调整的能量，比如美国企业在国会两院的游说活动。但实际情况是，行业经验和以往的成功经历只能对稳定且连续变化的趋势做出有效预测，而对重大转折和突变无效。

在国内，校外学科类培训机构曾经是铺天盖地、无孔不入的存在，但在行业影响力不断扩大的同时也引发了社会各界的巨大争议。过重的课业负担、扼杀创新精神和学习兴趣等已经成为中国初等教育的重大问题，过度培训所带来的方方面面的深度影响，不仅是教培行业，各级各类教育部门也始料未及。最终，2021年7月中共中央办公厅、国务院办公厅印发的《关于进一步减轻义务教育阶段学生作业负担和校外培训负担的意见》，可以说是对学科类培训机构的当头棒喝。来看一下具体的"意见"：

- 意见的目的是"双减"，有效减轻义务教育阶段学生过重作业负担和校外培训负担。
- 对原备案的线上学科类培训机构，改为审批制。
- 各地不再审批新的面向义务教育阶段学生的学科类校外培训机构，现有学科类培训机构统一登记为非营利性机构。
- 学科类培训机构一律不得上市融资，严禁资本化运作；上市公司不得通过股票市场融资投资学科类培训机构，不得通过发行股份或支付现金等方式购买学科类培训机构资产；外资不得通过兼并收购、受托经营、加盟连锁、利用可变利益实体等方式控股或参股学科类培训机构。
- 坚决压减学科类校外培训机构。对现有学科类培训机构重新审核登记，逐步大大压减，解决过多过滥问题。

政策的每一条都直指学科类培训机构的命脉，它如疾风暴雨而来，让赛道内全力奔跑的从业者措手不及，一场喧嚣多时的盛宴戛然而止。

最后，技术变革具有不可预测性。技术变革难以预料，既能够快速兴起一个产业，也能够摧毁一个产业。作为功能机时代的王者，诺基亚曾经是一个时代的象征。最早提出智能手机概念的是诺基亚，最先发明触摸屏技术的也是诺基亚，但是对于技术创新的保守估计和固守功能机赖以成功的产业基础,最终导致诺基亚在智能机时代来临时一败涂地。正如诺基亚的管理层说的那样:"我们并没有做错什么,但却失败了。"也许诺基亚真的没有做错什么,唯一的问题只是市场不再需要它了。诺基亚的案例说明技术的变革足以摧毁一个看似没有犯任何错误的健康企业。

技术创新与变革另一个致命的影响是颠覆性的技术与某一产业的结合会产生出人意料的替代效应,成为高科技领域主要的竞争方式。最典型的是微信等互联网通信技术的出现,以无法预判的巨大力量深度介入了诸多产业,形成了万亿级别的产业生态平台,对传统的移动通信、现金支付、银行等金融机构构成了实质性的替代,但同时也为无数的基于互联网的产业提供了发展机遇,这种机遇同样难以预料。一些人对技术变革往往有一些误解,仅仅将技术视为推动产业进步的工具。但恰恰相反,今天几乎所有的社会问题,本质都是技术问题,背后的因素是技术因素。历史已经无数次证明,技术进步最终导致了社会变革,是社会变革的最直接和最本质的驱动力量,技术比思想来得更直接、更有力。技术不仅仅是工具,技术本身就是生活方式。一方面,技术创新有其内在的规律,不是一个简单地通过资源累积进而产生对等回报的活动,其结果是不可预测的;另一方面,一种技术创新究竟能对社会经济、产业发展产生何种作用力,同样不可预测。

上述三个方面的因素是导致理性规划难以真正实施成功的重要原因,也是容易理解且被普遍接受的理由。但是在当下,导致未来是未知的且不可预测的原因还有很多,这些因素大大增加了预测未来的难度,也常常导致理性规划的失败。其中最重要的来自全球化和全球化基础上的政治博弈。

增加预期难度的第一大因素是全球化。全球化推动了世界经济的一体化,地球真正变成了"地球村"。在企业层面,在跨国公司的主导下,全球化的典型特征是形成了全球价值链、全球供应链。以全球供应链为例,它是多边主义和自由贸易、投资便利化和开放经济在微观层面最为显著和直接的反映,高峰期呈现席卷全球之势。与以往国际贸易水平分工不同的是,这种供应链垂直分工真正使得全球经济一体性、协同性和嵌入性程度大大提高,通过效率收益传导机制和危机传导机制实现了世界经济的同频共振。

全球供应链形成了生产的分散化,也使产品实现过程的复杂性大大提高。大量的、普遍性的离岸外包业务催生了遍布全球、纵横交错的制造业网络。波音公司在波音787项目上将大量零部件和子系统外包给全球供应商,公司只与全球23个一级供应商直接联系。波音不再是一家单纯的飞机生产商，而是一家从正确的地点、在正确的时间、以正确的方式拿到所有部件，然后快速组装起来的高端的系统集成商。2019年，总部位于法国的施耐德电气共有339家生产和物流基地，分布在57个国家，其中北美55家、欧洲134家、亚太地区108家、南美20家、中东地区22家，此外还有5万多家全球供应商。2018年，华为有92家核心供应商，其中美国企业共有33家，占比35.9%，包括英特尔、恩智浦、高通、博通等；中国大陆供应商共有25家，占比27.1%，包括立讯精密、比亚迪、京东方、瑞声科技等；其余供应商中，日本11家、中国台湾10家、德国4家，瑞士、韩国以及中国香港各2家，荷兰、法国、新加坡各1家。理论上，供应链上的任何一个节点，都无法依靠自身资源与能力单独将最终产品实现并交付客户，即使是供应链的系统集成商，最终产品也是供应链全体协作的结果。

全球供应链也导致世界经济的脆弱性，形成了难以控制的风险扩散机制。全球供应链并没有剧烈地改变贸易与国内生产总值间的长期弹性，但它们仍然是导致2008年9月金融危机后贸易崩溃的决定性因素。更长更复杂的全球供应链在获得成本、效率和专业化优势的同时，也不可避免地存在高脆弱性、高风险性等问题，导致供应链遭受延误、断裂乃至崩溃的风险大大增加。更为可怕的是，潜在的危机可能来自任何一个未知的领域，同时任何一个不可知的局部风险都有可能演变为系统风险且完全不可控。

"亚马孙雨林的蝴蝶扇动一下翅膀，可能两周后在墨西哥湾引起一场飓风"，这绝不是危言耸听。富士康的一个员工"跳楼"事件起初可能只是在西方引发"血汗工厂"的争议，并进而导致一场抵制某品牌产品的群众运动，但更为广泛的讨论则涉及企业伦理、员工福利、压榨与剥削等多个方面，并继续引发关于公平竞争、贸易不平衡、市场"人为扭曲"等宏观政策的关注与调整，最后完全超出了某一个企业能够管控的范畴。例如，美国、墨西哥和加拿大签署的《美墨加协定》（USMCA）规定零关税汽车必须有75%的零件来自北美地区，零关税汽车40%~45%的零部件必须是由时薪最低16美元的工人生产的。类似贸易协议的出台都可以追溯到"血汗工厂"，但最终却形成了对全球供应链的沉重打击。复杂、脆弱和高风险性，以及信息在网络世界中的飞速流动，"蝴蝶效应"加剧，几乎无法预判哪一个环节或微小的事件会带来何种影响，这是全球化给企业战略管理带来的重大挑战。

增加预期难度的第二大因素是全球化基础上的政治博弈。经济规律和市场规则是经济活动能够被预测的前提条件，一旦政治因素介入，经济活动的连续性将受到严重的破坏，根本无法预测。相对于企业之间的竞争，基于全球化基础上的国家间政治博弈，大大增加了经济活动的不确定性。在全球化的时代，国家之间的竞争实质上演变成企业与企业之间的竞争，跨国公司在其中扮演着重要的角色。美国之所以强大，除了政治、军事资源以外，还在于美国拥有在世界各个行业处于领先地位的成千上万家跨国公司。在处理国际贸易纠纷、跨国投资、全球运营等战略性事务中，企业的背后是国家，企业之间的竞争关系实质上是国家间的角力。当然这种力量的影响一定是双向的，比如20世纪80年代美、日之间签订的"广场协议"打压了日本产业和经济上升的势头，同时也保护了美国高科技产业的发展。国家力量的介入使得经济过程变得错综复杂，不论是强势还是弱势一方。

政治力量介入的贸易冲突根本无法提前预判，但给全球供应链带来的是"休克"或"突然死亡"的重大影响。2016年美国大选中，关于希拉里和特朗普谁会当选美国总统的预测让很多人大跌眼镜。假设你预测到了特朗普会上台担任美国第45任总统，那么你能预测到随之而来的中美经贸摩擦吗？假设你预测到了随之而来的中美经贸摩擦，那么你能预测到美国会以举国之力实施对华为公司的技术封锁吗？假设你预测到了美国对华为的全面打压，那么你能预测到这种打压给华为公司以及中国企业带来的威胁吗？显然，没有人可以预知未来。

尽管有人认为，国与国之间的贸易冲突爆发在事前一定有很多端倪，但这些因素已经超出了企业的视野领域，是如此的不可预测、难以把握。美国对来自中国的一家民营企业——华为所采取的行动只能用"震惊"一词来形容，彻底颠覆了无数人对美国标榜的自由贸易、公平正义的理解。回顾一下这一历史性的一幕：

- 2019年5月15日，美国商务部表示，将把华为及70家关联企业列入"实体清单"。今后如果没有美国政府的批准，华为将无法向美国企业购买元器件。
- 2019年5月21日，Google公司在特朗普的要求下首先开始限制安卓系统和相关应用在华为的使用。
- 2019年6月25日，美国参议院外交委员会将华为列为美国和其盟邦的国家安全威胁。

• 2020年7月15日，美国国务卿蓬佩奥宣布，将对中国科技公司的雇员实施入境签证限制，其中包括华为。

• 2020年8月17日，美国再次修改禁令，让华为购买成品芯片也变成不可能。根据禁令的规定，凡是使用了美国技术、设备的公司，不能给华为提供芯片服务，这一禁令最终在9月15日生效。

美国对华为等中国企业的极限打压，是政治力量干预企业经济活动的典型案例。这些非市场化的力量是如此强大，既扭曲了正常的供需关系，也使本该合理流动和配置的生产要素的价值大打折扣。

三、组织学习的观点

随机制宜的缺陷是显而易见的，但理性规划也面临无法克服的短板，特别是在当前全球化与逆全球化两股力量交织、错综复杂的世界经济体系中。那么在多数情况下，战略管理者该如何作为呢？

在随机制宜与理性规划之外，出现了第三条道路——组织学习。组织学习的观点不认可战略管理是一个放任自流的过程，也并不认为一定存在一条可以规划的完美道路来实现最初的目标，战略管理是一条学习和不断迭代的探索之路。

在前面的分析中已经提到，战略管理在今天是一个复杂的、充满风险和脆弱性的系统工程。产品生命周期越来越短、消费者需求快速多变、竞争无处不在以及产能严重过剩都在增加着企业进行顶层设计的难度。

1. 战略机遇出现的逻辑

战略成功的关键是对机遇的判断和把握，这对任何企业都是适用的。理性规划认为企业可以通过外部环境分析理解目标市场的主要经济规律，提前发现对企业有重要影响的战略机遇，并基于这样的预判制定一系列战略规划去把握机遇以实现经营目标。但是，现实中战略机遇的出现有其内在的规律，而找到它是一个曲折的过程。

战略机遇显然不是摆在那里等着你去捡拾，而是苦苦寻觅的结果。本田摩托最初到达美国市场，其战略理论是在大排量摩托领域与哈雷·戴维森等公司展开竞争，主攻250 cc和350 cc产品系列，并且固执己见地认为公司摩托车手柄的形状很像佛祖的眉毛，这是他们产品的最大卖点。本田公司在美国的市场定位是"身穿皮夹克最具男子气的男人",而不是骑着小型摩托车买菜的家庭主妇。很快,公司的大排量摩托车就因为产品质量和营销策略的问题在美国市场严重受挫,美国消费者并不认可本田公司的大排量摩托车。

本田公司也向美国输入了一批小排量的摩托车,但都用于自己公司的员工骑着它在洛杉矶周围办公。一次偶然的机会,这些摩托车吸引了西尔斯百货公司的注意,他们建议由他们来经销这种摩托车。但最初本田公司拒绝了这一建议,直到它别无选择,才尝试销售这种小型摩托车。这种小型摩托车被体育用品经销商广为接受,它们把小型摩托车销售给"美国的普通人"。本田公司用了四年的时间,发起了一场既能吸引"穿皮夹克者"市场又能吸引"普通人"市场的营销战役。到了1994年,美国市场上每两辆摩托车里面就有一辆是本田摩托车。

本田通过改变战略,即转向小排量摩托车的生产和销售,实现了在美国市场的巨大成功,这种成功是如此显著,以至于在20世纪80年代之后大量的美国摩托车品牌被本田挤出美国市场,只有哈雷·戴维森一家在与其竞争。但是,正是由于本田的试错才使其发现了战略问题从而调整战略方向。

我们来看微软公司的案例。微软公司最初的成功源于1980年其向IBM提供操作系统,而它最初提供的操作系统QDOS根本不是微软公司的产品,因为当时微软公司并不生产操作系统,这个QDOS操作系统是微软公司花费5万美元的代价从外部采购的。回过头看,这一事件不仅对微软公司具有极其重大的现实意义,也改变了世界,影响了全球IT产业的走向。

在20世纪80年代,微软公司被邀请参与了IBM的新一代操作系统OS/2的开发。但是出人意料的是,微软公司在1990年推出了自己的操作系统WINDOWS 3.0,尽管WINDOWS系统模仿了苹果公司Macintosh电脑的图形用户界面技术,但是毫无疑问,WINDOWS 3.0是划时代的产物。

从这一标志性事件来看,微软公司显然并没有将操作系统作为1980年以前的战略主攻方向,但能够获得IBM的订单一定是由于微软公司在其他软件领域的独特性。可以这样说,如果没有在其他领域的独特竞争优势,以及比尔·盖茨和保罗·艾伦在公司技术领域的先期铺垫,微软公司不可能获得IBM的操作系统的订单。人们往往神话比尔·盖茨和保罗·艾伦的远见卓识,但从这个案例可以清晰地看出,没有人具有超凡的预见力。

强生公司的应急战略就更加具有戏剧性。强生公司本来是销售医用纱布和医用胶布的企业，有一次为了平息客户抱怨，强生公司在胶布中添加了滑石粉，然后顾客开始要求单独购买滑石粉，强生因而引入了强生婴儿用粉这一后来大卖的产品。强生的一名员工的妻子不幸被小刀划伤，这名员工发明了简易的包扎绷带，后来强生公司将这一发明引入了市场，今天强生公司的邦迪创可贴产品是强生公司销售量最大的产品。美国战略学者杰恩·巴尼还描述了一个名叫马里奥特餐馆的例子。这家企业是经营餐馆的企业，其中一家餐馆开在华盛顿机场附近，经营者发现经常有旅客到餐馆购买飞机旅行时的食物，这一市场机遇促使该公司的创始人开始与东方航空公司洽谈飞机上的经过包装后的午餐业务，今天这一业务是该公司的主导业务。

强生公司先前的医用胶布和纱布的战略定位是错误的吗？马里奥特餐馆先前的餐饮战略是毫无价值的吗？显然不是，没有前置的战略就不会出现后续的机遇，前置战略在顺序上处在前端，在路径上不可超越。前置业务是后来业务的必要条件，前置战略是后来战略的必由之路。这些案例说明了战略选择的不可逾越性，主要体现在以下几个方面：

- 环境变化的不可预测性。
- 机遇出现或危机出现的偶然性。
- 企业把握机遇的能力取决于其学习的快慢。
- 企业战略是一个不断调整与优化的过程。
- 资源与能力的局限具有硬约束，企业不能理想化。

本田、强生和马里奥特餐馆的战略有一个共同的特点，就是这些企业首先尝试了一个战略，才能发现和利用另一个新的战略。没有前置战略，就不会有后续的市场机会，二者不可分割、相互关联。

2. 企业顶层设计的无效

中国的改革开放常被描述成"摸着石头过河"，很形象地反映了我们国家走过的是一条不断学习的道路。为什么是摸着石头过河，因为我们干的是一个前无古人的事情，在中国改革开放前的全世界范围内没有一个可以遵循的成熟先例；同时，也因为中国的特殊国情与实际，需要解决的难题太多太复杂，因而只能确定一个大的方向或基本国策。

企业同样如此。最成功的管理者是那些承认自己缺乏预测未来和严格执行计划能力的人，而不是看起来对未来信心满满的人。为了保持使命感，管理者不会放任公司朝着一个毫无目标的方向漫游。管理者会在头脑中形成一个公司未来应该是什么样子的大致想法,但是会通过逐步展开来实现这些目标。通常,企业会在强有力的且非常灵活的核心业务的基础上,不断地进行一些边缘性的试验。这些边缘性的充满风险的尝试更像是一场赌博,很多时候即使是最优秀的企业家也在"等风来",期盼着外界环境发生重大且有利的改变,期盼着消费者的认知能够契合公司产品与服务的属性,期盼着云开雾散的光明前景。

面对复杂且不确定的未来,想当然地去做顶层设计是无效和无益的,企业要做的是保持审慎和相对灵活的战略。在急剧变化的时代,经常看到的现象是那些热衷于做战略规划的企业往往表现得"朝三暮四""朝秦暮楚"。后继者很快推翻前任制定的战略,或者当初信心满满的战略实施存在的现实基础已经发生重大改变,战略难以为继,反而呈现出战略路径的混乱和不连续,甚至与战略规划者的初衷适得其反。

本书并不反对企业家在保持使命的同时不断去预判企业将来会走什么样的道路,但未来是创造出来的,不是规划出来的。管理者们不是尝试着去预测未来,而是努力对周围环境的发展保持高度敏感,不断地对周围的世界进行审视以发现新趋势和新观念。当他们关注到这些新趋势时,他们通过小范围的实验,来发现组织作为一个整体能怎样最好地适应以应对这些趋势。在这一过程中,企业家和企业,都在不断地保持谦虚和"放空"的心态,在生死存亡的竞争悬崖边缘学习和进化。

我们看一下比亚迪新能源汽车的案例。比亚迪今天在电动汽车领域的成就是规划出来的吗?对此持肯定意见的理由是比亚迪以电池起家,2003年有"电池大王"之称的比亚迪就做出了战略性并购——出资2.7亿元收购原西安秦川汽车有限责任公司77%的股权。这足以说明比亚迪很早之前就制定了前向一体化战略,以汽车零部件供应商的身份前向整合主机厂。并购秦川汽车的确体现了比亚迪高瞻远瞩、提前规划与布局的战略眼光,但由此就认为比亚迪很早就预见了中国国内电动汽车和世界电动汽车产业的发展方向,则完全是痴人说梦。今天来看,国内新能源电动汽车产业的兴起,是产业政策、三电核心技术、基础设施建设、矿产资源等所形成的巨大协同工程,其中任何一个方面没能形成合力就可能功亏一篑。仅就产业政策而言,它就已经超出了比亚迪一家电池企业能够掌控的范畴。可以说,新能源汽车发展过程中遇到的阻力和波折是一言难尽的。比亚迪的成功是偶然的,可以毫不夸张地说，它的成功甚至要在很大程度上归功于国内的油价。

　　2023年8月9日，比亚迪第500万辆新能源汽车下线，但这是比亚迪坚持了20年的成果。2003年1月，比亚迪在宣布收购秦川汽车后，港股股价从18港元暴跌至9港元，资本市场给了比亚迪当头一棒。一家生产电池的企业从零部件供应商的角色定位要前向一体化进入已有百年历史、世界汽车巨头把持的高度竞争的汽车产业，不仅外人不看好，估计比亚迪自己也没有足够的信心。

　　在技术路线上，比亚迪选定了插电式混合动力的电动汽车技术路线，这更像是一场"赌博"——这是一个异常艰难、无法预知的未来。比亚迪2008年就发布了全球首款量产的插混车F3DM，搭载了全球首创的DM混动技术。直到2018年，比亚迪的DM技术发展到了第三代，但市场的"春天"还没到来。2018年，我国新能源汽车销量首次突破100万辆，达到125.6万辆，同比增长61.7%，但其中插混车市场容量更小，当年销量只有27.1万辆，仅占新能源汽车总销量的21.6%、纯电动汽车销量的27.5%。

　　但后来的事实证明，比亚迪"赌"对了，插混路线从之前的非主流逐渐走向主流。自2022年以来，插混车销量同比增速超过了纯电动车，在市场上的占有率也节节攀升。中汽协数据显示，到2023年上半年，纯电动车累计销量达271.9万辆，同比增长31.9%，而插混车销量达102.5万辆，同比增长91.1%。其中，2023年6月插混车产销量分别为23.5万辆和23.2万辆，均创历史新高。

　　可以说，比亚迪如今的成功源自一场"豪赌"。据王传福回忆，在很长一段时间内，比亚迪的汽车产销几乎都在原地踏步、停滞不前，2019年比亚迪迎来了"至暗时刻"，当年比亚迪全年的利润只有14亿元，处于真正的低谷。公司的插电式超级混合动力技术并没有赢得市场的认可，主要车型没有爆款。更为重要的是，国内消费者对比亚迪汽车的产品定位、品牌定位的理解是充满了成见和固化的，比亚迪与低端、低质和低技术含量等联系在一起。要改变这一切，难度很大，"当时只有一个目标，就是活下去"，可以说2019年对比亚迪而言，是黎明前最黑暗的时刻，公司的很多人都担心看不到属于比亚迪的春天。可以说，公司的新能源汽车产业之梦，随时处于夭折的边缘。

　　但是，春天留给了那些坚持不懈的人。正如稻盛和夫所说："因为我们不断坚持直到最后取得成功，我们从来没有失败。"直到2020年3月，富有戏剧性的一幕出现了,比亚迪在正式推出"刀片电池"后,整个公司迎来了发展的转机。

一项战略的实施往往需要花费很长的时间。估计王传福也没有预料到用了将近20年才使企业度过生死的边缘,进入相对良性的发展轨道。比亚迪最后的成功完全是刀片电池的功劳吗?显然不是,因为刀片电池只是比亚迪新能源汽车业务战略需要翻越的无数高山中的一座,如同IGBT芯片,是见招拆招、随机应变的应对策略,而不是什么高瞻远瞩的长期规划。

作为对比,我们看一下丰田的混合动力和氢能源发展之路。丰田的油电混合动力、氢能汽车战略规划也许在早期是成功的,但在实施过程中却遇到了一系列的阻碍因素,在技术升级、基础设施建设以及游说世界各国政府获取支持等重要的战略层面,丰田并没有很好地通过学习和迭代适应新的市场环境。

丰田的新能源之路起步很早,最早就拥有了成熟的混合动力汽车技术和氢能源车的技术,可以说在此领域独步全球、无出其右者。但是油电混合动力技术路线与中国等国家的产业指导政策方向不一致。庞大的、积重难返的燃油车时代所拥有的技术优势、产业配套能力,以及对传统汽车产业的路径依赖,都对日本政府发展新能源汽车的产业政策掣肘不断。仅一个氢能源基础设施的建设就成为丰田开拓全球市场的拦路虎。丰田公司最近频频宣布其在固态电池领域的技术突破,已经清楚地表明它战略转型的意向和决心。

可以说,丰田的新能源汽车战略的挫折与比亚迪新能源汽车战略的成功都不能归因于战略规划的失败或成功,而是在面对一个复杂的、变化剧烈的系统时,这样的顶层设计只能解决大方向的问题。

3. 应急战略成为常态

当环境中出现重大的变化,导致战略表述的基础不复存在时,企业会做出重大的方向性调整,这就出现了应急战略。应急战略是与意向战略相对应的概念,意向战略可以代表在战略实施前企业对内外环境基本判断下的方向选择。很多企业,甚至非常成功的企业都是通过应急战略取得了成功,而非规划战略的结果。

一部分学者坚持认为应急战略是非常规的,比如美国战略管理学者杰恩·巴尼教授认为应急战略不是一个正常的战略。他认为企业的战略表述与战略实施是一个有机的整体,不可分割。许多学者既不重视战略的表述,也不重视战略的实施。如果一个企业在战略表述的时候,不考虑战略实施的问题,而把战略实施作为战略表述的下一阶段的任务,那么极有可能会导致失败。因此,企业经常出现应急状态,或者突然出现机遇或威胁,说明企业没有充分考虑战略表述与战略实施之间的关系问题,或者将战略表述和战略实施人为地隔离开来。之所以有这样的观点,在于人们依然坚信尽管环境是动态变化和复杂的,但管理者是可以预测和做出理性判断的,因而理性规划是可行的。

但是,越来越多企业案例表明,竞争不断地超越企业所设定的战略边界,出现太多没有预料到的问题。这些问题有的来自宏观环境的变化,有的来自竞争对手和消费者,有的则来自自己的供应链合作伙伴。企业更多地依赖没有规划和预料的战略来获得成功而不是纯粹的意向战略。

特斯拉是百年汽车行业的搅局者,也是新能源汽车领域的领导者。特斯拉的成功是颠覆性的成功,这种颠覆性不仅体现在汽车行业,也影响着高技术领域。特斯拉是汽车产业的另类,掀起了汽车电动化与智能化浪潮,其历年研发强度基本在10%以上,远超传统车企5%的平均水平。特斯拉也是工业产品市场营销的"怪胎"——从来不做广告,但CEO马斯克成功塑造的"硅谷钢铁侠"品牌IP以及在推特上开展的"粉丝互动",为特斯拉带来超高流量和媒体曝光度,为企业的产品营销开辟了全新的战场。同时,特斯拉采用了直营模式,利用软件+"OTA"的方式为用户提供车辆全生命周期的售后服务,改善用户体验的同时也确立了竞争优势。

但是,电池等原材料成本上升并成为汽车最大的成本来源也是特斯拉始料未及的。2022年马斯克认为特斯拉可能需要进入锂精炼领域,因为这种金属的成本已经达到了疯狂的水平,电池级锂的可用性是电动汽车行业的"根本瓶颈"。但由于中国控制着全球一半以上的锂加工和精炼产能,而美国仅控制了1%,因此特斯拉不得不做出后向一体化的战略调整,由电池设计加外包制造的价值链环节向后延伸进入更为基础的锂金属精炼领域。2023年5月,位于得克萨斯州科珀斯克里斯蒂的锂精炼厂开工建设。特斯拉计划投资3.75亿美元建造这座工厂,锂精炼厂的建立将使特斯拉成为北美唯一一家自行提炼锂的主要汽车制造商,每年为100万辆汽车供应锂,并且生产的锂比北美其他精炼厂加起来都多。

特斯拉的战略并不是中长期战略规划的产物,而是应急情况下的战略抉择。这一战略对特斯拉具有重要的意义，也很有可能会在整个电动汽车产业起到示范效用。

再来看一下联想集团的战略。长期以来，联想一直把 IBM 公司作为自己发展的样板，柳传志本人也是国内最早的以代理 IBM 的 PC 机起家一步步成长起来的。2004 年之前，联想以"贸工技"模式经过 20 年的发展成长为国内市场占有率第一的 PC 品牌，并以 IBM 为自己的战略样板，制定了转型 IT 服务业的公司战略。但不幸的是，联想并没有像 IBM 一样在 1994 年后实现全面战略成功转型，而是遭遇了战略挫折和失败。在这样的背景下，联想及时看到了 IBM 出售 PC 事业部的战略机遇，在一片巨大争议声中抓住这一"应急战略"机遇走向了国际化之路。

应急战略成为常态的另一个原因则是企业竞争优势的短暂性，竞争优势维持的时间越来越短是企业发展的趋势。这是一个竞争优势迅速崛起，又迅速消失的时代，也被称为超竞争的时代。在这个时代，没有企业能够凭借一项战略保持稳定且持久的竞争优势，而是要通过一系列的战略行动来塑造一系列的竞争优势，与之伴随的是这些竞争优势一个一个被攻克和重新建立。如果说，传统时代企业的竞争战略如同爬山，爬过一座高山后就会一览众山小，确立持久的竞争优势；而现在，企业的竞争战略则像跨栏，需要不断地跨过一个又一个障碍才能保持领先。技术创新和管理创新以不停歇的方式改变着竞争的内涵和方式，企业一方面展开时间的竞争，考验着企业快速创新、第一时间向市场推出产品和服务的能力；另一方面竞争的焦点变为快速学习和迭代，比拼的是谁学习得更快。

2005 年，戴尔电脑登陆纽交所，巅峰时刻市值一度超过 1000 亿美元，但在 2023 年戴尔公司的市值仅为 390 亿美元。根据 IDC 的数据，尽管在 2022 年戴尔电脑以 4890 万台的出货量排名全球 PC 厂家的第 3 位，市场占有率维持在 17%，但总的出货量却下降 16.1%。

作为世界 500 强企业，2001 年到 2005 年连续 5 年，戴尔成为全球最大的电脑公司。直销模式成就了戴尔公司，戴尔也曾经说："我们的核心竞争力是直销，我们的管理风格是直销。"戴尔公司的衰败，缘于互联网时代直销模式的瓦解。到了 2006 年，戴尔电脑出货量严重下滑，被惠普夺去全球第一宝座，开始了竞争优势衰落的历程。戴尔是一个电脑"集成商"，它的产品的更新迭代主要依赖供应链的更新迭代，戴尔每年的研发投入占销售额的 2% 都不到。

缺乏核心技术和研发传统，戴尔在智能手机和移动互联网时代再也没有推出过令市场和消费者心动的产品。曾经对标苹果的 iPad、iPhone 的产品，却因为从软件到硬件毫无创新优势，个个惨淡收场，最长命的产品甚至没活过 3 年。2015 年，戴尔耗资 670 亿美元并购存储器巨头 EMC，试图转型云服务市场，但并购后的整合不利导致戴尔并没有成为谷歌那样的互联网服务提供商。对戴尔这样规模的企业来说，制定一个看似完美的战略规划也许并不是困难的事，难的是敏锐辨识环境信号，洞察大势以把握机遇、绕开陷阱。

另一家陷入衰退的则是品牌越来越模糊的日本索尼公司。索尼公司曾经是全球消费电子领域最具影响力的企业，它推出的索尼随身听（Walkman）曾风靡全球，成为有史以来销量最多的电子产品。20 世纪 80 年代，索尼公司率先推出了摄录像机、CD 播放器和电视游戏机，使索尼延续了晶体管收音机的霸业。索尼所创造的成就是空前的，它的核心竞争优势是微型化，索尼的精神是"独一无二""唯一"。这种以技术创新驱动产业发展的战略需要企业在技术研发领域持续性地投入，不断地向市场推出新的引人注目的产品。同时，公司还需要保持对客户价值取向、消费偏好的高度敏感。但是，进入 21 世纪以后，索尼公司却不得不面对市场颠覆性技术创新不断涌现、消费者需求快速多变、产品创新周期越来越短以及新的竞争对手层出不穷的竞争环境。

显然，索尼公司依然习惯于制定技术发展和公司战略的中长期规划，而不是在超级竞争中以快制胜。1994 年索尼公司发布了 PlayStation，之后将近 10 年没有推出独创性的产品；索尼 Walkman 不支持 MP3 格式，造成苹果公司 iPod 在全球热卖，进而取代了 Walkman 原有的地位；拥有特丽珑技术而错估液晶电视的发展，使得拥有液晶技术的夏普、三星和等离子技术的松下等公司取得电视面板产业的领导地位。一系列的战略失误使索尼在消费电子领域失去了往日的荣耀。

危机也不出意外地随之而来。2003 年 4 月，公司巨额亏损的消息披露后，引发了被称为"索尼震撼"的危机。索尼股票连续 2 天跌了 25%，并诱发日本股市的高科技股纷纷跳水，带动日经指数大幅下跌，震撼了日本股市，高科技公司的股票纷纷遭到抛售。CEO 出井伸之说过，"索尼面临着如同当年陨石坠落导致恐龙灭绝的危机"。

为摆脱危机，索尼随后进行了重大的战略变革，包括更换 CEO、裁员和业务收缩等，但是战略惯性和日本企业保守的传统使索尼并没有重现Walkman时代的辉煌。2004年，索尼推出了电子书阅读器Liberia，但8年后亚马逊的Kindle主宰了电子书阅读器市场；2007年，索尼率先推出OLED电视，但是高昂的售价最终让消费者望而却步，反而是小尺寸OLED显示器方面三星处于领先地位；2011年10月27日，索尼宣布斥资10.5亿欧元，从爱立信手中收购"索尼爱立信"公司50%的股权，从而全资拥有这家手机公司。"索爱"与三星、摩托罗拉、诺基亚一起，成为手机业前几位的品牌，但在苹果iPhone引领的智能手机时代，拍照、音乐播放等都已成为标配，索尼爱立信失去了它独特的魅力。索尼似乎像是个免费顾问，不断为其他国家的竞争对手设定策略目标，对手只要跟随索尼脚步，然后再以更便宜的成本就能迎头赶上。

先发战略要冒着巨大的风险但也能独占空白市场的收益，这是一个两难的选择。索尼是创新的引领者和新技术新产品的首创者，但是一项新的技术在竞争充分的市场环境下往往吸引大量的竞争对手加入赛道，最终谁能笑到最后取决于谁学得更好更快。在资本和消费者的推动下，充分的竞争也使技术和产品能够快速迭代升级，出现超越首创者的更加成熟、成本迅速下降的后来者。在手机等消费电子领域，索尼的颓势是显而易见的，很多领域索尼已经由供应链最终品牌集成商的角色转变成为零部件供应商的角色，尽管公司依然庞大且盈利，但市场地位和影响力已经不可同日而语。

简而言之，索尼的问题不是技术创新方向的问题，而是战略规划与组织学习的矛盾冲突。竞争已经成为一场没有终点的速度与创新的比赛。市场创新主体增加，具有技术优势的企业都不可能垄断技术，消费者接受新产品的速度加快，不可能让你一劳永逸。

专题六
企业生命周期的真相

这是一个必须知进退的时代，
保持战略选择的弹性不可或缺。

企业无限大，企业万年长，这是许多企业家的梦想。但是为什么很少有企业能够摆脱生命周期的宿命，焕发二次青春？即使有企业勉强渡过难关没有彻底倒下，但却失去了往日的风采，很难再有引人注目的产品推向市场，随着时间的流逝归于平庸。为什么会存在企业生命周期，有哪些因素决定了企业生命周期，这些问题应该纳入战略管理的范畴。但是很遗憾，在几乎所有的成体系的战略管理著作中，很少有专门涉及企业生命周期的内容。

许多人用生物的生命周期，特别是人的出生、成熟、衰老等自然现象描述企业发展的规律，提出了企业生命周期的概念和相关理论。作为市场经济的主体，是不是所有的企业都会经历完整的生命周期呢？显然不是，很多企业如同夜空中的流星，在极短的时间内就被激烈的市场竞争淘汰，湮没在历史的长河中。只有部分企业能够依靠外部环境提供的机遇和自身的不懈努力，走过企业发展的幼年脆弱阶段，成长壮大起来。这些企业有的成为行业的翘楚，并创造了辉煌的业绩，甚至被全世界的消费者熟知；有的建立了稳固的竞争优势，尽管营收随着市场的波动上下起伏，但总体上依然保持着不断增长的发展态势。

但是，几乎没有企业能够一直存在下去，成为长盛不衰的永恒组织，绝大多数企业都走过了生命周期，直至衰退、倒闭，消失在公众的视野中。在《蓝海战略》一书中，作者认为没有所谓卓越和富有远见的企业能够依靠一套与众不同的战略、运营和组织特色来实现持久强劲和获利的增长。在轰动一时的畅销书《追求卓越》出版仅仅两年后，书中调查到的好几家企业，如阿塔利公司、旁氏公司、得吉计算机公司、弗卢尔公司、国家半导体公司，就渐渐泯然众人矣。《追求卓越》出版后5年内，它所认定的模范企业中，有2/3都从产业领袖的高位上跌下。而那些表现停滞或下滑的日本公司，在20世纪70年代末至80年代初的鼎盛时期，还被赞美为革命性的战略型企业。

美国的大学商学院的MBA学生也时常惊讶于美国500强企业的寿命居然

比正常人的寿命还短。通用电气在 1896 年查尔斯·道指成立时是道琼斯指数的原始成员，自 1907 年以来一直是道琼斯指数的连续成员。然而 2018 年 6 月，通用电气 110 年来首次从道琼斯工业平均指数中退市——道指初创时 12 只元老成份股悉数落幕。20 世纪八九十年代，美国精神象征的蓝色巨人 IBM 公司在微处理器、PC 操作系统等产品领域被更加专业的后起之秀英特尔、微软等公司打败，陷入了严重的衰退，被称为"一只脚已经踏进坟墓"。美国著名商业作家吉姆·柯林斯在《巨人如何倒下》一书中，详细探讨了伟大企业倒下的五个阶段，分别是：第一阶段，成功导致自大；第二阶段，缺乏纪律性扩张；第三阶段，无视风险和恐慌；第四阶段，寻找救命稻草；第五阶段，湮没无闻或死亡。这五个阶段很形象地概括了许多大型企业在走向成功后出现的盛极而衰问题。

国内企业更是如此。每天都有无数的企业如雨后春笋般出现，也有无数的企业如秋风扫落叶般消失。20 世纪八九十年代的牡丹、熊猫电子，乃至如今默默无闻的长虹电器，曾经辉煌一时的秦池酒业、巨人集团，以及现在年青一代几乎无人知晓的洛阳春都品牌，有的迅速崛起也飞快地衰落，有的主业被收购，品牌早已荡然无存，多数企业都没有走出生命周期的宿命，令人扼腕叹息。

一、企业生命周期

并不是所有的企业都能经历完整的生命周期，企业的生命具有跳跃性。很多企业在创业期就可能死亡，而有的企业在衰退的阶段也可以跳跃回盛年期，如 1994 年在新任 CEO 郭士纳的带领下，"一只脚已经踏进坟墓"的 IBM 进行了艰难而又富有成效的战略变革，IBM 由硬件和软件制造商的角色向 IT 系统全面解决方案提供商的全新定位转型，使 IBM 走出泥潭迎来了更高层面的发展阶段，恢复了青春与活力。钟形曲线将企业生命周期的各个阶段表示了出来，如图 6-1 所示。

在钟形曲线中，婴儿期和学步期都属于企业的初创阶段，尽管充满了生命的活力但也非常脆弱，如同人类的婴儿，环境的剧烈变化使企业生存的机会窗口消失，或者企业适应外部环境的资源和能力严重不足，都导致很多企业无法成长起来就早早夭折。

走过初创阶段的企业有可能是熬过了企业生命中最艰难的阶段，进入了

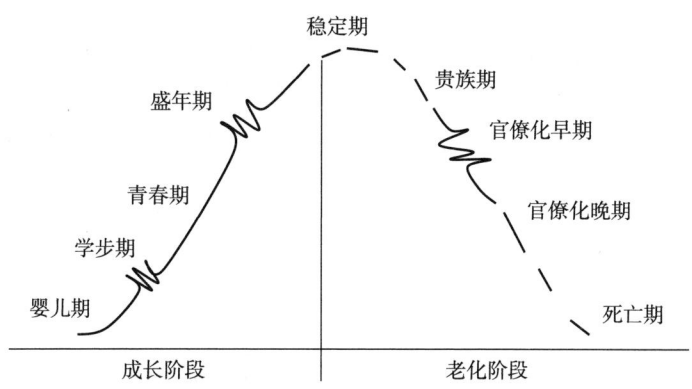

图 6-1 企业生命周期的钟形曲线

青春期。有了被市场和消费者接受的产品或服务，一些企业在这个阶段迎来了快速成长期，规模和业务收入等迅速扩大，整个组织具有强烈的吸纳新事物、新思维的能力，企业的组织结构、流程、管理体系和企业文化等都在经历从无到有、逐步建立的过程。企业会存在各种不成熟、不完善的表现，战略方向上存在很大的不确定性。组织的矛盾冲突很多，充满了希望也随时可能陷入危机。

盛年期的企业解决了青春期面临的战略发展方向的选择问题，对前进方向基本形成了一致的意见，组织也逐步解决了利益分配的难题。这一阶段企业往往形成了较为稳定的管理团队，管理制度和体系建设逐步完善。在产品/服务方面，盛年期的标志是开始出现了波士顿矩阵中的"金牛产品"——具有稳定且强的市场占有率，是公司的标志产品。很多公司在这个阶段开始引入职业经理人队伍，公司的人员构成开始多元化且复杂化，但企业家精神依然主导着组织的战略选择，公司依然保持着对环境变化和市场信号的敏锐，不断有新的产品和服务推向市场。

盛年期之后进入稳定发展的阶段，公司在各个方面都进入了相对完善的阶段，在变革与稳定之间寻找到了一种平衡。这一时期公司产品和服务很少会出现类似成长期的高速增长，但很多企业的增长速度依然要快于整个经济的增长速度。公司的品牌影响力、市场影响力等在很大程度上达到顶峰，很多公司的发展进入了一个平台期。在这个平台期，企业产品或服务的构成稳定，尽管也规律性地向市场提供新的产品或服务，但创新性明显不如成长阶段那么鲜明、独特。企业也从"人治"进化为依靠制度和权威进行管理，一些企业开始出现权力更迭。从外部来看，这一时期加入本行业的竞争对手数量也会到达顶峰，竞争非常激烈且竞争手段多样，成本竞争在这个阶段不可避免。缺乏创新性的企业在陷入价格战的陷阱后有可能迅速走向衰落。

贵族期和官僚化阶段是企业走向衰退的重要阶段。在这个阶段，很多企业的战略重心已经由产品或服务的创新转向了严格规范的控制系统，严格的制度、流程已经深入企业的方方面面，强调做事的方式而非内容。与此同时，企业内部的创新受到了抑制，一些领域的权威固化了评价标准，创新迟缓且模式化。组织对外部环境的变化逐步丧失了敏锐，表面化、形式化的东西逐渐成为主流，目标越来越短期化，上上下下守成的心理非常突出。从整体上看，组织内部抗拒变革，担心既得利益受到影响，即使是小的变革也会受到很大的阻力，内部的惰性明显。在业绩层面，多数企业都已经过了营收的最高峰，业绩逐年下滑或增长缓慢且不可持续，亏损也已经不是什么新鲜事。更重要的是企业没有或很少有激动人心的产品推向市场，多数产品反响平平、波澜不惊。很多大型企业也在努力创新和变革以适应时代的发展，但动作迟缓、缺乏新意总是落后对手一步，总体上显得笨拙不堪，效果并不理想。

贵族期和官僚化阶段也是危机四伏的时期，如果没有强有力的革命性重大变革，或者强有力的新的企业家出现，带来超乎常人的战略转型，那企业将最终走向死亡。但企业生命周期具有可逆性，在成长期可能死亡，在官僚期也可以焕发青春。20世纪80年代韦尔奇接任通用电气的CEO，当所有人都认为通用电气正处于最好的发展阶段，各个方面都非常完善的时候，只有韦尔奇认为通用电气"没有一个地方没有问题"——所有的地方都有问题，如果不进行根本性的战略变革，这家在公众眼里只是生产面包烤箱和灯泡的公司将无药可救。韦尔奇的上任让无数人紧张，他也的确实施了在许多人看来近乎疯狂的裁员、精简变卖业务等重大战略变革，尽管也存在很多问题，但韦尔奇在任时期也是通用电气发展最快的时期，他带领通用电气走出了生命周期的宿命，开创了企业发展历史上新的辉煌。

企业生命周期的概念至少有三个方面能够给企业家以启示：①企业和人一样，有青春年少、生老病死的阶段，企业家的使命之一是带领企业走出生命周期；②在任何一个阶段，企业都可能面临死亡的威胁，企业是活在悬崖边上的特殊组织；③企业生命周期可以人为改变，但首先要对生命周期的规律有深刻的认知。

成功企业的经验固然值得认真总结，但失败与挫折的案例更让人印象深刻，也更具有借鉴价值，因为成功的企业毕竟是少数的。有一家企业非常典型，它是百年老店，也是在新时代面临经营困境的众多企业中的一个，它就是全聚德，一个在国内几乎家喻户晓的品牌。作为中餐的代表，全聚德的辉煌让很多人引以为傲，全聚德的衰落更值得深入探讨。

我们来看一下全聚德的案例。图6-2为全聚德2010—2022年的营业收入。

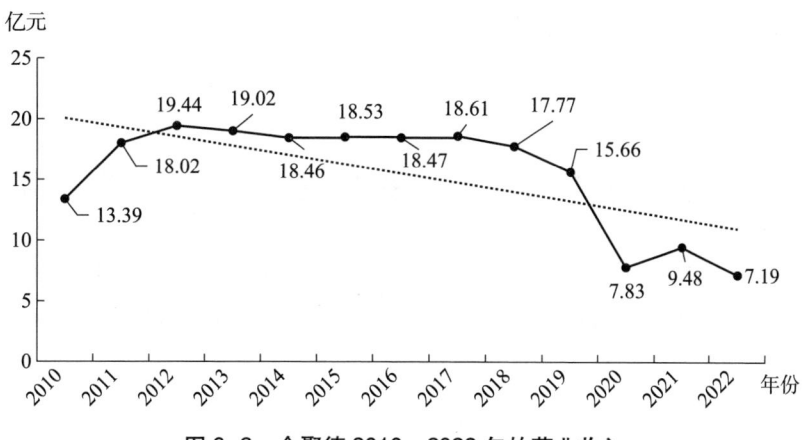

图6-2　全聚德2010—2022年的营业收入

资料来源：全聚德股份公司年报。

创建于1864年的全聚德如今陷入经营困境。根据全聚德上市公司年报公布的数据，2012年全聚德达到运营顶峰，营收19.44亿元，同比增长7.84%，净利润突破1.5亿元，大幅增长17.71%。但在2022年全年仅实现营业收入7.19亿元，归属母公司净利润-2.78亿元，分别同比下滑24.16%和76.86%。值得注意的是，2020—2022年，全聚德已连亏3年，累计亏损6.97亿元。

作为中国传统餐饮的代表企业和曾经的"第一品牌"，全聚德所创造的辉煌历史是毋庸置疑的。之所以用中国传统餐饮这一概念来界定全聚德，是因为全聚德身上集中展示了中国传统餐饮企业的所有典型特征：垄断竞争、地域特色、玩家众多、竞争激烈。全聚德百年以来的真实历史和很多人演绎的传奇故事构成了一幅企业生命周期的画卷，这其中包括几个重要的阶段，如表6-1所示。

表 6-1 全聚德企业生命周期

时间节点	企业生命周期阶段	核心特征
1930 年之前	婴儿期、学步期	创立全聚德烤鸭品牌
1930 年至新中国成立前	第一个青春期、盛年期	京师第一烤鸭店
新中国成立后至改革开放前	由盛年期进入稳定期	成为烤鸭代名词、国宴水准的烤鸭，形成了公司历史上的第一个发展高峰
改革开放后至A股上市前	迎来了第二个青春期、盛年期	传统餐饮第一品牌，全聚德烤鸭走出了京津地域，成为跨国、跨地区经营的现代餐饮管理公司
2007 年 A 股上市至 2012 年	由盛年期进入第二个稳定期	A 股第一家餐饮企业，规模增长缓慢，业绩增速乏力，2012 年全聚德迎来了公司历史上的第二个高峰
2012 年至今	由盛而衰，进入衰退期	2020—2022 年连续亏损三年，业绩大幅下滑

1930 年之前，全聚德艰难创业但也只是小有名气，可以理解为婴儿学步期。

1930 年至新中国成立前，全聚德历史上第一位职业经理人李子明带领全聚德仅用 3 年时间便超越了老字号便宜坊，成为京师第一烤鸭店，但也只是一个北京地区的地方菜品，品牌辐射范围有限，是典型的青春期。

1949 年新中国成立后至改革开放前，全聚德是重要的"准外交"场所，全聚德烤鸭是一只有着国宴水准的烤鸭。全聚德的品牌也蜚声海内外、传遍大江南北，全聚德烤鸭成为北京乃至全国人民心目中一道有着特殊含义的菜品。全聚德成为烤鸭的代名词，产品独一无二、品牌独一无二。但此时的全聚德，经营范围还是仅限于京津等地区。这个阶段的全聚德，经历了从盛年期到成熟期的第一个生命周期顶峰，尽管此时的全聚德的营业收入和后来的上市公司不是一个数量级，但无论从品牌知名度和美誉度、价值定位、政治光环、菜品的吸引力等各个方面都达到了前所未有的高度，同时也是后无来者的高度。

改革开放后至全聚德上市这一时期，全聚德迎来了新生。时代的波澜壮阔和中国经济的飞速发展，为全聚德提供了"海阔凭鱼跃、天高任鸟飞"的广阔市场舞台，在外部环境机遇和内部力量的双重助推下，全聚德利用餐饮第一品牌的战略势能，走出了京津地区的经营局限，逐步成为全国乃至全球布局的现代餐饮管理公司。在将北京烤鸭推向全国的同时，全聚德也收获了良好的业绩回报。这一时期是全聚德企业生命周期中第二个重要的发展阶段。

但如果要客观总结的话，全聚德的成功在很大程度上要归因于环境，是改革开放中国人经济条件普遍改善后所迸发出来的巨大餐饮需求给了全聚德发展的空间。

全聚德上市至 2012 年，是全聚德成长成熟直至业绩达到顶峰的时期。2007 年，全聚德成为首家 A 股上市的餐饮老字号企业，成为行业关注的焦点。自上市以后，全聚德尽管在持续增长，但并没有出现爆发式的成长态势，规模增长缓慢，业绩增速乏力，这一点当然逃不过资本市场的眼睛。股价在当天开盘时为 36.81 元，其后的股价走势基本与大盘持平，但 2017 年起走势便被大盘逐渐甩开。作为餐饮行业的头部品牌，企业增速在很多时候并没有大幅超过行业的整体增速，这已经说明全聚德进入了企业生命周期的第二个平台期，贵族化的倾向已经出现，企业内部的创新与活力在慢慢消磨殆尽，危机已经悄然到来。

2012 年至今，全聚德开始走下坡路。2012 年业绩达到顶峰的 19.44 亿元，但盛极而衰，全聚德还是没有走出企业生命周期，随之而来的是长期衰退。自 2016 年至 2023 年，全聚德在 7 年时间里 5 次更换企业掌门人，依然无法扭转企业运营颓势。全聚德未来究竟如何还无法准确预测，但有一点是肯定的，那就是当前的危机是现实的、迫在眉睫的。

同大多数企业一样，全聚德也没有走出企业生命周期，但作为百年老字号品牌，全聚德的案例更具代表性。也许可以对全聚德施以更加全面、细致的诊断，才会发现公司在人事、组织、营销与服务、产品等方面的问题，但从战略视角来看，归根结底是企业竞争优势丧失的问题。对全聚德而言，则是核心竞争力的丧失。

这里将使用前面专题中介绍的核心竞争力 VRIO 模型来进行分析和探讨。如果一家企业拥有核心竞争力，那么该核心竞争力一般应具备四个方面的评价指标：有价值的能力、独特的能力、难以模仿的能力以及该能力被组织很好地利用。

（1）全聚德的能力是有价值的吗？

答案是肯定的，当然是有价值的能力。但是根据本书对战略竞争优势的理解，多数人更愿意用超额利润来评价一家企业是否具有竞争优势。反观全聚德股份，2020—2022 年，全聚德已连亏 3 年，累计亏损 6.97 亿元。即使在达到运营顶峰的 2012 年，全聚德净利润也仅为 1.5 亿元，占全部销售收入

19.44亿元的8%不到。显然，全聚德的业绩已经充分表明公司在回报股东、回报社会方面难当大任。尽管全聚德连续三年亏损有新冠疫情反复等宏观环境的巨大影响，但自2012年以来，10年以上营收和利润的持续下滑已经很好地说明了全聚德竞争优势的丧失，至少是部分丧失，这已经是不争的事实。

有人说，不是全聚德的烤鸭不好吃了，而是时代变了。今天消费者对餐饮的需求、理念和消费心理等都发生了全面而深刻的变化，这种变化趋势具有不可逆性。在2021年中国连锁经营协会（CCFA）发布的2021餐饮行业数字化调研报告中，"95后"已经成为餐饮消费第一大群体，贡献了近四成的餐饮消费总额。"95后"已经成为最具有消费潜力和消费潮流引领力的主力军，你怎能不关注、不迎合、不研究呢？

对于这一代年轻消费群体而言，全聚德庄重的品牌故事、细致且繁复的加工工艺，乃至充满仪式感的烤鸭品尝过程，在追求新奇有趣、更加自我和个性化的年青一代看来，都逐渐失去了吸引力。发达和无孔不入的社交媒体成为年轻人消费取向的"导流板"，对全聚德服务、菜品的负面评价在网络时代形成病毒式的传播效应。很多餐饮企业在应对网络新媒体、拥抱年青一代的消费者方面思维陈旧、步履迟缓，被时代远远地抛在后面，全聚德是其中之一。打开大众点评，看全聚德的各大分店，在口味、环境、服务三项评分中，服务基本是最低分。被网友吐槽最狠的，大概是它的服务费。不同于自愿给小费，全聚德的服务费是强制收取，且高达10%。

（2）全聚德的能力是独特的吗？

全聚德赖以成功的关键资源是其独特的烤鸭制作技艺以及独特的用餐体验，这是与北京作为首都的独特地理优势、政治地位、文化氛围密不可分的，特别是在新中国成立后国家在政治层面的推动。但是时过境迁，仅仅在北京，就有大董、便宜坊、全鸭季、长安壹号、九花山、大鸭梨等众多的竞争对手，同时在三线以上城市中的大型超市，在熟食区你几乎都能看到烤鸭的身影，这已经是无法回避的事实。

北京填鸭、果木烤鸭技术曾经是全聚德烤鸭的灵魂，但是今天的食客已经不再刻意区分全聚德烤鸭与其他品牌烤鸭的细微差别了，如同百事可乐与可口可乐之争，也许有差别，但已经无关紧要了。中国的消费者已经从物资匮乏的年代步入物资极大丰富甚至过剩的年代，很多人患上了选择性困难症，吃什么都不香了！

今天的中国，既传统又现代。如果还在烤鸭口味上寻找失败的原因，那么无异于舍本逐末。今天，无论怎样宣传腌腊食物的致癌危害，江南一带地区的人们依然趋之若鹜；无论怎么宣传火锅的嘌呤高、重油重辣的危害，也无法阻止人们大快朵颐、酣畅淋漓。所以，问题根本不在于烤鸭的油腻，而是除了烤鸭，你还能选什么，这才是问题的关键。企业应虚心接受消费者认知升级的变化事实，降低姿态，潜心于餐饮之道。可以说，全聚德所拥有的资源和能力的独特性正在被蚕食殆尽。

（3）全聚德的能力是难以模仿的吗？

根据核心竞争力的理论，难以模仿的原因有因果关系模糊、体现历史、体现社会复杂性等方面。企业的难以模仿性最终都必须体现在产品或服务的特征上，或者说企业产品或服务的性能由某一个或某一些难以模仿的资源和能力所决定。

近几十年来，全聚德赖以成功的挂炉烤鸭工艺和秘方已经不再神秘，全聚德似乎正变成一个烤鸭厨师的培训学校，将烤鸭工艺四处传播。其他如就餐环境、服务、菜品等方面，从模仿的角度来看已经没有任何的门槛。除此之外，全聚德主打的"烤鸭文化"在推动烤鸭产品溢价的同时也成为公司产品的重要卖点。但是，今天的餐饮企业都已经认识到了餐饮文化的重要性，众多老字号餐饮企业无一例外地重视塑造各自的餐饮品牌，品牌文化的模仿与复制并没有很高的壁垒。在传统餐饮的背景下，全聚德走出北京就立刻陷入了各个地方餐饮企业的竞争红海中。

现在也只有全聚德头上的"政治光环"和曾经作为国宴的品牌历史依然是独特和难以模仿的，相信以后也很难再有餐饮品牌能够获得这样的荣耀。但问题是，这样的难以模仿的资源能否形成企业竞争优势的重要基础，成为企业核心竞争优势的重要来源。对餐饮而言，最为重要的是该独特且难以模仿的属性能否得到消费者的认可和青睐。尽管历史荣耀依然是全聚德难以模仿的资源，但已经不是消费者选择全聚德最为看重的因素。

今天，已经不会再有任何一道菜品，让你吃完以后仰天长啸、终生难忘。在中国传统餐饮业的市场结构中，竞争企业众多，没有一家独大的企业，每家企业都提供具有独特属性的产品和服务，每家企业都占有相对较低的市场份额。在这个行业中，有具有全国影响力和知名度的餐饮品牌，但没有具有行业统治力的餐饮寡头。独具特色决定了传统餐饮企业无论大小都具有一定的讨价还价能力，但替代的普遍性又导致消费者的"用脚投票"。

（4）全聚德的能力被公司很好地利用了吗？

对全聚德而言，真正有价值、独特、难以模仿和不可替代的资源和能力是品牌，而不是所谓的挂炉烤鸭工艺和秘方。全聚德独特的发展历史和品牌内涵可能是所有餐饮企业都无法再一次复制的特殊资源，这是全聚德真正的核心竞争力所在。但是全聚德并没有将品牌价值发挥到极致。

一是尽管公司在努力地将全聚德这块金字招牌从产品品牌升级为餐饮品牌，再到企业品牌，但是成也烤鸭，败也烤鸭。过度地倚重烤鸭也使得其他菜品的地位始终无法与其并驾齐驱。经过多年积累，全聚德已经成为传统餐饮的第一品牌，但在继续将品牌升级为覆盖各个领域的企业品牌方面，却并不成功。

二是在不断赋予全聚德品牌新的内涵、价值方面，思维落后、动作迟缓。周恩来总理曾经将全聚德三个字解释为"全是全而无缺，聚是聚而不散，德是仁德至上"，但是在新的竞争环境和餐饮行业迎来大变局的新时代，全聚德并没有与时俱进，赋予品牌新的内涵，也缺乏有针对性的品牌价值规划和运作。在漫长的发展历程中，坐享品牌红利而不知锐意变革，这是全聚德的战略失误。尽管后期提出了"全聚时刻，就在全聚德"的全新品牌宣传语，表明了企业已经意识到了品牌面临的问题并寻求变革，但力度不够，严重落后于时代的发展速度，且来得有点晚。

三是全聚德独特的历史造就了中国传统餐饮的第一品牌，已经具备了将品牌杠杆延伸的战略势能，但公司没有跳出烤鸭，也没有跳出餐饮，全聚德品牌的价值远远没有发挥出来。从产业结构属性来看，中国餐饮行业是典型的垄断竞争市场结构。民以食为天，传统餐饮行业是"一方水土养一方人"的最真实、最直接的体现，百城百味、百菜百味。尽管随着整个社会的流动性空前提高，消费者口味有逐渐趋同等趋势，比如嗜辣的版图不断扩大，"火锅"成为全国性菜品，但传统餐饮的地域属性不会消失得干干净净。因此，在这个行业，出现市场占有率超高而一统天下，被南北大众广泛接受的餐饮企业的可能性极低。火锅行业领头羊海底捞2017年的营收总额为106.37亿元，是国内首家营收超百亿元的餐饮企业，新冠疫情前的2019年收入最高，达265.56亿元，但与几万亿元规模的整体行业相比，也只是一个很小的份额。这既是中华悠久的历史和人文特色，也是中式餐饮的内在属性。全聚德品牌扩张之路立足餐饮，但不应局限于餐饮。全聚德理应多元化发展，这种多元化既不限于餐饮行业，也不限于中国境内。

全聚德在全球化的道路上也不令人满意。根据全聚德官网上查到的数据，目前全聚德只在日本、缅甸、法国和加拿大四个国家开设有营业场所，在华人遍天下的今天，这样的全球市场开拓力度明显不够。传统中式餐饮走出国门虽然面临很多问题，但全聚德作为中餐国宴第一品牌，在具备了开疆拓土的条件下却没有积极作为，错失了重要的战略发展机遇。

传统餐饮行业是一个永远的朝阳产业，也是一个充满了创新的领域。这种创新是多方面的，就餐环境、运营模式、营销等创新层出不穷。对全聚德而言，历史是资源，但是不能成为包袱。

全聚德竞争优势的丧失直接地反映了全聚德所拥有的资源和能力价值的降低，或者也可以说全聚德资源与能力价值的降低导致了全聚德竞争优势的丧失。可以说，全聚德150余年以来所依赖的竞争优势的基础大多不复存在。全聚德所建立的战略理论已经不适应当下的竞争环境。全聚德需要郭士纳、韦尔奇等一类风格的强有力的战略变革领导者。

二、成功的路径依赖

《简读中国史》的作者张宏杰认为，新文明总是在旧文明边缘区成长起来的，这是人类文明发展的一个规律性现象。秦国和罗马处于文明圈的边缘，这样它们一方面能够接收到文明中心的辐射，另一方面它们身上旧文明的包袱又比较轻，所以在铁器时代到来时，它们就能够最先转型成功。秦国通过商鞅变法完成了脱胎换骨的变化，罗马发展过程中最关键的一次体制变革，则是公元前509年由"王政"变成"共和"，从此迸发出巨大活力，开始漫长的扩张过程。旧文明的辉煌灿烂历史在变革来临时可能成为沉重的包袱，阻碍创新与进步并最终因封闭与保守而衰落，被崛起的新文明所取代。

企业的成功与失败也遵循同样的规律。企业过去的成功历史对当前及今后的战略选择起到了潜移默化的作用，对成功经验的自信和执着，往往导致抱残守缺、裹足不前。历史以路径依赖的方式能够对企业产生重要的影响。如果企业早期发展过程中的事件对后续事件有显著的影响，那么，这一过程就可以说成是路径依赖。在竞争优势的演进过程中，路径依赖意味着企业可以凭借过去拥有的资源获得当前的竞争优势。在早期，企业常常难以清楚地认识到特定资产的未来完全价值。由于存在这种不确定性，企业能够以低于未来完全价值的成本获取或者开发资源。然而，一旦这些资源的完全价值为人所共知，寻求获取或者开发这些资源的企业就必须支付这些资源的完全价值，而完全价值一般会高于企业在更早时期获取或者开发这些资源的成本。

一种体制形成以后，会形成一批既得利益集团。它们力求巩固现有制度，阻碍进一步的变革，哪怕新的体制较现有的更有效。即使由于某种原因接受了进一步改革，它们也会力求使变革有利于巩固和扩大它们的既得利益。因此，一旦企业成为既得利益者并由此获得了竞争优势，所获得的资源和能力就会不断得到自我强化，从而形成各种条条框框而限制企业的战略进步。

全聚德的成功是挂炉烤鸭技艺的成功，尽管全聚德旗下有仿膳、丰泽园和四川饭店等著名品牌，但在全聚德走出北京、走向世界的扩张战略中，烤鸭是无可争辩的第一要素。全聚德在烤鸭产品方面和品牌方面所获得的巨大成功是前无古人，也极有可能是后无来者的，但也正因为这样的无可复制的成功历史使公司战略始终没有跳出烤鸭的局限，在本应利用品牌所积累的战略势能进行多元化、全球化开拓的时候却瞻前顾后、动作迟缓，丧失了重要的战略机遇期。

日本与德国是世界百年造车历史中具有深厚积淀和突出竞争优势的两个国家，但是在新能源汽车的变革风暴来临时，却落后于时代。在燃油汽车领域所获得的技术、资源形成了严重的路径依赖，日本汽车的案例最为典型。在前面的专题中已经介绍了丰田汽车在油电混合动力、氢能源汽车技术开发领域的境遇。在燃油汽车技术时代，丰田是日本汽车横扫全球的杰出代表，但丰田的成功所依赖的是日本百年来积累的雄厚燃油汽车产业链。发达且配套完善的日本汽车零部件企业，如爱信变速箱等是世界汽车产业供应链中的隐形冠军企业，与丰田等头部汽车企业一道，支撑起日本 GDP 的 40%。但是，电动化和氢能源化使得新能源汽车比传统燃油车减少 70% 的零部件，这对日本的汽车零部件生产企业而言是难以接受的现实。因此，日本政府本该在宏观经济政策方面下大力气推动氢能源汽车发展，却因零部件供应链等问题而掣肘，丰田公司也在新能源汽车战略上犹犹豫豫、左右摇摆，错失了汽车产业电动化、智能化的先机。反观比亚迪，作为 2003 年并购秦川汽车进入整车制造产业的"新选手"，正是因为处于德国、日本等汽车制造强国的边缘地带——中国市场，所以一方面能够接收到传统强国的技术辐射，另一方面又少有历史包袱,在向汽车电动化和智能化转型的过程中坚定而执着。换个角度,比亚迪能够从电池制造商前向一体化为整车制造企业,并很早就制定了插电式混合动力和磷酸铁锂电池的技术路线和发展战略,同样基于它依靠电池起家的历史路径。

　　路径依赖形成了一种"悖论"——曾经的成功导致你现在的失败。企业所拥有的资源和做出的战略决策,使企业取得成功,但这种成功固化了企业的思维模式和战略选择路径,导致企业的战略惯性。恒大集团进入新能源汽车领域的战略被许家印总结为"买买买、合合合、圈圈圈、大大大、好好好",一眼就能看出还是房地产开发的"熟悉的味道、熟悉的配方"。这是一家在房地产虚拟经济领域将所有环节掌握得滚瓜烂熟的企业,也是一家将资本杠杆融入血脉的企业,既缺乏对制造业的认知,也缺乏对技术的敬畏。"力争3~5年成为世界规模最大、实力最强的新能源汽车集团"是恒大造车的"大跃进"战略,完全按照房地产开发的理念和方法来运营高端制造业。只要资本到位,就能解决所有的问题是恒大逻辑的路径依赖。

　　路径依赖导致企业走向失败的另一个原因则是在新的竞争环境中,企业赖以成功的基础已经悄然发生改变,企业面临的环境正在变得更加难以捉摸。有人说,从来没有像今天这样的消费者那么喜新厌旧,但也许从古到今消费者都是一样的,只是今天的市场给了消费者更多的选择。在工业化时代所建立起来的品牌及其背后所蕴含的逻辑假设,许多已经发生了重要的改变,可以说当下是一个普遍性的品牌危机的时代。品牌战略背后所蕴含的是一种假设,即品牌所代表的文化、生活方式和行为方式与消费者契合,品牌要与消费者的情感产生某种共鸣,这样消费者才能成为品牌的追随者。消费者购买的不是产品而是一种生活方式就是这种逻辑的生动写照。

　　但是,当一家企业不能向市场提供激动人心的产品时,品牌及品牌背后的逻辑也就不复存在,消费者会立即将其抛弃转而投向其他品牌或产品,这在今天的市场中已经非常普遍。品牌变得异常脆弱,当它的产品不再具有吸引力的时候,品牌价值会大大降低甚至一文不值。在辉煌的时候,诺基亚占据全球手机市场份额的70%,摩托罗拉以其"飞越无限"的广告词引领着手机消费的潮流,而今天是苹果、三星、华为、小米。尽管任何一个企业都不可能永远屹立潮头,但是竞争从未像今天这样充满了颠覆性、充满了戏剧性,也充满了不确定性。

与品牌危机相伴随的是消费者需求的个性化，这是一个彰显个性的时代，在国内以"90后""00后"为代表的新一代消费主力表现得尤为突出。从社会心理学的角度，就集体一致性要求所带来的压力感知，新的一代远远低于他们的前辈，世界范围内同样如此。互联网、新媒体产生了推波助澜的作用，消费者更加要求产品的与众不同。多元化的价值取向也使社会生活丰富多彩，整体上向更加发散、更加自由、更加平等的方向演变。个性化的客户需求不仅体现在高科技产品领域，在传统的制造领域同样如此。消费者要求产品更加符合自身的使用环境与使用方式，而不是千篇一律的同质化。

这些需求端的变化对企业提出了要求：一是要求企业更加重视新产品的研究与开发，靠一个创新长久确立市场优势的基础已经不复存在；二是重视持续的技术创新与产品创新，持续性的创新能力才是未来赢得竞争的关键所在；三是因为产品生命周期显著缩短，企业应加快新产品上市的进度、缩短新产品研发周期，尽可能提前推出新产品，速度成为竞争的焦点。更加快速地推出产品，创造速度经济、速度优势也已成为竞争的另一个重要领域。比如，一些战略管理学者在波特的低成本、差异化基本竞争战略之外，又增加了快速反应的新的竞争方式。

三、对战略成败的认知

产生企业生命周期的另一个原因是企业家并没有认真总结企业的成功与失败经验，也就无从获得在战略层面的进步与提升。很多企业家并没有真正搞懂自己是如何成功的，特别是第一次的成功，乔布斯认为能够第二次成功的企业才有可能是真正的成功。一些企业的成功可能并不是企业自身资源和能力累积的结果，也不一定与企业家的努力程度有关，而是来自企业外部的环境因素，是整个行业的成功带动了身处其中的每一家企业。也正如波特的观点，企业成功的关键是选择一个好的行业，迅速地进入并努力建立起竞争壁垒才能获得超额利润；而在一些差的行业，几乎没有企业能够获得超额利润。但是，很少有企业家或经理人员能够站在客观的角度分析组织成功的原因，这也许是"不识庐山真面目，只缘身在此山中"的原因吧。

首先，企业家或经理人员认识到是什么因素导致企业的竞争优势并不是一件容易的事情。设想一下，如果企业的经理人员都能理解企业资源和竞争优势之间的关系，那么，其他企业的经理人员也可能发现这一关系，并且，他们会明确地理解自己公司的因素，模仿将导致对等竞争和正常的经济绩效。因此，理解这些导致成功的关键因素能够使企业保持清醒的认知，基于这些关键因素的战略才能更加具有针对性。初次成功的企业需要强化对这些因素的获得与利用能力，这也是建立竞争壁垒的需要。比如一家餐饮企业如果认识到人力资源管理而非服务是企业核心竞争优势的来源，那么将制定截然不同的战略决策。

其次，一些企业家或经理人员会把产生竞争优势的资源和能力看作理所当然的事情，并没有在企业内部予以足够的重视，最终导致企业失去竞争优势并走向衰落。并不是所有的经理人员都能够理解自己企业的竞争优势与企业控制的资源和能力之间的关系，因为这些资源或者能力只不过是企业经理人员日常经验的一个部分而已。这些资源和能力往往是无形的，比如高层经理人员之间的合作、组织文化、其他雇员之间的关系以及企业与顾客和供货商之间的关系。比如春都集团的成功在很大程度上来源于第一代领导人引进国内第一条火腿肠生产线的战略眼光和独特营销方式，春都的衰退以至于彻底在行业中销声匿迹也与重大的人事变动有关。

最后，企业可能会对是什么资源和能力使企业具有竞争优势存在多种假设，但是它不能一一评价这些资源的价值，也不知道实际上到底是哪一种资源，或者是哪几种资源使企业具有竞争优势。企业成功的原因可能来自某种特殊的稀缺资源，具有时效性和偶然性，这种稀缺资源的获得并不能经得起理性和逻辑的分析。比如，一些企业与利益相关者的关系，如与政府有关的权利资源等是企业生存与发展的关键因素，而一旦这些因素发生变化，企业的竞争优势就随之湮灭，这也是很多小微企业拥有极短暂生命周期的原因所在。

但是，当有人问企业家到底是什么使他们成功时，这些企业家的回答可能是"努力工作，适销对路的高质量产品和服务，把握市场机遇等"。努力工作、管理严格、产品对路等确实是企业获得成功的因素，然而还有更为关键的因素被掩藏起来。

此外，实际情况是并不是某一个或某几个因素对企业的成功起到了重要作用，而是成百上千的所有因素共同作用的结果。如果产生竞争优势的资源和能力是个体、群体和技术之间的复杂的网络关系，那么模仿的成本可能会很高。历史上，战略管理曾经更加关注某些企业不得不做出正确的重大决策的能力，把重大战略决策当作可维持的竞争优势的一个源泉加以强调。但在更多的时候，竞争优势并不依赖较好地做出少数重大决策的能力，而是依赖较好地做出很多小的决策的能力。企业研究还发现，一些公司的成功并不是由于这些组织在某一个方面做得比竞争对手好，而是在业务的各方面都做得好，成功是一种复杂的相互联系、共同作用的结果。但要维持这样的复杂网络关系，同样需要付出长期艰苦的努力，但失去它却很容易。

在乔布斯之后，智能化电子产品的市场格局基本形成且维持了至少10年的时间，创新明显变缓了。苹果依然是这个市场强有力的主导者和竞争优势的拥有者，但后乔布斯时代苹果公司产品的创新远不如前，在很大程度上可能源于战略决策者本身。

企业即使能够清醒地认识到竞争优势的来源，也看到了即将面临的生命周期问题，但要重新焕发青春也并不是一件容易的事情。现实中，很多曾经经历业绩高峰的企业转型艰难，战略变革举步维艰。一些企业由于重资产和资产专用性程度高，并没有未雨绸缪提前做出规划，当市场对旧的产品需求逐渐消失的时候只能破产倒闭；另一些企业面对新技术、新业态的剧烈冲击，反应缓慢、应对失措，很快就失去竞争优势。

更多企业则尝试战略变革，试图使企业走出生命周期的宿命。但研究发现，很多企业积重难返，牵一发而动全身，所有的问题几乎都是系统性问题。"头痛医头、脚痛医脚"式的小打小闹根本解决不了任何问题。

四、保持战略灵活性

面对存在巨大复杂性和不确定性的竞争环境，保持战略灵活性的理念和工具越来越受到重视。几乎所有的企业都梦想持续增长，获得永不枯竭的创新动力，使企业万年长青，但现在是一个必须知进退的时代。

在公司战略层面，将企业可选择的战略类型分为四大类：稳定战略、增长战略、防御战略和收缩战略。所有的战略管理者在思考公司要往何处去的时候可能都会面临如下问题：

- 是维持现状还是有所突破？
- 是退出还是进取？
- 是在原有行业发展还是另辟蹊径？
- 是在相关行业发展还是进入陌生的领域？

- 是进入产业链的前端还是后端？
- 是全球外包还是一体化运作？

统计研究显示，公司战略决策者最喜欢的是增长战略，最不喜欢的是收缩战略，因为收缩往往意味着裁员、砍掉原有业务、增长放缓乃至亏损，甚至战略决策者本人以辞职承担衰退的责任。很少有企业能够坦然接受企业的衰退，不论引起衰退的原因是来自外部环境还是企业内部问题。原因很简单，那就是企业是生存在悬崖边上的特殊组织，企业负债经营的属性使得收缩与衰退成为企业难以承受的挫折与压力，亏损特别是长期持续性的亏损更是关系到企业的生死存亡。

横向对比企业的历史会发现，几乎没有企业能够一直保持持续的正的增长，曲折前进才是多数企业的历程。但是，保持战略的弹性、控制前进的节奏只能是一个理论上可以操作的选项，多数企业一旦开始，就停不下来，直到外界环境的恶化和企业竞争优势存在的基础被侵蚀，在外力的作用下才会刹车减速。

没有企业能够永远保持完美的增长神话。2001年，杰克·韦尔奇从通用电气卸任首席执行官时，被誉为那个时代美国，甚至世界最伟大的管理大师。他将通用电气从一家营业额250亿美元的工业制造公司转变为一家营业额为1250亿美元的"无边界"商业帝国。2001年，公司市值突破6000亿美元，位列世界第一，也成就了通用电气的巅峰时刻。然而，2017年通用电气股价暴跌45%，2017年第四季度更是巨亏100亿美元。

韦尔奇在任时，通用电气的产业资本与金融资本融合产生了协同效应。金融部门借助产业部门拓展了客户群，并为通用电气带来了丰厚的收益和利润，为产业部门的扩张提供了充足的现金流，并提升了产业部门的信用评级，产业的高信用评级反过来降低了金融部门在金融市场的融资成本。

但在韦尔奇卸任以后，通用电气在战略层面的隐患逐渐显现出来。在2008年金融危机爆发前，通用电气金融业务的营收和净利润增长率都超过了公司整体增长率。金融危机爆发后，通用电气金融业务大受冲击，随着监管要求的不断提高，通用电气的金融业务难以为继，从2013年开始被迫陆续剥离。在股东价值最大化的指引下，公司压缩高难度的高技术业务，转而开展周期短但风险敏感的金融业务，公司战略层面逐渐偏离了正常的轨道。

当危机来临时，企业可以通过收获、调整、放弃和清算战略来收缩战线，及时止损，不论是通用电气这样的巨型企业还是国内的中小型企业。但是，做出这样的抉择往往是痛苦的，企业不仅要面临资本市场和内部员工的压力，还要面对政府、公众等利益相关者的某种责难。企业要想在战略层面找到一种工具和方法来保持战略的灵活性，实物期权是一个选项。

实物期权是从期权这一金融工具逐步衍生出来的战略术语，具有可操作性属性，因而受到企业界和学术界的重视。期权是指在一个事先规定的日期，以事先规定的价格买进或卖出某种特定资产的权利，但不负有必须买进或卖出的义务。多数的管理者都熟悉作为金融工具的期权。一个公司用来实施战略的物质资本、人力资本和组织资本也可以被视为实物资产，就像拥有金融期权一样，实物期权的所有者拥有在未来某个日期对他们的投资进行扩大或建立契约的权利，但不是必须负有这种义务。

例如，华为多年前已经做出极限生存假设，于2004年10月成立海思半导体公司，为公司生存打造"备胎"，尽管后来受到美国更进一步的技术封锁导致5G芯片业务受阻，但华为海思芯片是很好的实物期权战略选择。日本佳能总是优先发展同供应商的长期关系，绝大多数零部件都是通过自营和外部采购两种方式提供。为保持战略弹性，佳能对所有的零部件都自己进行试验性的制造，目的是更好地了解其技术和供应商的成本。此外，日本佳能公司还诠释了"创造性破坏"的理念。1975年，佳能生产出第一台激光打印机。其后10年里，它成为佳能最成功的产品系列。但是，这种激光打印机受到新开发出来的喷气式复印机的严重威胁和挑战。这种高质量、无噪声的产品，使用一种受热时喷出细墨的新技术，而且产品价格只有激光打印机的一半。这种技术是在佳能实验室中偶然发明的。它的打印头上每英寸有400多个喷头，每一个都能使墨水加热，直至喷出微小的墨滴。佳能集中全力，开发这种新产品。尽管这可能会对公司占据优势的激光打印机构成威胁，但它更能提高公司的核心竞争力，管理层相信这将有助于公司在半导体技术方面保持优势地位。佳能的创造性破坏有两种可能：一种是研发成功新的喷气式复印机，并以创新性的产品继续投放市场以获得持续的竞争优势；另一种是如果研发失败，公司依然保有激光打印机的市场优势，而不至于损失太多。

比亚迪的实物期权案例很有代表性。比亚迪以生产电池起家，2003年收购秦川汽车，进入燃油汽车制造领域，可以看作进入电动汽车领域的实物期权。比亚迪在2008年第一次推出了DM混动技术的汽车产品，能够说明公司很早就确定了进入新能源汽车制造领域的战略规划。但是，如何实现这一在当时看似几乎不可能完成的艰巨任务，对比亚迪而言是一个重大挑战。

比亚迪的第一步战略是收购秦川汽车，完成对实物期权的投资。秦川汽车的收购支出是比亚迪获得进入电动汽车领域发展的期权价格，同时比亚迪获得了一种发展电动汽车的"权利"。这是战略灵活性的体现，也是一种智慧安排。在收购秦川汽车之后，比亚迪进入了燃油汽车领域。显然，这不是比亚迪的最终战略目标，但却是公司必须经历的阶段。

比亚迪的第二步战略是在不断推出传统燃油汽车的同时，选定了插电式混合动力的技术路线，并在20年的时间内累计投入超过1000亿元的资金用于技术研发和市场开拓。但是，插电式混合动力汽车和纯电动汽车能否成为未来的市场主力需求，这是一项充满了不确定性和风险性的投资战略。相对于丰田的油电混合动力，插电式技术路线必须有充电桩等基础设施的建设，这已经完全超出了一个民营企业的能力范畴。比亚迪已经购买了这项实物期权的权利，但是能否最终具备行使期权的条件，始终是一个未知数。

摆在比亚迪面前的是两条路：一条是康庄大道，国家政策和宏观经济条件持续向好，电动汽车特别是插电式混合动力汽车成为主流产品，此时公司行使当初的"权利"，全力进入新能源赛道，停产燃油车，因为燃油车本来就是比亚迪进入电动汽车产业的跳板。如果上述设想一一实现，比亚迪将迎来春天。另一条道路则充满波折，存在各种意想不到的结果。比亚迪即使研发成功了插电式混合动力技术，生产出了带有超级混动的车型，但是由于国家政策和宏观经济环境的因素，电动汽车的赛道始终没有培育起来，消费者并没有购买比亚迪技术车型的需求；或者比亚迪并没有成功研发理想中的适应市场需求的插电式混合动力技术，因为技术研发本身就充满了不确定性和失败的风险，所以就没有可能将产品成功地推向市场。在这两种情况下，比亚迪都无法迎来电动汽车的春天，尽管支付了期权价格，但没有实现行权的条件。

如果是第一条道路，比亚迪则行使权利；如果是第二条道路，比亚迪将放弃行权。但放弃行权并不一定意味着比亚迪一无所得、投资失败，比亚迪还可以继续在燃油汽车领域经营。总之，成功了当然皆大欢喜，大举进入目标战略市场；不成功，也可以积累经验，不影响作为电池供应商的品牌形象和后期的战略发展。事实也证实了比亚迪实物期权的战略安排，2022年公司果断停产燃油车，并最终成为全球范围内新能源汽车的销量冠军。

在另外一些行业，如医药行业，世界主要的制药巨头也都在运用着实物期权的工具。这些医药企业与大量的中小型生物制药企业保持着密切的联系，或投入资金支持这些具有创新药苗头的研发项目，或购买这些小型公司研发的药品专利。这些公司自身并不会轻易投入巨额资金展开规模化的新药研发项目，而是在大量的小型公司新药研发项目中进行筛选，进行选择性投资，获得后续发展的某种权利。

实物期权尽管提供了战略灵活性，但其本身也具有明显的短板。理论上似乎是一个完美的战略安排，但实物期权最大的问题是产生机会主义。在今天如此激烈的竞争环境中，企业要想取得成功必须全力以赴，全身心投入，甚至要付出120%的努力。多数企业，特别是初创企业的成功都是以一种置之死地而后生、义无反顾的精神一头扎进某一个方向，而不是犹豫和摇摆。一些企业的瞻前顾后、浅尝辄止等战略上的不坚决、不坚定不可能使企业取得成功。因此，实物期权是一把双刃剑，只有战略高手才能使用得得心应手。

专题七

鱼与熊掌：成本领先和差异化不可兼得吗？

低成本公司必须有差异化的竞争能力才能生存，反之亦然。

有人说，商业就是一场游戏，要么你卖的产品比别人更便宜，要么和别人卖的产品不一样，这句话深刻地揭示了市场竞争的真谛。在传统的竞争战略研究中，波特提出了成本领先、差异化和集中化三种最基本的竞争战略类型，而其中的成本领先与差异化代表了竞争战略的两极。二者能否同时在一个产品或服务的竞争战略中成功实行，即同时获得低成本优势和差异化优势呢？

最早提出这一问题的学者也是波特。波特认为成本领先和差异化是两种截然不同的竞争战略选择，具有非常鲜明的属性，因而也就有着区别显著的使用环境，如表7-1所示。对企业而言，必须在两者间选择其中一种，要么是成本领先，要么是差异化，摇摆于其中、二者兼得的战略不可能成功。

表7-1 成本领先和差异化战略适用的条件

成本领先战略	差异化战略
具备形成规模效应的产业条件	产品或服务的独特性
标准化的产品或服务	高的研发投入
易于组装和生产	产品与技术创新
严格且规范化的生产流程	品牌化运作
精细化的管理	高的市场营销费用
低服务	高服务
与低成本相匹配的企业文化	与差异化相匹配的企业文化

根据波特的观点，那些既实行低成本战略又试图寻求差异化的公司或业务部门会陷入竞争市场的中间地带，毫无竞争优势，业绩注定会低于平均水平。同时实施成本领先战略和产品差异化战略会伤害公司的绩效，惠普的计算机业务战略就被认为是"卡在中间"的战略。多年来，惠普在个人电脑领域一直奉行差异化战略。这项战略非常成功，惠普昂贵的个人计算机因其高质量和可靠服务而受到工程师和科学家的青睐。但是，在20世纪90年代中

期,惠普的管理层决定改变计算机业务的战略,目标是提高公司产品的市场份额。为了与戴尔和捷威等低成本竞争对手竞争,惠普在努力降低成本的同时采取降低价格的市场策略。2000年,它的销售额增长超过40%,甚至超过了行业领导者戴尔。然而,惠普计算机在高质量和卓越服务支持方面的声誉却在实施新的竞争战略后有所下降,惠普的差异化优势被模糊了。截至2000年,计算机部门的收入占惠普公司总收入的43%,但营业利润率只有4.6%,在惠普各业务部门中最低。相比之下,占惠普公司年收入43%的打印机和成像部门的营业利润率为12%。在向大众市场进军的过程中,惠普公司没有保持其质量形象并因此失去了它的差异化优势,而且也没有达到成本领先的目标。

起初的研究普遍支持波特的观点,即企业的竞争战略应该是低成本和差异化中的一种,两者兼顾的公司将陷入两难境地,没有竞争优势。

一、成本领先战略

成本领先、差异化和集中化战略是按照竞争范围的大小来划分的,成本领先是指企业追求在价值链的某一个或多个环节上降低成本,以低于竞争对手,甚至全行业最低的成本出售产品或服务,以获取竞争优势的战略。成本领先战略不仅是在制造环节追求低成本,还可以在价值链的各个环节都追求降低成本的战略。

成本领先战略的核心是找到获取低成本的途径和方法,规模经济性是成本领先战略的理论基石。一般而言,成本领先战略和差异化战略都是在较为宽广的市场中与竞争对手展开竞争,因而,能否达到一定的经济规模是降低成本的关键。除此之外,波特还提出了许多与规模无关的成本驱动因素,如经验效益、获得某种低成本资源等个性化的成本优势等。从理论上讲,企业有各种各样的降低成本、获取价格竞争优势的方法和途径,即使是采用集中化战略也可以在一个小的利基市场上谋求成本领先,但是如果企业要在宽广的市场中寻求建立成本优势,那么达到足够分摊固定成本的最低规模往往是必不可少的条件。

成本领先战略的难点在哪里?多数企业面临的问题是如何在降低产品成本的同时,保持与竞争对手相同或接近的产品质量属性。因为对顾客而言,如果企业降低成本是以降低产品或服务的质量为代价,那么意味着顾客价值的降低，顾客会将此类产品定位为"质量低劣的低价货"，形成对企业非常不利的购买印象。

产品是功能的载体，功能是产品所提供的某种效用。价值工程理论认为消费者购买的不是产品本身，而是某种功能。产品的价值，也可以理解为消费者购买该产品所获得的价值，由功能与成本的比值决定，如下式所示：

$$价值(V) = \frac{功能(F)}{成本(C)}$$

按照价值工程理论的这一观点，首先，成本领先战略不是降低客户价值的战略，否则这样的战略必然是不可持续的。因此，要想通过成本领先战略保持甚至提高客户价值，就不能牺牲产品的功能，即使牺牲也要比成本降低的幅度低很多，否则必然带来的是客户价值的降低。

其次，很多成功的成本领先战略并不只是简单地降低成本，而是在降低成本的同时，优化产品或服务的功能。比如，由于降低成本的需要，不得不减少某些功能，但同时，又适当地增加了某些功能，在功能创新的同时，保持客户价值不降反升或保持不变。因此，成本领先战略绝非字面上所理解的那样简单。

最后，成本领先战略的难点不在于技术层面，即找到降低产品或服务成本的方式、途径，而在于这种系统性的追求低成本的战略能够得到公司上下一致的认可，并长期始终如一地坚持，其中一定有一般人不能理解的东西。

20 世纪 70—90 年代，美国西南航空公司是实施成本领先战略的典型企业，也是被众多的企业战略管理学者深入研究的案例。西南航空公司的战略反映了成功实施成本领先战略所需要的条件。第一，充分利用单一机型所带来的规模效益。该公司一开始就使用低油耗的波音 737 客机，共有 200 多架，这也是该公司唯一的机型。只使用一种机型，这既可以实现规模经济性，又可以使公司的运营管理变得简单。如同提供单一且制式化的产品，单一的机型使得西南航空公司在飞行、维护、培训和服务等方面实现了规模经济，使复杂的飞行器运行与维护变得相对简单，易于操作，从而有效降低了运营成本。

第二，简化飞行过程的管理。①不使用"中心城市机场和枢纽城市机场系统"，不仅做到了准点和节省旅客的转机时间，也进一步降低了公司的飞行成本。西南航空公司主要在那些没有充分利用及离市区较近的机场间飞行，如达拉斯的 Love Field、休斯敦的 Hobby、沿海地区的圣何塞和奥克兰、芝加哥的 Midway 等机场。它在服务上努力做到准点起飞，平均每条航线飞行 65 分钟。根据 1993 年年度报告，80%的乘客可以从出发地直接飞往最终目的地。由于不使用中心城市机场和枢纽机场系统，乘客一般不会因为转机而造成延误。②独特的常旅客制度。西南航空公司不与其他公司合用一套机票预订系统，并建立了自己的常旅客飞行俱乐部。该公司常旅客制度的独特性在于以飞行次数而不是以飞行里程来计算，每 16 次飞行送一次免费飞行的奖励，这样做也是为了简化运行流程。③一直实行简单价格策略。不像别的公司那样依靠电脑和人工智能系统来增加飞行收入，西南航空只有两种机票价格：一是普通价格（也没有一等舱或商务舱）；二是低谷价格。④西南航空公司不在飞机上为乘客提供食物，否则每个航班每位乘客将会给公司增加 40 美元的支出，但它为乘客提供简单的小吃和饮料等。

第三，精细化、高效率的生产运作系统。西南航空公司努力减少飞机往返所需时间。1991 年，西南航空公司 70%的航班只在地面停留 15 分钟，提高设备利用率，而联合航空公司和大陆航空公司平均是 35 分钟。西南航空公司的每架飞机每天飞行 11 小时，远高于全行业平均的 8 小时；每个登机口每天平均有 10.5 个航班，高于行业平均数 4.5 航班。1993 年，西南航空公司平均每架飞机有 81 名员工，而联合航空公司和美洲航空公司分别有 157 名和 152 名，行业平均数也超过 130 名。西南航空公司平均每位员工要接待 2443 名乘客，而联合航空公司和美洲航空公司则分别为 795 名和 840 名，同行业平均水平接近。

第四，令人难以置信的低人力成本。西南航空公司的飞行员比其他公司每年要飞行更多的时间。联合、美洲和 Delta 公司的飞行员平均每月飞行 50 小时，每年工资 20 万美元，而西南航空公司的飞行员每月飞行 70 小时，每年工资只有 10 万美元。西南航空公司机组人员的每小时工资为 18 美元，而大陆和美国航空公司分别为 20 美元和 23 美元。公司管理层的薪酬也属于中等偏低的水平，1994 年西南航空公司的 CEO 是达拉斯地区薪酬最低的五位 CEO 之一。但是，即使是在这样的薪酬水平下，员工流失率也很低，1993 年为 4.5%，比其他大型航空公司要低一半，公司从来没有解雇或辞退员工。

案例分析到这里，仅仅揭示了西南航空公司竞争战略的一半面纱，还有另一半也许更重要。如果有人认为西南航空公司的成功只是单纯地追求全方位的降低成本并以此确立自己的核心竞争优势,那么这种认识就大错特错了。显然,西南航空公司的低成本战略在某些方面一定牺牲了一些价值,这些价值对客户具有吸引力同时还有可能是竞争对手的战略关注点,比如美味的餐饮、更加舒适的座舱环境等。要赢得竞争,仅仅有低成本是远远不够的,西南航空公司必须在产品(服务)中增加一些新的价值。在前面关于价值的表述中,提高价值的途径可以是保持功能不变而降低成本,也可以是降低成本的同时提高功能,西南航空公司的选择是后者——降低成本的同时提高功能。

西南航空公司提高功能的方式是重新定义了客户服务。首先,让员工以愉悦的心情投入客户服务中,让工作充满乐趣;其次,员工发自内心地服务旅客,非常乐于给旅客提供帮助。员工的投入和献身精神成就了公司的战略,最终,西南航空公司的服务成了行业标杆。航空业一般以起飞准点、行李丢失率低和顾客抱怨少三项标准来衡量服务水平。如果哪家航空公司在一个月内这三项都做到第一,就会获得"三项冠军奖"。西南航空公司已经获得过24次该荣誉。1992年运输部开始颁发年度三项冠军奖。西南航空公司1992—1994年连续三年荣获该殊荣。

西南航空公司的战略着眼于开创蓝海,有效扩大了市场边界,实现了价值创新,而不是只关注现有竞争对手之间的竞争。与其说西南航空公司是在与其他航空公司竞争,不如说是与地面运输方式竞争。西南航空公司通过降低价格和增加航班频率,将运输能力提高了2~3倍。1994年,每周路易斯维尔和芝加哥之间有大约8000名乘客,但自西南航空公司进入后,这个数字增加到26000名。西南航空公司很快就降低了机票价格,增加了飞行频率。更低出行成本、更便捷的旅行服务,让更多的旅客选择飞机作为首选的出行方式,而不是汽车等陆地交通工具。1994年,西南航空公司占有得克萨斯州内航线70%的份额,在加利福尼亚州内航线占有50%的市场份额。

通过对美国航空业的研究发现,做到上述各个方面的难度非常高,那么,西南航空公司是如何做到的呢?构成西南航空公司核心竞争优势的关键,是西南航空公司拥有与现行战略相匹配的企业文化和管理制度。独特的理念和员工的献身精神也许是西南航空公司获取战略竞争优势的真正秘诀。1971年西南航空公司成立之初,当时正值越战期间,公司在达拉斯的Love Field基地打出了"Make love, not War"的广告,引起了广泛的关注。

西南航空公司的企业文化是独特的,也是经常被研究者忽视的,但是对成本领先战略的实施至关重要。公司的文化常常被表述为"顾客服务、努力工作、平等、关注成本、奉献、乐趣"。首先，公司将员工视为公司竞争优势的来源。公司的理念是提供资源和服务，让员工成为成功者，实现公司的成长和盈利，同时保持西南航空的价值观和公司的文化。其次，倡导团队与合作精神，并始终如一。西南航空公司的飞机乘务人员和飞行员共同打扫机内卫生，帮助乘客登记上机，员工们团结一致，共同完成飞机飞行要做的工作。最后，公司自上而下地营造轻松愉快的工作氛围，非常重视聚会和庆祝大会，员工之间关系和谐、相互信任、重视家庭、信息公开共享等。

为保证这些企业哲学能够深入企业之中，西南航空公司在公司运营和制度建设备方面贯彻这些理念：①所有在公司工作超过1年的员工都可以获得公司利润分享计划，并且要求拿出其中的25%购买公司股票，存入退休账户。1993年那些合格的员工领取了占工资8%的奖金。员工可以以折价购买公司股票，这样已经产生了好几位百万富翁。公司85%~90%的员工持有公司股票，占公司公开发行股票的11%左右。②非常严格、挑剔的员工招聘。招聘过程强调积极的态度和团队精神，公司看重态度，在态度与技能的比较中，公司站在态度这一边。公司很少招聘具有MBA学位的人员，更愿意雇用那些没有太多行业经验的人。③重视培训。公司通过西南航空公司人力资源大学对各类员工进行培训，新招聘的机组成员要参加为期4周的培训，淘汰率为5%，培训的核心是客户服务；经理层的培训主要是管理课程等，成功的培训是一种双向的交流方式，不仅可以对艰苦劳动的价值、乐趣和成本意识进行沟通，还可以获得内部顾客的反馈信息。

这套竞争战略无疑是非常成功的。20世纪70—90年代西南航空公司一直保持盈利，没有任何一家大型航空公司能达到这个纪录。即便是1991—1992年，当时美国有40%的航空公司在寻求破产保护或完全停止运营，西南航空公司仍在盈利。1972—1992年，西南航空公司的股票在所有公开上市公司中的投资报酬率最高。

在其他行业也能够看到类似的成功案例。比如，一般认为麦当劳是生产单一产品和服务的企业，因而其严重依赖规模效应。但麦当劳利用其建立的强大的供应链系统、严格规范的运营管理系统，保证了在美国以外的国家和地区所提供的产品和服务的一致性和高标准。相对集中的采购以及稳定的采购供应关系使麦当劳获得了可观的规模经济性，从而确保了麦当劳在美式快餐行业的高市场份额。但是，麦当劳的所有快餐店的清洁、一致和有趣是其餐饮的独特性所在，这种差异化的属性也是麦当劳成为快餐行业领导者的关键。因此麦当劳的获利水平取决于产品差异化战略和成本领先战略。这两个战略中的任何一个都很难被胜过，两个战略一起使麦当劳的竞争优势的模仿成本很高。

在零售行业，沃尔玛是学术界探讨最多的成本领先战略案例，即所有商品在所有地区、常年以最低价格销售。沃尔玛的低成本来源于以下几个方面：

（1）超大规模的采购，全球集中采购和一次性签订一年的采购量。公司尽量由总部实行统一进货，特别是那些在全球范围内销售的高知名度商品，如可口可乐等，沃尔玛一般将一年销售的商品一次性签订采购合同，由于数量巨大，其获得的价格优惠远远高于同行，形成他人无法比拟的低成本优势。

（2）简化中间环节，直接向工厂采购和原产地采购，降低采购费用。据沃尔玛自己的统计，沃尔玛实行向生产厂家直接购货的策略，使采购成本降低了2%~6%。

（3）高效且友好的供应链管理系统。除了采用向工厂直接购货、统一购货以外，沃尔玛积极采取措施辅助供应商减少成本，如宝洁公司和沃尔玛之间的深度供应链协作关系。沃尔玛的平均应付期为29天，竞争对手凯玛特则需45天，回款政策使得供应商的利益得到了保护，大大激发了供应商与沃尔玛建立业务的积极性。沃尔玛赢取了供应商的信赖并同供应商建立起友好融洽的合作关系，从而保证了沃尔玛的最优惠进价，大大降低了购货成本。

（4）高效的物流配送和先进的信息系统。一是建立高效运转的配送中心以保持低成本存货，在各店铺销售的商品中，87%左右的商品由配送中心提供，库存成本比正常情况下低50%；二是拥有自己的运输车队并辅以GPS全球定位系统以降低运输成本，因为在整个物流链条中，运输环节是最昂贵的部分。据沃尔玛自己的统计，沃尔玛的商品运往商店的成本，即进货费用占商品总成本的比例只有3%，而竞争对手则需要4.5%~5%。

（5）与成本领先相匹配的企业文化和企业管理。沃尔玛对于日常费用的控制可谓达到了极点，在行业平均水平为5%的情况下，沃尔玛整个公司的管理费用仅占公司销售额的2%。为维持低成本的日常管理，沃尔玛在各个细小的环节上都实施节俭措施。

但是沃尔玛并不是一开始就有足够大的采购规模，公司也是从无到有逐步成长壮大的。采购的规模经济性并不是生来就有，沃尔玛的天天低价却是公司自成立以来一直奉行的战略。因此，沃尔玛一定有其获得低成本的独特策略。人们往往关注成功者的特征，但却忽略了他成功的细节及成功的过程。

当所有人都将成本领先、天天低价作为沃尔玛的核心竞争力的时候，沃尔玛的创始人山姆·沃尔顿却认为"卓越的顾客服务是我们区别于所有其他公司的特色所在"。山姆·沃尔顿于1992年去世，他生前对每一家店都亲力亲为，对公司的员工十分关爱，他被拥戴为流通行业最具影响力和最为成功的企业家。沃尔玛创建了能够激发员工的组织文化和开展业务的方法，其结果是员工以比行业平均水平更高的生产率和比行业平均水平更低的亏损回应着山姆。沃尔玛并没有正式的使命陈述，当被问及此类问题时，公司经常的回答是："我们致力于满足他们的基本消费需求。如果真要有一个正式的使命陈述，那就是以低廉的价格提供优质的产品，以及周到的客户服务，永不改变。"

沃尔玛的网站上有一个关于沃尔玛文化的声明："随着沃尔玛不断扩展到新领域、新媒介，我们的成功永远归因于我们的文化。无论您走进的是家附近的沃尔玛，还是度假时陌生城市的门店，我们保证为您提供您所期待的低廉价格和真诚的客户服务。您在任何门店的任何部门都将有宾至如归的感觉——这就是我们的文化。"沃尔玛的文化是基于创始人山姆的三个基本信念：尊重个人、为客户服务和追求卓越。

沃尔玛的服务蕴含着力量，这种力量源于从内心发出的微笑，这是一种超值服务。山姆·沃尔顿在孩提时代的人生经历使其建立了"用微笑征服每一个你遇到的人"的人生哲学，进而成为沃尔玛的经营哲学，并在实际运用中不断地进行完善，使它逐渐成为最具特色的沃尔玛企业文化的一部分。沃尔玛有很多在业界广为流传的管理故事，如日落原则和三米微笑原则，其中三米微笑原则最具有代表性。山姆要求他的员工："当你在三米以内遇到一位顾客时，你会看着他的眼睛与他打招呼，同时询问你能为他做些什么。"他认为只有微笑到露出八颗牙齿的程度，才能称得上是"微笑服务"。可以说，山姆真正理解了人性，并成功应用到了商业实践中。

但是，只有从内心发出的微笑才能真正打动人，自然真诚的微笑才有价值。因此，让员工流露出自然真诚的微笑才是山姆的秘诀，也是沃尔玛成功的关键。沃尔玛的企业文化是一方面，更为重要的是公司建立的一系列管理制度，确保了企业理念落到实处，让微笑发自内心。一是公开透明的企业管理。在沃尔玛，销售数据向所有员工公开。每个月每个部门的数据都进行排名，并且整个组织可见。表现超过平均水平的员工可以获得加薪、奖金和个人荣誉。表现差的员工很少被开除，但降级是可能的。二是全员持股，企业为所有员工共同拥有。除了向员工支付较高的报酬以外，沃尔玛的所有员工都持有公司的股权。商店经理每年能赚 10 万~15 万美元，即使兼职的收银员也有利润分享和股份购买计划。沃尔玛的中层经理中，百万富翁并不罕见。三是尊重员工，将员工视为宝贵的资产。高层管理者经常从雇员那里寻求提高组织绩效的主意，并将其付诸实践。每年 6 月中旬沃尔玛会邀请超过 100 个分析员和机构投资者，参加其位于阿肯色大学的年度会议。在这个一天半的会议中，投资者、沃尔玛的高层管理者、沃尔玛的区域经理、采购员和销售员建言献策，顾客和区域经理之间彼此给予建议，提供反馈。

  这些都表明，低价非常重要，但是低价绝不是唯一重要的因素。沃尔玛在低价之外一定增加了某些功能，这样才能实现价值的飞跃。西南航空公司、麦当劳和沃尔玛的案例都具有一些共同点，那就是也许有完全纯粹的成本领先战略，但是多数情况下实施成本领先战略的企业都提供了额外的价值。一般认为低成本意味着低服务，但上面三家典型企业却都将服务作为公司的竞争优势和特色所在。产生这种独特性的来源，都与企业文化以及在这种企业文化指导下建立的员工关系高度相关。

二、差异化

  差异化是追求产品与服务的独特性从而获取竞争优势的战略。对差异化的理解有一些误区，如同对成本领先战略的误区，一些管理者、研究者将差异化视作在产品或服务方面做出特色即可，而没有认识到差异化是战略层面的、关乎全局的，并且涉及企业各个方面的战略抉择。差异化绝不仅仅意味着产品或服务的差异化，产品或服务的差异化只是公司差异化战略的外在表现而已。一个寻求差异化战略的公司，企业的资源和能力都需要聚焦于差异化，否则很难成功。

  差异化不是空中楼阁，而是来自对市场需求和客户价值的理解和把握。差异化战略的首要任务是敏锐地识别出对客户富有价值的有效差异化因素，对其产业化的可能性做出判断。麦克·戴尔还是得克萨斯大学大一学生的时候，在代销IBM品牌电脑的过程中就发现，客户需要个性化的高配置的电脑，而品牌机往往价格高、配置低，并且都是统一配置。发现这一重要的差异化因素后，戴尔对市场销售的电脑进行了改装，在奥斯丁当地开始销售组装机，这也是市场上最早出现的组装机。在大学二年级，戴尔每月的毛利就达到了8万美元。这一重大商机的发现促使戴尔退学创办了自己的电脑公司，尽管其父母极力反对。戴尔电脑凭借其直销模式消除掉了中间环节，从而降低了成本，确立了竞争优势，但是戴尔电脑的个性化定制产品也是戴尔电脑的差异化竞争优势的来源。

为帮助企业梳理可能的差异化方式，波特在理论层面提出了差异化驱动因素的概念，比如独特的产品特性和性能表现、特别的服务、技术的优越性、信息技术等。奔驰汽车以技术工艺和奢华的品质著称，而宝马则在操控和驾乘体验方面更胜一筹，卡特皮勒工程机械则强调其遍布全球的服务能力和服务网络。这些成功的企业都能够寻找到差异化的独特来源，并以此建立了难以超越的竞争优势。

企业可以从价值链分析的角度去寻求建立差异化的途径。价值链是结构化的分析工具，不仅可用于对企业竞争优势来源的分析，也可用于差异化和成本领先战略的制定。以价值链分析为基础的差异化驱动因素如图7-1所示。

实施差异化战略的企业往往具备突出的技术与产品创新能力。差异化可以是有形的，也可以是无形的，但不论是有形的还是无形的，其核心是创造独特的客户价值，而独特性来自创新。在电动汽车领域，特斯拉是头部企业，也是电池管理、电机与电控、自动驾驶等技术的创新引领者。作为后来居上者，2022年比亚迪的超级混动和刀片电池等技术制造了全球电动汽车产业的巨大震动，凭借突出的差异化技术与产品属性助力企业在2023年成为全球新能源汽车销量的第一名。在消费电子领域，索尼公司曾经以独特的技术创新，特别是在微型化方面的创新塑造了差异化的竞争优势。同样，英特尔在个人电脑微处理器方面的快速创新与技术迭代也实现了让竞争对手追随的战略目标。

加拿大的太阳马戏团重新定义了"马戏"——将戏剧的元素引入马戏表演中。太阳马戏团放弃了与竞争对手在传统的马戏市场中竞争的战略，转而寻求新的差异化元素。为此，太阳马戏团完全摒弃了动物表演这一昂贵且庞大的表演项目，保留了小丑与帐篷的马戏表演符号，但是将小丑塑造成为优

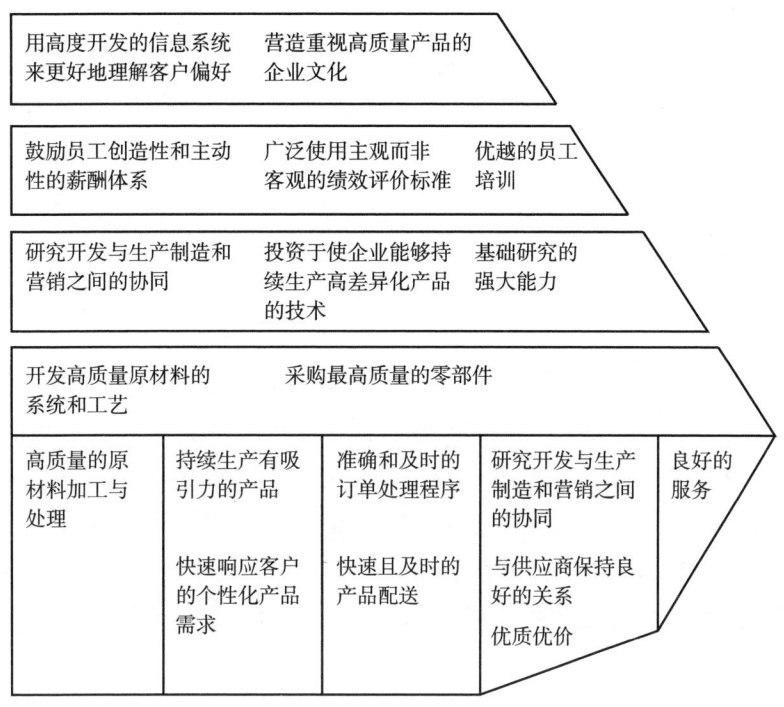

图 7-1 以价值链分析为基础的差异化驱动因素

雅的小丑,将帐篷设计得外观辉煌、内部舒适。同时,为了扩大市场边界吸引成年人、商界人士等传统马戏受众以外的群体,太阳马戏团为每一场马戏表演设计了剧情,讲述一个完整的故事,即按照戏剧的情节与构成来编排马戏表演。这种差异化的产品创新使马戏这一夕阳产业重新焕发了生机与活力,成为加拿大最大的文化输出产品之一。自 1984 年创立后不到 20 年的时间,太阳马戏团的收入水平就达到了全球马戏之王——玲玲马戏团通过 100 年的努力才取得的高度。

实施差异化战略的企业一般都能获得高的溢价。与追求成本领先的战略不同,差异化战略更加注重产品与服务的独特性,企业也更加重视品牌战略。在这一方面,没有比苹果公司更具有代表性的企业。在乔布斯时代,苹果无疑是特立独行、与众不同的高科技企业,苹果在全球高科技公司中市值第一、品牌影响力排名第一,也是全球范围内以创新战略驱动企业发展的最好范例。苹果差异化是全方位系统性的差异化,差异化是企业的灵魂所在。

一是产品方面。从最初的麦金塔电脑到后来的智能手机,从图形用户界面技术到硬件和软件完美结合的操作系统，从 IPOD 音乐播放器到 IPAD 平板电脑，从黑白两色的圆角矩形到无键盘无手写笔的触摸屏技术，乃至从动画电影到苹果应用软件商店 iTunes，苹果都是标新立异、独一无二的存在。随着苹果一个一个创新产品推出的，是一个一个产业的颠覆。

二是企业文化。苹果公司由一群疯狂到想要改变世界的人构成，乔布斯是核心。苹果公司的精神是挑战权威、特立独行、追求完美、誓不罢休。由技术创新驱动的战略被乔布斯概况为"非同凡想"，追求硬件与软件的完美结合，创造独一无二的用户体验，苹果的成功既可以理解为人文精神与科技创新的成功结合，也可以理解为美国"原创"文化的成功。

三是极端的人才观。在乔布斯眼里，人要么是天才，要么是"饭桶"；人们的工作成果要么是"最棒的"，要么是"完全的垃圾"，绝不妥协。在苹果公司和乔布斯共事是一项极具挑战性的工作，因为苹果公司具有对完美的极致追求和不达目的决不罢休的企业精神。乔布斯对人才有着自己的理解，他认为当你拥有真正的人才时，你不必对他们太纵容，你期待他们做出好成绩，你就能让他们做出好成绩。顶级的人才喜欢一起工作，而且不能容忍平庸的作品。

四是营销与品牌建设。苹果曾被称作科技界唯一的时尚品牌，苹果又是最不像高科技企业的企业名称。在苹果公司创立之初，乔布斯就定下了苹果的品牌理念：专注、共鸣和灌输。1984 年苹果公司的广告传递了苹果公司挑战权威的价值理念，而 1997 年则确立了"非同凡想"的核心价值观。苹果在营销上的惊人之举是在繁华地段建立了自己的零售专卖店，而不是走戴尔的直销或其他品牌的间接销售渠道。苹果并没有出现当年捷威电脑的问题，而且由于苹果专卖店的巨大成功创造了高科技产品全新的营销模式，成为 IT 界及工业界竞相效仿的对象。

三、二者兼得

实施差异化竞争战略的企业，能否同时获得成本方面的优势呢？过去，管理者经常被建议只关注某一种单一的竞争优势，而不要将战略定位于"卡在中间"的"四不像"战略。但是美国战略管理学者亚历克斯·米勒对 PIMS 数据库中的企业进行了研究，结果表明：在任一部门内，表现最优秀的公司是那些同时具备两种竞争优势的公司，如表 7-2 所示，拥有两种竞争优势的企业（高/高项）大多数会享有最强的盈利能力。而且，这些表现优秀的公司在成长性方面的表现也很优秀，就市场份额方面来说，该类企业平均每年的市场占有率将近有60%。

表7-2　竞争优势与企业盈利能力

行业部门	差异化优势	平均收益率（%）			
		低	低	高	高
	成本优势	低	高	低	高
制造业消费产品					
耐用品		14.2	20.2	21.0	38.7
非耐用品		9.7	27.0	15.0	33.2
工业产品					
资本产品		8.1	19.7	28.5	35.2
原材料或半成品		2.9	28.8	15.1	34.9
产成品零部件		10.5	22.8	29.0	38.8
消费品的供应品		14.1	33.3	31.0	38.4
服务		10.0	22.8	26.8	31.5
平均		9.5	26.2	22.0	34.7

与波特的"卡在中间"论断相反，成功实施成本领先战略和产品差异化战略经常能获得持续的竞争优势。数据和研究成果表明，企业不但可以同时追求成本领先和差异化战略，而且能够取得超过平均水平的显著绩效。对21世纪以来的企业竞争格局的演变，特别是跨国公司的全球化战略等进行分析后发现，如果一个企业试图通过差异化战略寻求建立竞争优势，那么它至少可以通过全球化和价值链分散化、复杂的社会关系以及蓝海战略所提出的价值创新等方式来降低成本，实现差异化和成本领先二者兼得。

1. 全球化和价值链分散化

全球化深刻改变了世界经济和产业竞争的格局。从技术角度来看，以互联网和计算机为基础的信息技术、无处不在的移动通信系统和高度发达的交通物流设施使生产要素和各种资源在全球范围内高效率地配置成为可能。在各国普遍化地支持自由贸易的国际大环境下，以跨国公司为代表的企业力量在开放的世界经济体系之内同时追求"成本洼地"和"价值高地"，二者兼而有之。

一般而言，实施差异化战略的企业都会面临高研发投入、高服务、高营销和高人力成本等方面的问题，这是差异化战略的内在属性决定的。为实现在产品或服务方面的独特性，企业在价值链的某一个或某几个环节上进行资源聚焦和高投入，如默沙东在疫苗研发领域的研发、英特尔在芯片上的持续技术创新、卡特皮勒公司遍布全球的服务网络等，这些企业价值链内的高强度活动无疑对企业确立竞争优势地位至关重要，也大大提高了企业的成本。在区域化制造的时代，企业的全部或大部分价值链活动，如研发、生产制造、营销与服务等活动被局限于一定的地理区域内，因而受到区域内资源条件的各种限制。比如，欧美等发达国家的人工成本高昂，很多国家面临劳动力短缺、供给不足的问题，不仅体现在低技术含量的岗位，也普遍存在于高技术含量的岗位。全球化为企业提供了解决上述问题的新途径，即通过重构企业价值链活动来降低成本。

一是直接降低人工成本。随着发达国家的人工成本上升，当面临新兴经济体产业升级所带来的价格竞争时，高昂的人工成本成为重要的制约因素。为此，跨国公司不仅通过控制企业人员规模、缩减员工数量等方式来压缩企业开支，同时也将大量耗费人工的"高服务"价值环节转移到企业之外，其中最典型的是全球化的呼叫中心。苹果、IBM、华为等公司都在全球人力资源供给丰富且低廉的地区和国家设立呼叫中心，既保证了企业服务的高质量，也大大降低了本地运营呼叫中心的高成本。

二是摒弃制造、组装等重资产价值链环节，将生产等环节放到低人工成本和劳动力丰富的地区和国家。全球制造业梯度转移是经济扩散的主要方式，也是第三世界国家承接发达国家产业转移以获得经济发展的重要方式。从跨国公司的角度来看，制造业外包实际上是摒弃重资产经营模式，把微笑曲线中的低增值环节、耗费人工且成本集中的部分从企业价值链中去掉，集中于核心优势环节。国际贸易中超过70%的交易对象是中间品而非最终产成品，这表明以产品内分工为核心特征的供应链将全球经济活动紧密地、体系化地连接为一体。强如苹果公司这样的实施差异化战略的跨国公司也将制造环节外包给富士康等在中国、印度等国家拥有丰富劳动力和制造资源的代工企业，以进一步获得成本方面的优势和更高的净利润。例如，苹果公司以占全球手机销量不到20%的份额而获得绝大部分的利润，与苹果公司专注于核心竞争优势环节，而将重资产、高成本价值活动外包密不可分。当然，并非所有的高科技公司都将制造环节"删除"转而寻求轻资产，其中有很多重要的战略性考虑，比如一些制造环节本身就是企业的核心竞争优势所在，或者企业出于核心技术专利保护的需要，担心制造外包等方式导致难以控制的技术外溢等，但在多数情况下，将制造等重资产环节外包都是重要的降低成本的途径。

三是将研发活动合理布局，将高昂的研发成本也进行合理的转移。传统上，跨国公司的研发中心都设立在高等教育资源丰富、智力资源密集的地区和国家。许多中国企业，如海尔、华为等为获得更先进的创新资源也纷纷在美国等发达国家和地区设立海外研发中心，广泛地吸纳来自世界各国的优秀人才。另外，许多跨国公司也看到了一些发展中国家，如中国、印度等在某些领域的独特优势和人才供给，纷纷在这些地区也设立研发中心或技术支持中心。这种做法既是看中了资源优势，也是出于降低综合研发成本的考虑。

在此方面，华为公司的低成本研发战略很具代表性。一方面，华为公司多年来以超乎寻常的专注力进行持续性的研发高投入。2019年，华为实现全球销售收入8588亿元，同比增长19.1%，净利润627亿元，经营活动现金流914亿元，同比增长22.4%。2019年，华为持续投入技术创新与研究，研发费用达1317亿元，占全年销售收入的15.3%。另一方面，华为研发的成本相对较低。在中国，仅以美国硅谷1/5的人力资源成本即可获得高科技人才，而思科的研发成本比华为高4~5倍，华为的产品价格比思科产品价格低30%左右。

四是把其他价值链活动也进行全球布局，以求靠近销售市场或靠近低成本资源供给地。例如，IBM通过实施全球整合战略，将IBM在世界各地的数据中心从155个减少到6个；财务系统从16000个减少到4100个；采购中心从300个减少到3个。其结果是IBM的公司总部在美国纽约，全球支付中心位于远在万里之遥的中国上海，全球采购中心在中国深圳，全球财务中心在马来西亚的吉隆坡，全球人力资源中心在菲律宾马尼拉，全球客户服务中心在澳大利亚布里斯班，研发中心在中国、瑞士、日本、印度等六个国家，它们共同组成了IBM的运营核心。通过全球整合战略，许多跨国公司重构了价值链，彻底地将企业内部的价值活动分散化，并依靠网络、通信和物流等技术支持在效率与成本之间重新找到了平衡，进而更为彻底地解决了成本问题。

根据世贸组织发布的报告，超过2/3的世界贸易是通过全球价值链进行的，在全球价值链中，生产在最终组装之前至少跨越一个边界，通常是多个边界。在过去 20 年中，全球价值链相关贸易的显著增长，在运输和通信成本降低以及贸易壁垒减少的推动下，转化为全球许多国家的显著经济增长。报告认同了"虽然一些行业因竞争加剧而收缩，但其他行业则因全球价值链联系带来的成本节约而扩张"的观点。

2. 企业与员工关系

差异化越来越难，这是越来越多企业的共识。信息的快速流动和无处不在的竞争，以及消费者需求的快速多变，都使得企业在塑造独特性方面面临着前所未有的难度。在一个区域市场上保持产品与服务的独特性是相对容易的，但在全球化竞争的背景下，消费者对于"好产品"和"不好的产品"的评价标准迅速趋同，独特性很难维持。跨国公司的全球化价值链和供应链战略在一定程度上促进了知识溢出和技术转移，促使新兴经济体中的企业通过学习和模仿等后发优势在某些领域实现了追赶与超越，从而导致市场竞争的主体不断增多，竞争更加激烈。

此外，当下的技术创新呈现了系统性创新、集成性创新和复杂系统创新的鲜明特征，仅凭一家企业在产品实现的所有环节上实现技术突破几乎没有可能，产业中的重大创新几乎都是多家企业共同协作的结果。在产业中，众多势均力敌的竞争对手需要比以往付出更大的努力才能够在产品和服务方面做出特色来。目前，在手机产业，市场上主流的智能手机品牌，从外观到性能已经没有明显的差异；在汽车产业，所有的汽车厂家都在追求发动机效率，都在关注外观设计，都在燃油经济性和车辆性能方面不断改进，乘用车的差异也越来越小，除了品牌以外，只剩下了心理和感觉上的差异。

既然差异化越来越难，那么在差异化的同时追求低成本就更是难上加难。实施差异化战略的公司需要利用组织工具来鼓励员工的创造性、敢于冒险和敢于打破常规的精神，从而能够开发出新的具有独特性的产品并将其推向市场。但是，这些要求与低成本所需要的严格且规范的组织管理、高效率的生产运作、精细化的管理和相对简单的组织架构等要求是相互矛盾的，或者至少在某些方面是有冲突的。因此，如果企业不寻求通过价值链重构和外包的方式来降低运营成本，而执意要将制造环节保留并作为企业竞争优势的来源，那只能另辟蹊径去降本增效。

全球化和价值链分散化是从相对宏观和技术的角度来降低成本的途径，

有些企业则基于组织与利益相关者的特殊关系建立了成本优势。在汽车产业，一些公司实施差异化战略，在形成高市场份额的同时实现低成本，原因是公司在处理实施成本领先战略和产品差异化战略发生的冲突时形成了特殊的技能。

美国一些研究者对于全球汽车生产的调查解释了这些特殊技能。汽车生产的传统做法是工厂或者通过增加产品线的宽度和规模化生产来降低生产成本，或者通过减少产品组合、注重团队生产来提高汽车的质量。总之，人们普遍认为工厂不能同时生产低成本和高差异化的汽车。

麻省理工学院的研究人员给汽车生产厂的成本和质量建立了严格的测量标准，然后将这些标准运用到全球生产中档轿车的70家汽车生产商中。他们发现，在调查期间，全球有6家工厂生产成本非常低并且质量很高的汽车。

在考察这6家工厂与其他的工厂不同时，研究人员识别出了生产政策、管理实践和文化差异。首先，这6家工厂拥有足够好的自动机械、激光导向喷涂机器等生产技术硬件，然而，生产硬件本身不足以使这些工厂与众不同。其次，这些工厂实施大量高参与的、集体管理的技术等政策和程序，包括参与管理、质量圈、团队生产和质量管理等。同样重要的是，这些工厂的雇员都对所工作的工厂有忠诚感和信任感——相信他们会被工厂的经理们同等对待。调查显示，公司能同时实施成本领先战略和产品差异化战略，取决于公司会管理隐藏在这两个战略内部的冲突，而对这些冲突的管理取决于雇员之间、雇员和使用的技术之间，以及雇员和他们所工作的工厂之间的复杂社会关系。这些关系不但很有价值，而且具有社会复杂性，因此模仿的代价很高，是公司持续竞争优势的一种来源。目前，即使波特也不再持最初的"卡在中间"论断，并开始认为低成本公司必须有产品差异化的竞争水平才能生存，产品差异化的公司必须有低成本的竞争力才能生存。

京瓷公司在应用陶瓷技术方面处于世界领先地位，它也是日本通信产业中的一家大型公司。在许多领域，如电子、照明设备配件、工具设备等，京瓷在全世界都有很强的竞争力。公司十年如一日地表现出良好的财务状况。公司的成功归结于在文化、领导、组织结构和公司战略方面的出类拔萃以及矛盾的糅合。京瓷是实施差异化竞争战略的公司，京瓷高技术含量的陶瓷是传统的陶瓷产品难以企及的。公司的绝大多数产品都非常复杂，并将人工材料高度提纯。陶瓷产品的范围包括金属切割物、人造珠宝、需要磨尖的剪子和刀具、加热物品、人造关节和牙齿、发动机部件、温度计以及传真机的打印头。公司最大的成功就是为集成电路板生产陶瓷元件。京瓷占领了集成电路陶瓷元件全球市场65%的份额。这些元件上面插有灵敏的半导体薄片,保护它们远离任何热源。

在长期保持差异化战略的同时,京瓷大批量生产元件的专有技术成本非常低,而且质量很高,这种专有技术可以长期为公司保有。正如一位行业观察家所解释的那样:"在像陶瓷这样的行业中,企业越大越好。你生产的产品越多,你学到的经验就越多,掌握这些知识反过来用于生产线,就能使你提高质量,降低成本。"但是,也有学者从创始人稻盛和夫以及京瓷集团独特的企业文化角度,去解释公司能够同时追求差异化和低成本战略的原因。

京瓷独特的企业文化源于40多年前由稻盛和夫建立的小型组织。这种文化由稻盛和夫的哲学和他的领导地位逐渐熏陶而成。公司组织中的成员每天早上都要抽出10分钟的时间,在稻盛和夫的带领下接受体能锻炼。另一件从京瓷早年延续下来的产物就是延长工时的管理文化。京瓷公司的绝大多数人一开始进入公司每天都要工作15~16小时,星期六也不例外。虽然现在工作时间逐渐减少,但专业人员每天仍工作12小时。社会评论家曾经尖锐地批评京瓷的这种规定,他们认为工作的时间太长了。但是,京瓷的管理人员这样回答他们:"你可以把他们当作工作狂,但是,你知道有几个人不努力工作就取得了成功?"

稻盛和夫坚持认为,成功来自对崇高使命的献身精神,而绝非自私自利。他为京瓷的员工建立了和一般日本企业不同的报酬体系。注重团队精神和集体利益是京瓷文化的特色,公司坚持"拥有较强能力的个人应当把他们的能力贡献给群体利益"的导向,表现突出的员工或领导并没有得到额外的报酬,但是他们可以在提升方面多得一些分数。

稻盛和夫也在一直寻找方法消除组织层级之间的屏障,并培养员工的忠诚度。在日本,京瓷的高级管理人员和最底层的员工穿着同样朴素的芹菜绿的工作服。稻盛和夫定期参加京瓷内部工人和管理者的卡拉OK,公司把员工的忠诚度激励到整个日本企业都无法匹敌的水平。在20世纪70年代的石油危机期间,工会甚至建议冻结工资,以此提高公司的竞争力。作为对员工合作的回报,公司几乎从不解雇员工。在繁荣时期,公司不增加工人,主要依赖现有员工加班满足要求;当人员需求降低时,多余的工人将拿着公司提供的扫帚和粉刷，在工厂内继续工作。

可以说，员工的献身精神、对企业的忠诚度和相互依赖关系，以及团队合作、终身雇佣制度等都对京瓷公司在追求技术创新战略的同时实现更低的成本起到了重要作用。

3. 供应链合作伙伴关系

低成本竞争优势也可以来自企业与外部组织之间的某种联系，这种联系是复杂且无形的，比如企业与供应链企业之间所结成的战略合作伙伴关系。

供应链合作伙伴关系是基于信任、承诺和相互依赖的特殊关系。供应链关系是介于完全市场和内部层级管理之间的第三种关系，是许多企业确立竞争优势的重要来源。从已有的企业研究成果来看，供应链关系在多个方面起到了降低差异化成本的作用。

（1）供应链关系首先降低了交易成本。与更少的供应商和客户开展更为持久的采购与供应活动简化了复杂的供应商管理系统，减少搜寻供应商的成本，降低与供应商或客户管理相关的组织、人工成本。此外，相互信任与承诺以及长期交易导向也在很大程度上减少了"零和博弈"，有效降低了供应活动中的机会主义行为和道德风险，使企业综合运营的成本降低。

（2）实现低成本和快速响应。通过信息的及时传递和共享、物流与生产的协同等活动，在降低物流成本、制造过程成本的同时，实现对市场和客户需求的快速响应，更有助于企业塑造差异化的竞争优势。宝洁公司与沃尔玛结成了紧密的供应链合作关系，宝洁公司通过及时获取沃尔玛的 GPS 物流系统、超市商品管理信息系统的电子数据信息，来及时响应产品在超市货架上的销售变化，更快地调整产品的市场营销和生产组织活动。丰田汽车则在供应商的协同配合下建立了及时制造、零库存和精益生产体系，并通过开展"最佳实践活动"等协助供应商解决各类问题，提升供应商能力。

根据埃森哲的研究数据，实施供应链管理可以将运输成本降低 5%~15%，将整个供应链的运作费用降低 10%~25%。在制造业，美国和欧洲实施供应链管理和物流外包的企业，成本降低幅度美国为 7.4%、欧洲为 10.4%。此外，生产过程采用供应链管理，可以使中型企业的增值生产率提高 10%以上，绩优企业资产运营绩效提高 15%~20%。

（3）降低其他价值链活动的成本。对实施差异化竞争战略的企业而言，高强度的技术研发和高服务往往必不可少，如何快速推出新技术和新产品是战略制胜的关键。在很多产业，不论是高科技领域还是汽车等传统产业，企业的研发和技术创新活动越来越依赖供应链合作伙伴的创新推动。在外部资源协作研发领域，供应链协同研发是与产学研协作研发具有类似作用的重要创新形式，具有独特的优势。与产学研创新方式相比，供应链协同创新的主体是在供应链上具有显著相关性的上下游节点企业，因而在知识资源相关性、匹配性和异质性等方面具有十分突出的优势。比如，供应链合作伙伴之间的知识流动和共享，以及跨越组织边界的知识协同活动在促进企业技术创新的同时，也降低了新产品开发的周期和研发成本。

在产业界，众多世界知名企业高度关注供应链知识协作，并从中获得了巨大的收益。作为供应商开发的先行者，本田公司产品价值的85%依赖供应商的技术资源和能力。为确保强有力的关系承诺，本田公司与供应商共享其发动机核心技术，以帮助供应商提高部件质量、缩短供货周期和降低成本，这使得本田的产品质量水平获得30%以上的提升，劳动生产率则提升50%。宝洁公司接近一半的创新灵感来自外部，2009年宝洁公司从外部供应链合作伙伴处获取了42%的产品创新灵感，而在2000年这一数字只有10%。

如果总结中国民营企业的竞争战略，就会更加深刻地理解同时追求低成本与差异化的意义所在。华为、比亚迪等所代表的中国民营企业，几乎都是从简单模仿开始，以低成本竞争起步。随着企业资源和实力的逐步积累，特别是在产品和技术创新领域持续的专注与高投入，这些民营企业的生存与发展状况有了质的飞跃。一些民营企业拥有了产业领先的核心技术和产品，能够整合全球范围内的供应链资源，成为提供最终产品品牌的集成商。比如巅峰时期的华为智能手机产品的全球市场占有率领先，5G移动通信技术世界领先；而2022年后比亚迪也实现了全球新能源汽车销冠。华为和比亚迪等中国民营企业的价值链跃升之路异常艰辛，但其竞争战略的演进轨迹都可以概括为在低成本基础上追求差异化，或者在差异化基础上力求低成本。

中国民营企业能够同时追求成本领先和差异化竞争战略的原因同样复杂且极具个性化，一个重要的方面是中国具有丰富且相对低廉的劳动力供给，但更为重要的是，跨国公司全球化价值链所带来的知识溢出和技术扩散效应，使中国民营企业在模仿创新之上的自主研发和再创新具备了后发优势。反过来，具有差异化竞争优势的企业主动构建属于自己的全球化供应链体系，同样利用分散化的价值链网络降低生产、研发、物流等方面的成本。此外，独特的企业文化、独特的企业与员工的关系等复杂社会关系因素也是企业获得低成本竞争优势的来源。

四、蓝海战略的价值创新

全球化价值链通过重构价值活动追求差异化和低成本，供应链合作伙伴关系则通过改变企业与利益相关者之间的相互联系、建立复杂成本优势来获得差异化，但蓝海战略则主张从产品本身入手，通过价值创新而不是技术创新，将两种优势结合在一起。蓝海战略提供了新的思路。

蓝海战略所谓的价值创新是将产品本身作为成本与价值分析的对象，从需求端而非从竞争端出发，通过产品提供给消费者的价值元素的重新排列组合来创新产品，扩大市场边界，从而开创蓝海。蓝海战略认为，可以通过价值元素的重新排列组合来将差异化和低成本相结合。比如，太阳马戏团剔除了动物表演、驯兽师和马戏明星等传统且成本最高的节目，保留了帐篷元素，但重新设计了舒适的表演场所，引入了戏剧元素，让马戏表演讲述一个完整的故事情节，改造了小丑元素，使其成为优雅的小丑形象等，从而将成年人和商业人士纳入了马戏消费群体，重建了市场边界，实现了客户价值的创新；黄尾葡萄酒则剔除了葡萄酒的复杂工艺、难以理解的单宁等专业工艺术语、酒庄的品牌声誉以及让消费者难以把握的品酒程序等元素，增加了易于饮用、有趣、口感简单等元素，从而将葡萄酒拓展到轻度含酒精饮料的市场中，打开了娱乐场所酒水饮料的巨大市场。黄尾葡萄酒在获得了差异化竞争优势的同时，也由于剔除了大多数耗费成本的传统葡萄酒价值元素而实现了低成本。

总结蓝海战略的价值创新，有以下几个方面的属性：

（1）从产品本身入手，而不是从外部或内部的其他途径来降低成本。

（2）通过价值元素的重新组合来寻求降低成本的方法和途径。

（3）并不依赖技术创新的途径来推出新产品，因此大幅降低实施差异化竞争战略企业的技术研发投入成本。

从战略竞争的高度，蓝海战略的价值创新思想和方法也存在一些难以克服的缺陷，主要体现在：一是蓝海战略不依赖技术创新推出新产品，难以形成高的竞争壁垒，导致其提出的价值创新很容易被竞争对手模仿，迅速进入的竞争对手可能使开创的蓝海变为红海；二是基于客户需求的价值创新在很多情形下需要接受市场的检验，剔除的元素或增加的元素能否被消费者接受是高度不确定的，很有可能是企业的一厢情愿；三是蓝海战略的价值创新既没有考虑产业结构的因素，也没有基于资源与能力的视角，因而其开创的蓝海也罢，低成本和差异化结合也罢，都很难形成持久的竞争优势和持续性的战略模式。实际上，也正如蓝海战略的提出者所认为的那样，开创蓝海的既有大企业，也有名不见经传的小企业。著名的畅销书《追求卓越》出版5年后，该书认定的模范企业中，有2/3都从产业领袖的高位上跌下。这些都充分地说明，成功的蓝海战略是一种快速崛起，也迅速消失的竞争理论。

专题八
相关多元化与非相关多元化

多元化是英语中最危险的词汇。

无论是世界500强企业，还是中小型企业，多数企业都选择多元化发展作为自己的战略，这是不争的事实。在企业战略中，多元化是比纵向一体化、集中生产单一产品和服务更容易被企业接受的战略类型，尽管多元化战略面临更高的管理难度。

一、多元化战略的动机

企业为什么选择多元化战略？最普遍的解释是多元化战略分散经营风险，实现了"不要把鸡蛋放到一个篮子里"的组合。如果企业有两个以上来自不同领域的战略经营单位，那么这些单位就处于相对不同的宏观环境和产业环境中。一般而言，竞争环境的恶化和经济周期的影响不会同时发生在所有的产业，因而也就不会一荣俱荣、一损俱损。

例如，一家生产磷酸铁锂电池的企业同时经营着房地产开发项目，二者之间几乎没有直接的联系。当房地产行业受到宏观政策的影响而面临营收的压力时，可能磷酸铁锂电池的业务依然保持良好的业绩。特别地，如果企业拥有特定的业务组合，那么在竞争环境波动的时候，可能会收到意想不到的对冲效果——某个业务亏损的同时，另一个业务却能获得高盈利。

战略经营单位的业务组合分析也可以解释企业多元化战略带来的好处，比如波士顿矩阵（BCG矩阵），如图8-1所示。BCG矩阵是广为接受的战略分析工具，用于拥有多个业务组合的战略分析。在BCG矩阵中，通过相对市场占有率和行业市场增长率两个指标将企业的所有业务单元分为金牛、明星、幼童和瘦狗四类。相对市场占有率指标反映了业务在市场中的竞争地位，而行业市场增长率指标则反映了业务所在行业的成长性或发展阶段，多数处于孕育、成长阶段的行业都具有高增长率且竞争对手相对较少。

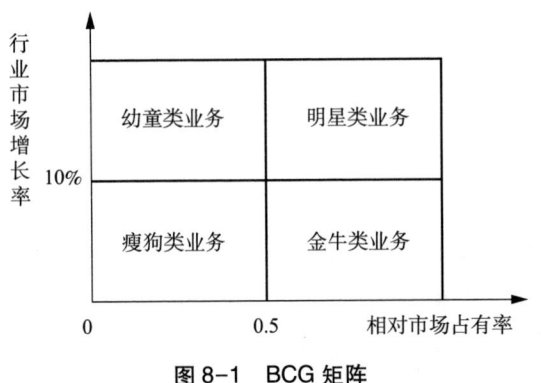

图 8-1 BCG 矩阵

对于多元化经营的企业而言，由于业务所在行业的发展阶段、竞争结构以及企业的资源和能力属性的差异，其所拥有的业务呈现不同的状态。不同的战略经营单位产生现金的能力差异极大，某些业务可以产生高于自身运营所需的现金，某些业务入不敷出。因此，管理多元化企业的重点是如何有效地平衡各战略经营单位间的现金流量。经理人将资金生产的业务与资金耗用的业务相结合，则能够满足双方的需要。比如，金牛类业务处于成熟的产业之中，盈利能力强、竞争优势稳定，但成长性差；明星类业务处于快速增长的产业，竞争优势强且成长性好；而瘦狗类业务则位于衰退的产业之中，竞争优势弱且成长性差。按照BCG矩阵分析的观点，平衡的业务组合才是理想的业务组合。如果多元化经营的企业能够通过合理的投资方案实现平衡的业务组合，则能有效地平衡各个战略经营单位之间的资金供给与需求，不仅实现了现金流的平衡，也能有效化解经营风险。

例如，金牛业务尽管在当下能够稳定地提供现金回报，但企业未雨绸缪，通过前瞻性的投资进入具有高成长性的业务领域，培育了新的增长点，实现了持续性的盈利，也避免了陷入业务衰退或亏损的不利局面。对于多元化经营的企业而言，BCG矩阵的分析结论具有指导价值。企业在规划业务组合时应维持足够的金牛类业务，引入、培育适量的明星业务，努力转化部分的幼童类业务，坚决地淘汰瘦狗类业务，实现合理平衡的业务组合。

多元化经营是给企业的资源和能力"加杠杆"。"杠杆"一词来源于物理学领域，现代经济学特别是金融学引入了"杠杆"概念，使"杠杆"成为一个重要的金融术语。使用金融杠杆工具，可以起到放大投资的效用，投资的收益和损失都会以一个固定的比例增加。多元化可以被视为企业延伸资源与能力的使用范畴，通过"杠杆"撬动另一个业务板块以实现企业成长。一些企业追求多元化经营的内在原因是资源与能力的积累，外在原因则是出现合适的投资机会。过剩的资源、对自身能力的自信都促使企业延伸资源与能力杠杆，尝试进入和以前的业务不同的领域。多元化杠杆是企业扩大规模、迅速成长的重要方式，如同金融杠杆一样，合理的杠杆能够起到事半功倍的效用，但过度的杠杆则会超出企业的能力边界，带来不必要的经营风险。很多多元化战略失败的案例也充分说明，过度多元化就是过度杠杆，是经营风险的重要来源。关于这一话题，在后面的内容中将详细探讨。

那么，追求多元化的股东或投资者一定要通过经营实体的多元化来实现吗？那也未必。对投资人而言，如果有足够的资金，不一定要亲自操作一个企业的生产经营，而可以通过资本市场上资金的多元化配置来实现。比如，如果你是一家企业的投资人并且有充裕的资金来源，那么可以通过在股票市场上以投资入股的方式实现资产的多元化配置目标，这样可以在分散自己的资产风险的同时获得多样化的收入来源，而不必一定完全拥有该项资产或实际运营该企业。通过股票组合来实现多元化具有很多好处，比如投资人可以避开公司经理人而独立地获得许多同公司多元化有关的利益。而且，这些股权投资者几乎不用付出任何成本就可以实现这些目标。在这种情况下，投资人没有任何经济上的原因去雇用经理人来管理公司的多元化业务，特别是当构建一个多元化的公司需要付出高昂的代价的时候。

相反，从公司外部股东的观点来看，当出现以下情况时，会追求将业务纳入企业边界之内，通过层级治理来实现多元化经营目标：一是当这些投资者拥有多元化股票组合的成本过高；二是企业对自身的能力有足够的自信，认为延伸能力杠杆、将目标业务纳入企业边界之内能够提升原有业务的效率，实现更高的价值回报；三是要实现多元化战略目标需要额外的特定交易投资，企业需要雇用职业经理人对新业务实施层级治理的方式，才能更好地理解、执行这种特定交易投资；四是企业对多元化业务有强烈的控制动机，对原有的治理方式缺乏信心以及对机会主义行为的担心等。

二、多元化与范围经济性

除了平衡现金流、维持成长以及分散经营风险，获得范围经济性也是多元化战略的经济学解释。所谓范围经济性，是指将两个以上的业务置于一家公司的层级治理所带来的收益要大于这些业务分开经营所带来的总收益，即"1+1>2"。采用技术经济分析中的净现值（NPV）概念可以直观地反映这种范围经济性，如下式所示：

$$\text{NPV}(B_1+B_2+\cdots+B_n) > \text{NPV}(B_1)+\text{NPV}(B_2)+\cdots+\text{NPV}(B_n)$$

在上式中，假定有 n 个业务，分别用 B_1，B_2，$\cdots$，B_n 来表示；$\text{NPV}(B_n)$ 是各个业务独立产生现金流的净现值；将所有业务由一家企业来经营所产生现金流的净现值是 $\text{NPV}(B_1+B_2+\cdots+B_n)$。范围经济性要表达的是将所有业务放在一起经营所能够产生的净现值要大于这些业务单独经营所产生的净现值。

为什么能够产生范围经济性？一定是两种及两种以上的业务单位组合在一起的情况下产生了某种内在联系，而这种内在联系起到了降低成本、提高效率的作用。试想，如果二者之间没有一种"化学反应"，那么如何能够在不改变业务各自内涵的情况下使成本降低呢？

范围经济性只存在于相关多元化战略，还是也会存在于非相关多元化战略呢？简单地说，所谓相关多元化，是指在价值链的一个或多个环节上存在某种联系的业务，比如一家生产电冰箱的企业，同时也生产空调、洗衣机等家电产品，如海尔集团；所谓非相关多元化，则是指在价值链上没有相关性的业务，如一家房地产企业涉足娱乐产业、新能源汽车制造业，它的公司战略就是非相关多元化的。也有一些观点是从收入来源比例的角度来划分相关和非相关多元化。比如，如果一个公司小于70%的销售收入来自同一种业务，并且各种业务是相互联系的，那么，该公司就在实施一种相关多元化的公司战略。相反，如果一个公司的单一业务生成的销售收入小于销售总额的70%，并且该公司的各种业务之间没有或者具有很少的相互联系，那么，该公司就是在追求一种非相关多元化战略。换言之，按照收入来源比例划分的观点，如果一家企业超过70%以上的销售收入来自同一个业务，则可以认定该公司不是一家典型的多元化经营的企业，大概率是一家集中生产单一产品或服务的企业。

支持非相关多元化战略也会产生范围经济性的研究者认为，即使是毫不相干的战略经营单位之间也至少可以共享一个具有影响力的品牌，或者企业可以将经过验证的高效率管理经验和管理团队"杠杆"延伸到新的战略经营单位，同样可以实现范围经济。这一类的支持者经常举出李嘉诚的案例，来支持非相关多元化战略的优势。的确，李嘉诚所管理的长江实业是非常广泛且典型的非相关多元化公司，且是运营非常成功的非相关多元化公司。但是，对长江实业的案例进行深入研究后发现，公司非相关多元化的成功恰恰是在遵循非相关业务各自内在发展规律的基础上取得的，而不是将公司品牌和核心竞争优势的过分拓展。

将公司的品牌、核心管理经验和团队在非相关产业领域的拓展是多元化"过度杠杆"的体现。或许有一些人多少有些疑问，为什么一家在某一个领域非常成功的企业不能将其品牌延伸至一个毫不相关的产品上呢？比如，自2022年起就炒作得沸沸扬扬的"华为造车"话题。华为要不要造车，能不能造车，这是一个战略决策，也是一个非相关多元化战略选择问题。在此，站在华为的角度，运用多元化战略的有关理论来做一下分析。

首先，华为是一个依靠专注于通信设备制造、从零开始白手起家的创业型公司。2015年，任正非总结华为的成功是"28年只对准一个城墙口冲锋……，坚持只做一件事，在一个方面做大。华为只有几十人的时候就对着一个'城墙口'进攻，几百人、几万人的时候也是对着这个'城墙口'进攻，现在十几万人还是对着这个'城墙口'冲锋"。华为的成功是坚持与执着的企业家精神的成功，是使命感的胜利。对于经历过艰难创业并最终成为世界领先企业的企业家而言，任正非深谙华为的成功之道。如果在汽车这样一个非相关且同样是万亿级别的复杂产业中取得成功，专注同样是必不可少的。在华为内部，越是没有经历华为从无到有创业过程的人越有可能支持华为造车，而经历这一切的人却选择相对保守，比如激进的余承东和冷静的任正非。

其次，华为是一个"数一数二的企业"。数一数二是通用电气的前CEO韦尔奇为通用电气的战略业务所制定的标准：通用电气的每一个战略经营单位（SBU）要么成为行业的第一或第二，要么砍掉。在这种高压政策下，韦尔奇在任后的10年，是通用电气发展最为辉煌的10年，通用电气的每一个战略经营单位要么已经成为行业的第一或者第二，要么正在成为第一或第二的路上。华为同样如此。华为的性格是追求第一的性格，有登上群山之巅一览众山小的气魄。那么在当前的汽车市场，或者在新能源汽车如火如荼发展的市场上，华为能够做到第一或者第二吗？

最后，芯片等领域的封锁是试图去除华为核心竞争优势或者阻滞华为技术创新进步的重大战略威胁。在手机业务受到巨大损失的情况下，华为的确在多方拓展新的业务领域以求生存与发展，为以 5G 技术为核心的产品寻找新的应用场景是华为迄今为止的重大举措且将会一直持续深化下去。由此引发了关注华为的"粉丝"的极大热情，很多人纷纷建言献策，希望华为进入汽车制造领域，从而打造出中国制造在又一个领域的成功奇迹。但是，在此特殊时期，华为真正要做的是在重大挫折之下的调整与重新聚焦，是在受到巨大打击和新的全球化环境下原有核心竞争优势的重塑，而不是品牌和核心竞争优势的杠杆延伸。因此，华为更应该坚守其主业，下定决心解决当前核心技术难题，在通信产品相关领域内谨慎拓展。2023 年 8 月，华为推出搭载最新 5G 麒麟芯片的 Mate 60 系列手机，再一次表明了华为回归核心业务的战略意图。

当然，如果华为造车，发力点绝不是在传统领域而是在智能化领域，在汽车智能化领域，华为具有明显的竞争优势。不论是传统汽车还是新能源汽车，未来产业竞争的焦点都在智能化方向。在传统汽车时代，汽车与通信产品，如手机等虽然都属于工业时代的产物，但有着很多本质上的区别。从消费者的视角来看，汽车是特殊的消费产品，对这种产品"好与坏"的评价严重依赖使用者的实际操作体验，也就是驾驶体验。汽车是"操作型产品"而不是简单的使用型产品，汽车的驾驶体验和驾驶者有着千丝万缕的联系。这些千差万别的驾驶体验会产生差异性非常大的消费评价，这也是在汽车产业发展过程中，几乎所有产品的性能都是众说纷纭、难以达成一致的深层原因。与汽车相比，手机尽管也存在操作者的问题，但是绝大多数问题都可以通过优化用户使用界面的方式来得到有效解决，如针对视力不好的使用者可以通过屏幕缩放字体的方式来改善。

但是在智能驾驶和辅助驾驶将汽车驾驶体验转变为"手机操作"的阶段，汽车驾驶将越来越不依赖驾驶者的技能而成了类似手机的指尖操作，比如极端的无人驾驶，汽车也就进化成为类似的"智能手机"玩具。智能化将完全颠覆对传统汽车的认知，物联网、人工智能等新技术的加入都将以难以想象的速度加速智能汽车的迭代升级，而华为在此领域完全可以大有作为。但就产业切入方式而言，成为汽车产业供应链的集成商和最终品牌的提供者，还是类似于高通等成为智能化汽车产业链内举足轻重的节点供应商和隐形冠军，本书认为后者更具有战略操作性。换一种思路，即使华为要造车，也可以以战略合作者的方式参与已有汽车品牌的业务之中，如当下华为与赛力斯的合作。

当然，笔者不是持绝对观点的人，这个世界本来也没有什么绝对的事，也许有一天华为可能会造车，但笔者相信那一天一定是任正非不再对华为施加决定性影响力的一天。

相关多元化的范围经济性可以在多个方面得到体现，如表8-1所示。范围经济性来源于组合单元之间的互动和联系，这种互动和联系以共享资源和能力的形式表现出来。根据价值链的有关理论和多元化战略的实际，共享主要分为三大类：

- 企业资源与能力共享：核心竞争力、品牌的共享。
- 基础性活动共享：物流、生产运作、营销、服务等的共享。
- 支持性活动共享：公司基础设施、采购与供应、研究与开发等的共享。

表8-1 范围经济性的来源

范围经济性的来源	共享的要素
企业资源与能力共享	核心竞争力
	品牌
基础性活动共享	物流
	生产运作
	营销
	服务
支持性活动共享	公司基础设施
	采购与供应
	研究与开发

1. 企业资源与能力共享

此处所说的企业资源与能力共享特指无形资源和能力的共享，主要包括核心竞争力共享和品牌共享。

核心竞争力是范围经济的一个重要源泉。核心竞争力的共享是在具体活动之上，是企业经营性无形资源的共享。按照"核心竞争力"这一概念提出者普拉哈德和哈默的观点，核心竞争力是企业的积累性学识，特别是如何协调各种生产技能和整合各种技术流的能力。具体而言，核心竞争力是企业开发独特技术、创造独特产品和发展独特营销手段的能力。

对于一家公司而言，能够拥有某种核心竞争力是长期培育的结果，需要付出巨大的努力，因而当它思考要进入一个什么样的多元化领域的时候，能够利用业已形成的核心竞争力是优先考虑的选项。要理解多元化战略中的核心竞争力共享，就必须理解核心竞争力的形成过程。通常情况下，多数公司都是由单一业务发展起来的，如果一个多元化公司在开发原有业务上具有竞争优势，那么它将比一个没有这种优势的公司具有更低的成本，或者比一个缺乏这种优势的公司具有更高的收入。一个追求利润最大化的公司将会在它具有竞争优势的业务中开展经营。因此，如果一家公司要进入新的业务领域，那么首选业务应该是那些能够同公司的原有业务共享相同的资源和能力，并且能够保持这种资源和能力的重要性、稀缺性和难以模仿性特征的业务。相应地，这个多元化战略也就要求公司投资于一个与公司的原有业务高度相关的业务，以便于两种业务共享相同的资源和能力。

由于价值链上具有相关性或者在产业内在属性上具有共性，相关多元化的业务之间可以共享企业的核心竞争力。一个公司把技术知识、管理知识、经验和智慧从原有业务上传递到新的多元化业务上，核心竞争力所带来的范围经济性就产生了。在任何一种情况下，同没有这些核心竞争力的公司相比，这些核心竞争力能使公司在把一项新业务导入多元化组合方面具有更低的成本或者获得更高的收入。

例如，华为公司在5G通信领域的核心技术优势帮助公司进入智能手机制造、民用通信设备和企业级应用场景等领域，这些产品和服务都基于相同的技术背景。前面的专题介绍了美国W. L. Gore联合有限公司的案例，该公司的产业涵盖工业与民用电缆、医疗器材和服装等领域，看似非相关多元化，但实质上是一家相关多元化的企业。公司的核心竞争优势是创新性地开发了聚四氟乙烯的合成材料，公司所有的产品都是在共享其核心技术的基础上开发而成的。比如，聚四氟乙烯是Gore公司电缆和医疗器材的主要材料；此外，使用聚四氟乙烯涂层材料制成的织物是优良的防水、防风与透气的户外服装，产品在运动、军事、探险与户外等多个领域销售。核心竞争优势在多元化战略上的杠杆延伸帮助企业在多个相关领域内获得成功。

索尼公司在微型化领域的创新能力使其在20世纪推出的所有消费电子产品领域都获得了巨大的成功，从随身听CD播放机、摄录像机到游戏机产品，为日本产品的精良设计、轻巧外观和优良性能赢得了世界声誉，是日货横扫全球的先锋。

3M公司在层压板、黏合剂和涂料产品上具有核心竞争力。多年来，3M

公司已经把这些资源和能力应用到一系列的产品当中,包括粘贴式笔记本、磁性胶带、感光胶片、压力感应胶带和涂层研磨剂等。这些不同业务都依赖在层压板、黏合剂和涂层产品上的同一组核心资源和能力。本田公司生产和销售的豪华汽车、摩托车、割草机和便携式发电机的一系列产品,都依赖其在发动机等方面的核心竞争力。

这些案例都充分说明共享核心竞争力带来价值。当一个多元化公司探索核心竞争力的时候,每种业务的经营活动都会受到从先前的业务中所积累起来的知识、经验和智慧的影响。

非相关多元化是否也能够像相关多元化一样共享企业的核心竞争力呢?多数情况下共享是困难的。首先,核心竞争力的共享需要具备一些基础条件,如业务属性上的共性、价值链上的相关性等,如果不具备共性和相关性条件则很难实现共享。比如,一家在餐饮行业拥有核心竞争力的企业如果要进入智能手机制造产业,则很大可能无法共享其核心竞争力。海底捞是近几年崛起的国内首个年销售收入超过300亿元的火锅餐饮企业,关于其核心竞争力的研究众说纷纭,很多研究者认为是服务,而创始人张勇则认为海底捞的核心竞争力是人,实质上是企业的人力资源管理和企业文化。但不论是服务还是人资管理,都与特定产业的属性密切相关。如果现在有人建议海底捞投资于高科技领域的智能手机制造,那么企业原有的核心竞争力则很难共享到新的产业中。其次,缺乏业务共性和价值链上的相互联系,使核心竞争力的共享没有桥梁和纽带。对于多种非相关业务的战略管理,公司需要做的是了解并掌握这些业务主要经济活动的规律并做出关于未来应该是什么样的最佳假设,并学会在多种不相关业务之间实现资源的平衡,即接受各个业务的核心过程独立运行、无法共享核心竞争力的现实,发展稀缺的、良好的战略管控能力才是战略成功的关键所在。

那么品牌能够在公司的非相关多元化业务之间实现共享吗?将品牌延伸至非相关多元化业务之上是企业对原有品牌施加"杠杆",扩大品牌覆盖范围和影响力。如果今天海底捞的品牌延伸到食品制造和销售的领域,消费者不会感到惊奇,并有很大的可能乐见其成。但是,如果一家饲料生产企业通过并购一家乳品制造企业从而进入奶制品行业,同时继续沿用原有品牌的话,则很有可能会对双方都造成损失。对世界各国的产业头部企业的品牌管理进行研究后发现,这些在各自领域内举足轻重的领导品牌在将品牌向外拓展的过程中反而异常谨慎,而不是无所顾忌。奔驰和宝马是德国汽车产业和世界汽车产业的龙头，但在将品牌延伸至服务业或其他制造业领域这一原则性问题上，两家企业都是保守的。将原有品牌延伸至非相关多元化的业务上，无疑是对品牌施加的"过度杠杆"。

实际上，很多企业在通过参股、控股的方式进入非相关多元化产业时，往往建立品牌区隔制度，或者建立多个子品牌制度，而不是将品牌无限度地延伸与拓展。但是，国内也有企业在多元化过程中始终使用一个品牌，比如恒大集团的品牌属于房地产品牌，但在跨界进入足球、娱乐、纯净水及粮油等产业的过程中，一直沿用恒大品牌，比如恒大足球、恒大冰泉、恒大粮油等。但是，上述产业有的一直没有真正成长起来，有的中间波折不断，无疑这些不成功的非相关多元化运作都会对恒大的品牌产生影响。恒大品牌扩展到一些简单产品和体育娱乐产业中尚可以接受，但延伸到新能源汽车制造的领域则完全是施加了品牌的过度杠杆，从一开始就埋下了失败的种子。这个话题在后面会展开详细的探讨。

2. 基础性活动共享

基础性活动包括物流、生产运作、营销和服务，相关多元化业务之间共享这些活动既能够产生规模效应，也能够起到降低成本的作用，如表8-2所示。

表8-2 基础性活动共享

基础性活动类型	共享活动
物流	共同的物流配送路线与设施
	共享的库存设施
	共同的供应链体系
生产运作	相同的零部件
	共用一个生产制造系统
	相同或相似的质量管理
营销	相同的目标市场
	使用同一品牌的广告促销
	相同的销售渠道
	共享同一个销售团队
服务	共享服务网络
	相同的服务团队
	共享有关培训

共享基础性活动降低成本主要体现在以下三个方面：一是提升了规模效应。相同的物流系统、共享的生产体系、共享的销售力量等基础性活动充分利用了企业原有的资源和设施，使规模效应进一步释放，从而降低固定成本。宝洁公司种类繁多的日化产品具有相同或相似的物流配送体系、目标市场以及一定条件下可以共享的生产系统，将一些共性活动整合到一起，实现了规模效应。特别地，当一家公司的多个相关多元化业务都生产相似或具有很多共性的产品，且这些产品所在的行业具有显著的规模经济性时，这种共享就显得非常突出。可以说，规模效应是另一种范围经济性的体现。

二是促进了基于学习曲线上的成本降低。由于相关多元化的业务属性，一些公司不需要完全经历一个陌生业务的熟悉过程而通过共享活动获得经验，从而节省了学习时间和成本。比如，海尔以电冰箱业务起家，但在进入空调、洗衣机等领域时使用具有可比性的质量管理体系和生产过程，以及分享在冰箱产品上的成功市场营销经验都使新产品进入市场的难度大大降低。

三是直接的成本节约和收入增加。由于业务之间的相关性，一家公司开发的某一项成本降低的技术可以用于另一项相关业务，从而使该项业务节省了发展该项技术的费用。此外，一些公司共享市场营销资源和销售力量，良好的品牌声誉有效惠及在该品牌旗下的所有产品，在降低市场开发难度的同时可以直接增加销售收入。日本佳能公司非常注重品牌的培育及声誉，认为公司必须拥有著名的品牌，才能成功地进行多元化经营。"顾客青睐我们的产品，是因为他们相信佳能品牌"，佳能通过持续不断的广告投入建立起了优秀的品牌，可以以比较高的价格销售公司的产品。20世纪80年代，佳能在复印机上的广告投入通常占到销售收入的10%~20%。佳能还赞助了很多体育赛事，如世界杯足球赛、威廉姆斯汽车拉力赛等。佳能通过办公设备已经建立起来的品牌形象对公司进入家庭自动化市场起到了显著的推动作用。

3. 支持性活动共享

价值链的支持性活动很多，但能带来显著的范围经济性的活动主要集中在采购与供应环节和研究与开发环节，如表8-3所示。

表 8-3　支持性活动共享

支持性活动类型	共享活动
采购与供应	相同或相似的采购来源
	相同的采购产品
研究与开发	相同的技术
	共享研发力量
	共享研发设施

相同或相似的采购来源增加了采购管理的便利性，而相同的采购产品则体现了规模经济性，更大规模的采购也使买方获得了有力的讨价还价能力。共享研究与开发活动也使企业在新产品开发、技术进步等方面降低了成本。比如，得克萨斯仪器公司一系列的电子业务共享着共同的研发活动；苹果公司在个人电脑操作系统和硬件方面的技术同样大大助力了平板电脑、智能手机产品的技术开发和产品设计。

日本佳能公司展现出无比的实力，进入并控制了从复印机、照相机到激光打印机等产品的核心市场。佳能之所以能够在各种不同的市场上占据垄断地位，主要是由于它所擅长的技术对这类产品的工程与设计而言十分重要。佳能公司在光学、影像与微处理机控制等核心能力方面居世界领先地位，而其他公司却只擅长其中的一种技术。佳能公司有最好的整体表现，为公司提供了进行多元化经营的基础，也是其他竞争厂商难以与之相比的。关于风险，佳能公司有独特的理解："为了生存下来，我们必须不断地进入新领域，以适应不断变化的环境。但是，又必须保持清醒头脑。换句话说，我们必须尽量减少风险。如果新的领域在技术上同佳能现有的技术能力没有关系，或者需要新的销售渠道，那么这样就会有50%的风险。如果既需要新技术又要有新的销售渠道，那么就有100%的风险。在进入新领域前要想降低风险必须满足下列两个条件：第一，不能负债经营；第二，我们拥有能保证在该领域成功运作的人员。"这段话深刻反映了佳能公司对于多元化的理解，那就是在战略上谨慎控制风险，在具体方向上必须与现有业务存在某种相关性，时刻保持清醒的头脑而不是盲目冲动。

然而，这里需要特别明确的是，如果认为在相关多元化战略中理所当然、毫不费力地就能够获得范围经济性，那就大错特错了。对范围经济性要有理性的认识。相关业务之间价值链活动的共享需要企业整合各种资源，协调处理好各类利益群体之间的冲突关系，需要在组织结构、流程设计、人员管理等方面做大量的工作才能够实现。因此，企业要实现范围经济性的基础是跨越多个业务之间的组织协调，此项工作具有相当的难度。

此外，范围经济性也不是万能的，有些情况下甚至会产生相反的效应。比如，对研发团队、技术和研发设施的共享在降低研发成本的同时，也会使面对特定消费者和市场的产品及服务的独特性、差异性降低。通常情况下，越是成熟的技术和研发团队越有可能陷入保守和路径依赖的局面，导致产品的创新性降低，而在共享资源的通道中这种情形会得到蔓延，比如研发形成套路、产品设计趋于相似、思维陷入固化等。产品和服务的独特性是许多业务前期获得成功的关键所在，一旦这种独特性丧失，业务的竞争优势将受到负面的影响。

例如，为了探索新车型设计上的规模经济，通用汽车公司共享了几种汽车部门的设计活动。但结果是通用汽车公司在20世纪80年代和90年代大部分时间里生产的汽车都很一般，通用汽车几项传统产品的独特性，包括老爷车和凯迪拉克车型的竞争优势都几乎丧失殆尽。

越来越多的公司开始放弃共享活动方面的努力，它们更赞成独立地管理各项业务活动。例如，瑞士ABB公司已经采取了明确的政策，禁止所有业务之间的共享活动。雀巢公司和通用电气公司等只允许存在一种或两种共享活动，比如研发和管理培训等。

三、非相关多元化的陷阱

企业究竟应该采用相关多元化战略还是非相关多元化战略，在战略管理学界和企业界一直存在巨大的争议。

多元化是公司最常用的战略之一，对于大型企业更是如此。多元化也是扩大公司规模的最简单的方法，特别是由兼并和收购而组成的非相关多元化。通过大规模收购，一个多元化公司能够在短期内实现规模扩张，与此同时，公司的职业经理人能够获得因企业规模扩张所带来的利益，但这种利益不依赖任何经济利润。德国大型化学公司巴斯夫就是运用多元化在20世纪80年代维持着高速成长率，尽管当时它已经是一个营业额高达数十亿美元的跨国企业。在20世纪80年代的最后5年中，巴斯夫公司的年平均成长率高达36%。

但是，这种以兼并和收购为主要形式的多元化扩张在实际操作过程中面临着突出的接管溢价和集团折扣问题，而这两个方面的问题实实在在地影响着企业通过多元化发展获得战略利益。所谓接管溢价，是指接管目标企业的股票正常交易价格，与吸引股东出售、足以让企图进行接管的企业控制全局的股票的价格是不同的。为了获取对企业的控制权，支付50%以上的溢价是常见的事。

所谓集团折扣，是指公司下属的每个事业部个别出售其股票时，整个集团股票的出售价格低于个别股票出售价格的总和。集团折扣表明了市场的某种担忧，这种担忧证明了"负协同效应"的存在，与范围经济性相反，独立运营的业务价值之和高于整体的价值。接管溢价和集团折扣同时存在，将对多元化战略产生巨大的影响，也在一定程度上表明了多元化，特别是非相关多元化除了带来企业规模的增大以外，并没有带来任何的经济利润。当然，这里的经济利润与会计利润并不是一个概念。因此，鉴于存在双重的风险，正在考虑实行多元化的管理者们，应该确信他们为股东所创造的价值，足以抵消接管溢价与集团折扣所带来的负面效应。

与非相关多元化相比，相关多元化战略带来更好的业绩表现。相关多元化与非相关多元化两者之间的相对财务绩效，也许是战略管理中最常研究的问题。尽管研究结论不完全一致，但更多的研究支持相关多元化的获利能力较强。一个追求相关多元化的公司能够实现所有的公司多元化动机，包括那些能够在非相关多元化的条件下实现的动机，比如分散经营风险、平衡企业资源、获得税收方面的便利等。但更多利益来源于相关多元化战略中核心竞争力、价值链活动的共享和协同，这些动机只能在追求相关多元化战略的公司中才能实现。因为相关多元化能够使公司实现所有的隐藏在公司多元化战略背后的价值创造动机，所以，与非相关多元化相比，相关多元化通常能够为股东创造更多的价值。只有在相关多元化的条件下，才可以实现包括共享活动和核心竞争力在内的经营性范围经济。实际上，多元化公司业务之间的经营性联系正是这些范围经济的源泉。

既然非相关多元化战略具有明显的短板，那么为什么还有众多的企业，特别是大型企业集团实施该项战略呢？客观来看，非相关多元化是企业冒险性的杠杆延伸，适当的延伸是可以接受的，但若是施加了过高的杠杆，其结果是得不偿失。人们往往愿意接受非相关多元化战略建立了鸡蛋不要放在一个篮子里的经营风险分散机制，但实质上非相关多元化战略极大地增加了企业的经营风险。

下面探讨一下恒大集团进入新能源汽车制造领域的非相关多元化战略，这是一个非常典型的非相关多元化战略案例，也是一个让无数企业家深刻吸取教训的反面教材。

2018年，恒大集团宣布进入汽车产业，产业定位为当下最为火爆的新能源电动汽车领域。在做出这个惊人的决定之前，许家印和恒大集团一定经历了无数的思考和探讨，并在多元化的道路上进行了多次尝试。但一路走来，除了恒大足球这个体育产业为恒大品牌带来了除房地产以外少有的高光时刻，恒大冰泉、恒大粮油等多元化产业都以高调入场开始，以巨额资金的广告轰炸开路，以市场和消费者不买账结尾。对汽车产业，恒大可以说是情有独钟、坚定而又迫切，充分说明恒大集团将进入汽车产业作为公司战略的重要方向。

2018年6月，恒大健康以67.46亿港元入股贾跃亭旗下的造车项目FF，但不到半年时间就结束了这场炒作得沸沸扬扬的合作。随后不到半年的时间，恒大健康再次斥资9.3亿美元，约合63亿元收购国能汽车51%的股权，并获得多数董事席位。可以看出，恒大集团初期是想通过参股或控股的方式间接进入新能源汽车产业，通过积累一些产业经验、资源和能力逐步进行战略展开。但是，现实不遂人愿，恒大的历史背景和独树一帜的企业经营管理风格，都让公司和许家印本人难以接受这种按部就班、一步一个脚印的产业发展之路。

为什么恒大对多元化战略如此热衷呢？一方面是恒大集团提前预判到了房地产产业的发展趋势和发展规律而做出的前瞻性战略安排，这一点是必须肯定的；另一方面则是公司主要领导人对于多元化战略的理解，许家印曾经公开表示过对此问题的看法："我们专门研究后发现，世界500强企业绝大部分发展到一定程度和规模后，都会选择多元化战略，对恒大也是这样。恒大的规模、团队、品牌，如果不走多元化战略，会失掉很多发展机会。"可以说，恒大选择多元化战略只是时间和方向的问题，也正如恒大汽车主页上的介绍：恒大集团前瞻布局新能源汽车产业，是积极响应国家科技强国战略、保护环境、造福人类的重要举措，也是企业多元化发展、打造百年老店的必然选择。

在参股贾跃亭FF造车计划失败、控股国能汽车而获得一些产业基础条件后，恒大造车的雄心壮志彻底爆发了。恒大制定了新能源汽车战略规划与发展目标——未来3~5年，力争成为世界规模最大、实力最强的新能源汽车集团，助力中国从汽车大国迈向汽车强国。为此，恒大汽车2019年8月发布新品牌"恒驰"，同时与全球汽车工程技术龙头合作同步研发14款车，计划2021年陆续实现量产，并按照工业4.0标准在上海、广州等地建设世界最先进的智能制造基地。这是一个令人瞠目结舌的战略目标，真正体现了"无知者无畏"！

在一无产业经验、二无人才资源储备、三无品牌市场影响力的前提下，恒大选择通过外部购买、参股合资等方式试图跨越从房地产这个虚拟经济到新能源汽车实体制造之间的巨大产业鸿沟。恒大的战略实施方案被许家印总结为"买买买""合合合""圈圈圈""大大大""好好好"。依据公司在房地产行业的成功经验和资金实力，恒大相信可以用钱解决一切难题。正是基于这样的自信和魄力，恒大汽车在一开始就下定决心排除万难，构建新能源汽车整车制造的全产业链：恒大新能源汽车秉持"核心技术必须世界领先、产品品质必须世界一流"的战略定位，"整合全球顶尖资源，将构建覆盖先进整车制造、动力总成、动力电池、汽车销售及智慧充电的新能源汽车全产业链"。目标不可谓不宏大，蓝图不可谓不吸引人。

为实现恒大汽车的战略目标，许家印亲自走访23个国家，拜访58家汽车领域龙头，大到世界500强，小到工作室，能买就买，买不来的就合作。据有关报道，恒大集团先期豪掷249亿元用于全球范围内新能源汽车核心技术的收购和研发，随后又花费225亿元用于工厂建设、设备采购等，现在主要的工厂集中在广州南沙、上海、天津三地。

恒大PPT造车模式的结果如何呢？公开的数据显示，2020年恒大汽车营收中有超过98%的来自恒大健康的收入，真正新能源汽车收入仅有不到2亿元。随着宏观环境急转直下，恒大集团负债超过2万亿元的内幕被揭开，恒大汽车很快就遭遇了资金链问题。2021年，恒大宣布只保留恒驰5、恒驰6项目，其他车型项目暂停。2021年初，恒大汽车把战略重心转移到天津，计划在天津生产恒驰5。

在资本市场上，恒大汽车的股票更是一落千丈，股价从2021年初的72港元/股跌到3港元/股。恒大汽车股票于2022年4月1日起停牌。2023年7月26日，恒大汽车在港交所补发了2021年度、2022年度中期和2022年度业绩报告。数据显示，截至 2022 年 12 月 31 日，恒大汽车产生亏损 276.64 亿元，累计亏损及股东亏损分别为 989.06 亿元和 686.51 亿元，现金及现金等价物为 2.2 亿元。债务方面，恒大汽车 2022 年报表负债总额为 1838.72 亿元。

投入如此巨大、构想如此宏伟的造车计划，实际的产品销售情况如何呢？在 2022 年内恒大汽车开始了恒驰 5 的预售，恒驰 5 共计交付 320 台，在整个新能源汽车销售市场上微不足道，且已经出现了用户使用过程中的质量问题。

如果没有资金链的问题，恒大汽车能否走上良性发展的造车道路？也许会生产和交付更多的恒驰车型，但也仅此而已。首先，"上帝让其灭亡，必先让其疯狂"。恒大新能源汽车的多元化战略，从一开始就是一场资本裹挟下的疯狂冒进，早已埋下失败的种子。极端轻视已有百年历史的现代汽车工业，以及汽车特别是电动汽车作为复杂工业产品的属性，仅仅凭借房地产行业等虚拟经济和体育娱乐等服务业中取得的成功经验，就以为可以完全复制到新的毫无关联的多元化产业中，这已经不是自信，而是极端的膨胀和头脑发热。因此，恒大的失败首先是对新能源产业主要经济活动规律的错误认知，以及对企业如何能够在产业中获得成功的假设上判断失误。

其次，恒大的失败源于其在房地产行业所形成的成功经验的路径依赖，用造房子的理念来造汽车。对房地产行业，恒大深耕多年谙熟于心，积累了丰富的经验，也拥有行业中最好的土地、人才、人脉等各类资源，曾经呼风唤雨、如鱼得水。但是，当进入一个完全不相关且是复杂产品的工业领域，恒大没有转变理念或者很难转变理念，依然延续了房地产经营的一套做法：买买买、合合合、圈圈圈……这一套做法在资金充裕的房地产行业是制胜法宝，但在新能源汽车领域，则是舍本逐末、南辕北辙。

再次，贪大求全、不知敬畏。恒大在一开始就宣称要构建包括整车制造、动力总成、动力电池、汽车销售及智慧充电等构成的全产业链，摊子铺得过快、过大，也轻视了后期的资金等资源的供给问题。且不说强如比亚迪也是在电池领域积累多年后才开始通过前向一体化尝试进入汽车制造领域，并至少用了 20 年的时间完成电池、电机和电控以及 IGBT 车规芯片的研发和创新，才能勉强号称构建了电动汽车的全产业链；世界新能源汽车前销售冠军特斯拉也没有自信到解决产业链中的所有环节，至少外包了动力电池的生产，更不要说国内一些从零开始的造车新势力除了在核心智能化领域有一定的产业基础外，多数情况下连整车制造环节都外包给战略合作伙伴。当然每家企业的战略选择都基于各自的实际情况而不必刻意模仿,但恒大的实际情况是2018年之前在汽车领域一片空白,这是无可逃避、必须正视的家底。

最后,也是最重要的,是恒大集团从根本上缺乏制造业的精神,这是在其他行业无法学到的东西。什么是制造业的精神,这里总结一下:

- 所谓制造业的精神,是对技术的敬畏,是从内心中升腾出来的对产品的神圣情怀。
- 所谓制造业的精神,是精益求精、不达目的决不罢休的工匠精神。
- 所谓制造业的精神,是把一件产品做好的坚定与执着。

恒大新能源汽车的案例并不能够说明企业不能实施非相关多元化战略,实际上世界范围内有很多的非相关多元化成功案例。恒大的案例恰好表明了企业实施非相关多元化战略所必须面临的风险问题。缺乏对产业底层经济活动规律的深刻认识和盲目冒进的战略规划,才是非相关多元化陷入泥潭的真正原因。

日本佳能公司认为多元化必须满足下列四项要求:①高水平的研发能力;②以低成本生产高质量产品的制造技术;③强大的市场营销能力;④一流的公司理念、文化和品牌。

现实中,很多企业的多元化战略是过度膨胀的结果,既对自身的优势和劣势缺乏认知,也对要涉足的产业过于乐观。因此,多数企业的多元化战略都无法通过很好的专业化运作,抑或产生规模效应,以低成本的价值链共享平衡由接管溢价和集团折扣带来的经营性难题,导致最终的多元化业务是一个充满平庸、无法产生正的经济利润的失败组合。这里用帕迪农场的创始人的观点来对本章的内容做一个总结:"多元化是英语语言中最危险的词汇。我热衷于最好而不是最大。"

专题九
竞争与合作

未来只有超级企业才能成为最终产品品牌的提供商,而多数企业的战略定位是成为供应链的节点企业。

一、结构—行为—绩效范式带来的启示

在产业竞争性分析的五力模型中，产业组织理论不仅将现有竞争对手之间的关系定义为纯粹的竞争关系，而且将供应商和客户也视为竞争与对抗的"对手"，围绕讨价还价能力展开竞争。理解这一点其实并不难，供应商和客户的一些结构性特征，如供应商所在领域的产业集中度、供需平衡关系等，以及交易特征，如采购量、产品属性、产品对供需双方的价值、成本与利润等因素，多数情况下都使企业与供应商之间形成了竞争的不对称态势。对利润的极致追求，使拥有优势的一方通过讨价还价能力压缩处于劣势一方的利润空间，或使处于劣势的一方付出更高的成本。价格不是企业与供应商、企业与客户之间唯一的竞争目标，产品交易是一个包含多种要素且复杂的流程，但价格机制最直接，也最彻底地反映了双方竞争的实质。从结果来看，处于价格谈判优势的一方获得相对满意的利润水平，而处于价格谈判劣势的一方可能经济利益受损。

在这种理念的指导下，产业组织理论提出了著名的结构—行为—绩效范式（Structure-Conduct-Performance，S-C-P 范式）。结构是指产业结构，诸如竞争的数量和行业集中度、产品的异质性，以及产业进入或退出的障碍等因素；行为是指企业的战略决策，如价格策略、产品差异化、退出与进入、前向或后向一体化等；绩效是指单个企业的绩效或整个产业的绩效。

产业结构与行为和绩效之间有着清晰的逻辑关系，企业所在行业的结构性限定了企业面临的选择的范围。在某些行业，企业的选择非常有限，而企业面临的约束非常多。长期而言，在这种行业中经营的企业最多只能产生正常的经济绩效，甚至行业结构完全决定了企业行为和长期的企业绩效。在竞争不激烈的行业中，企业面临较少的约束和更多的行为选择。其中的某些选择可能使企业获得竞争优势，并获得高于正常的经济绩效。然而，即使企业具有更多的自由度，行业结构依然限制着这种选择。

从结构—行为—绩效范式可以得出很多重要的启示，在此归纳如下：①即使不是唯一的选择，竞争关系仍是企业与交易对象之间最基本的定位；②产业结构对竞争方式、竞争优势的获得具有决定性作用，改善绩效的路径是改变产业的某些结构性特征；③越是竞争激烈的产业，企业可行的选择越少而约束越多。由此可以看出，按照结构—行为—绩效范式的观点，基于单个企业的利益导向，改变产业竞争结构、降低竞争激烈的程度是提升企业绩效的主要战略方向。因此，寻找战略突破的重点就在于如何改变产业结构、如何降低竞争激烈的程度。

竞争是不是唯一的选择呢？竞争是否天然地排斥合作呢？本书也将战略定义为关于竞争和竞争优势的理论，这似乎形成了一种错觉，战略及战略管理只有竞争，只有你死我活，丛林法则才是战略竞争该有的样子，"只有吹熄了你的灯，才能点亮我的灯"。纯粹的竞争观点至少不符合大自然的法则。按照协同学创始人赫尔曼·哈肯的观点，无论是原子、分子、细胞，或是动物、人类，都是由其集体行为，一方面通过竞争，另一方面通过协作而间接地决定着自身的命运。竞争与合作相互交融、并行不悖的状态是通行的自然与社会法则，战略竞争也不例外。

二、结构与功能的关系

一切有意义的结构，总是对应着某种特定的功能，结构是功能产生与发展的前提。不论是自然界还是人类社会，功能的发挥有赖于结构的形成和结构的各个单元之间的有力配合与协调。从这个意义上讲，结构制约着功能的发挥，决定着功能发挥的上限。因此，改善功能的根本是改善结构，优化功能的途径是优化结构。当然，功能与结构之间不是一种简单的、机械式的从属关系。

在战略管理领域，功能与结构之间的这种相互制约、决定与被决定的关系体现最为显著的是著名的"钱德勒命题"。美国著名的战略管理学家钱德勒研究了70多家美国公司近百年来的发展历史，特别是通用汽车、杜邦等公司，并在1962年出版了《战略与结构：美国工业企业历史的篇章》一书。钱德勒描绘了美国工业企业不同的历史发展阶段所产生的战略，以及伴随这些战略而形成的组织结构，提出了著名的钱德勒命题：组织结构跟随企业战略，战略引领企业组织结构的变革，反过来组织结构制约企业战略的实现。

企业战略变革的实质是企业功能的改变。要实现功能的转换和变革，首先需要结构的改变。根据钱德勒对美国企业战略的总结，近百年来美国企业大多从生产单一产品或服务起家，发展到规模扩张和地区扩散阶段，再发展到纵向一体化战略和多元化战略阶段；从国内企业拓展到国际化经营的跨国公司，与这些发展战略一路进化的是企业组织结构的变革。

结构与功能的这种逻辑关系具有普适意义，因此，这里将其延伸到产业竞争环境中。

（1）合作改变产业结构

确切地说，是竞争与合作改变了产业结构。竞争的结果，可能会让你的竞争对手越来越少；而合作的结果，则有可能让你的竞争对手越来越多。在竞争中合作，或者在合作中竞争，导致产业结构中竞争者数量、行业集中度等发生改变，从而实质性改变产业竞争结构。

20 世纪 60—70 年代，施乐公司复印机的销售收入从 4000 万美元增长到 17 亿美元，平均每年增长 40%，其税后利润从 260 万美元增长到 1.877 亿美元，1970 年在全世界占有 93% 的市场份额。"施乐"品牌简直与复印机同名，在整个行业中拥有无与伦比的地位。同打字机一样，复印机从根本上改变了人们的办公方式。施乐公司拥有两种复印核心技术：涂层纸复印（Coated Paper Copying，CPC）技术和空白纸复印（Plain Paper Copying，PPC）技术。施乐公司一直没有将同 PPC 过程相关的任何技术授权给别人使用，因此在这方面一直占有垄断地位。随着时间的推移，PPC 在复印成本和质量上的优势，以及能够一次高速复印多页，使其成为主流的技术，施乐公司生产的中央复印机也成为行业中的标准。它拥有 PPC 技术的 500 多项专利，并受到法律保护。多达 500 项的专利技术似乎使施乐筑起了长期垄断的深沟高垒，坐收专利红利。

但是，在接下来的 20 年里，佳能谱写了复印机制造与销售的新篇章。佳能复印机的销售收入达到 50 亿美元，在行业中居世界第二，销售数量超过施乐，位居第一。佳能的策略与施乐相比有相同之处，但更多的是不同之处。

首先，佳能战略的第一步也是最为关键的一步，是进行 PPC 技术的创新。1959 年佳能公司开始开发复印机技术，1962 年组建了一个专门研发 PPC 技术的小组。尽管施乐公司的 PPC 技术受到 500 项专利的保护，但佳能深切地感觉到只有 PPC 技术才能以其质量、速度、经济和易于维修保养等优势成功占领市场。因此,佳能决心投入巨资,潜心开发属于自己的新的 PPC 技术,这样就不会侵犯施乐的专利。经过将近 10 年的技术研发,1968 年佳能宣布开发出"新过程"(New Process,NP)技术。这项成功的科研成果不仅产生了一种施乐复印技术的替代品,而且也让佳能认识到专利法的重要性:不侵犯别人的专利的同时保护自己的新技术。很快,佳能的 NP 技术也申请到近 500 项专利,受到法律的保护。

其次,与施乐公司不同,佳能并没有把 NP 技术牢牢地攥在手心,而是将核心技术进行战略性的授权。佳能公司将第一代的 NP 技术授权给 3M 公司使用,将第二代 NP 技术又授权给 3M 公司,此外,佳能还将 NP 技术授权给 Saxon、Ricoh、Copier 等公司。从 1975 年到 1982 年,佳能收取的授权使用费大约有 3200 万美元。在制造环节,佳能同样并不保守,通过 OEM 的方式由供应链伙伴,甚至竞争对手来提供机器。1975 年,佳能生产出第一台激光打印机。其后 10 年里,它成为佳能最成功的产品系列。佳能还让惠普和其他激光打印机生产商来贴牌生产,贴牌生产不仅增加了佳能的销售额,也使这类产品达到激光打印机全部销售额的 84%。另外,佳能还通过合资企业和技术转让等战略性工具来缓解欧美市场上巨大的商业压力。比如,它同德国的办公设备公司 CPF Deutsch 合资的主要目的是在德国开发市场。

最后,佳能公司保持开放与包容的文化,不断汲取外部合作伙伴的创新资源。佳能承认自己没有能力也没有时间来开发所需要的全部技术,因此它经常从外部的合作伙伴那里购买某些技术。佳能让美国 Burroughs 公司为其贴牌生产办公自动化设备,以获得 Burronghs 的软件和专有技术。另外,佳能还参与到柯达公司和得克萨斯仪器公司之间的合作开发。佳能一直通过稳定的制造计划过程和精心的原材料准备过程,来同供应商保持良好的关系,旨在以最低的成本生产高质量的产品,并且及时交货完工。

施乐与佳能的不同战略决策导致了不同的竞争结果。以垄断为目的的竞争导向最终并没有让施乐公司得偿所愿,因为市场是巨大的,需求是丰富多样的,靠施乐一家公司根本无法满足全世界办公自动化设备的需求,因而技术另辟蹊径是早晚的事,只是发生在了佳能身上而已。从产业竞争性分析的角度来解读佳能战略:佳能公司通过专利授权、技术转让培养起了自己的竞争对手,从而改变了产业竞争中竞争对手的数量和行业集中度,但其结果不仅是获得可观的专利授权和转让收益,同时也让佳能复印机的标准成为不啻于施乐标准的另一重要行业标准,也使得佳能从竞争对手、合作伙伴那里获得所需要的技术成为可能。

(2) 合作降低竞争激烈的程度

在产业竞争性分析框架中,企业与供应商、企业与客户之间的合作,客观上使竞争与对抗的激烈程度降低,减少交易费用,使产业链的利润分配更加合理。合作理念和合作战略的提出,是对已有竞争逻辑的颠覆。企业与供应商和客户之间的战略协同将节点企业链接为一体,以供应链虚拟企业的形式开展竞争与合作,这就使在供应链之内上下游企业之间的风险和利益博弈有实现双赢或多赢的可能,企业间以合作竞争代替竞争对抗。当然,企业间以供应链为纽带的竞争与合作一定是内外环境共同作用的结果,外部面临全球化竞争和市场需求的巨大变化,内部则是成本压力、快速创新与谋求新的有效竞争优势的压力,才促使企业具备了合作的动机。

根据博弈论的观点,在一次博弈中,博弈双方都会选择对自身最为有利的支付矩阵,博弈双方选择不合作的概率大增,机会主义和短期导向占据主导地位。在多次博弈中,博弈双方在得到前一次博弈结果的准确信息后进行下一次博弈,良好的符合预期的支付矩阵使得参与企业有追求长期目标的可能。更进一步,由于有良好的长期目标的理性预期,博弈企业就有可能会"忍受"短期利益的相对受损,甚至开展追逐长期利益的资产专用性投资。在市场经济环境中,如果能够充分发挥法律和契约的约束作用,那么在激励和惩罚机制的加持下,对守约方的有效激励和对违约方的败德行为的惩罚都将促使合作博弈的产生,使供应链系统的整体利益、长期利益达到最优化。

因此,世界范围内供应链管理的发展趋势是企业寻求与少数供应商和客户结成长期稳定的战略合作伙伴关系,捆绑利益与风险,尽可能地减少一次博弈的机会主义行为。

(3) 合作开创新的竞争方式

企业与供应商、客户等供应链交易对象的合作不仅降低了产业竞争的激烈程度,也导致竞争方式由单打独斗转向供应链与供应链之间的竞争。系统化与集成化竞争成为战略制胜的核心和关键所在,竞争的内涵发生了翻天覆地的改变。因此,合作战略不仅改变了产业结构,也从根本上改变了企业处处受限的战略选择,开辟了第三条战略成功的道路。

产业组织理论将产业结构性特征作为竞争优势获取的来源,资源基础理论将企业所拥有的资源和能力作为竞争优势的来源,而供应链理论则主张企业应合理开放边界,以跨越组织的协同创造更为显著的竞争优势。

在供应链战略中,节点企业的成功更加依赖于整个供应链的成功,"整体涌现性"是实现低成本和快速响应、高效率创新的保障,不论是丰田汽车还是麦当劳都不是"一个人在战斗"。今天,不论是戴尔还是华为,IT界的供应链集成商都强烈依赖供应链合作伙伴的技术创新,只是依赖程度高低不同的区别。

(4) 把蛋糕做大的逻辑

行业市场增长缓慢必然导致竞争加剧,原因是什么？如果把行业市场比作一个蛋糕,那么可以很形象地说明行业市场增长缓慢导致竞争越来越激烈的原因。

如图9-1所示,假设某行业市场一共有5家公司,分别为A公司、B公司、C公司、D公司和E公司,每家公司的市场占有率如图9-1所示。图9-1中的实线内圈,为原有的行业市场规模；图中的虚线外圈,为迅速增长、显著扩大了的行业市场规模。

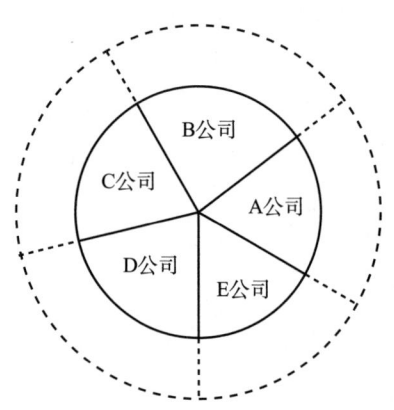

图9-1 市场占有率分布

假定未来行业市场增长迅速,行业市场的规模由原有的规模扩张到虚线圈所示的显著扩大了的市场规模,在维持现有市场占有率,也就是行业市场竞争格局的情况下,每家公司都能够获得明显的规模扩张和收益增长。企业规模的扩展和收益的增长既符合股东的利益,也是职业经理人的业绩需要。因此,多数企业倾向于每年都制定企业增长目标,这些目标包括销售收入、利润、销量、市场占有率等方面。在图 9-1 中我们看到，即使没有市场占有率的增长，企业在行业市场迅速增长的情况下依然获得了可观的收入增长，这对多数企业而言都是可以接受的状况。

反之，如果行业市场增长缓慢或几乎没有增长，则对身处其中的所有的企业都造成了"增长"压力。假定 A 公司要获得 10% 的销量的增长，唯一的选择就是挤占其他四家公司的市场份额，A 公司的所得即其他四家公司的所失。如果其他四家公司也有同样的增长需要，那么这五家公司必然展开更为激烈的市场竞争，理论上每家公司都不能将已有的市场地位拱手让人。因此，在行业市场增长缓慢的情况下，每家公司都具有试图改变现有的市场占有率和竞争格局的内在动机，其结果必然是竞争加剧。从现实来看，越是在成熟的行业市场，企业间开展价格战、广告促销大战、市场推广、销售折让等竞争性市场活动越多，竞争的焦点也从争取新的客户转向新客户开发与倾轧竞争对手市场并重的策略，从而硝烟弥漫、竞争白热化。

行业市场增长缓慢导致竞争加剧，某种程度上会使消费者从更加趋向于竞争而非垄断的市场上获得更多的消费者剩余，但却有可能使参与竞争的每家公司都受损。因为长期处于增长缓慢的市场环境往往会出现"过度竞争"的现象，企业利润微薄甚至亏损。这一方面使企业积累不足，难以开展有效的技术创新和产品创新，另一方面也使企业存在以次充好、降低产品质量的潜在可能，上述两种情况最终都会使消费者利益受损，影响行业健康发展。

因此，从战略的高度，努力扩大行业市场规模是战略竞争的另一种选择，就是通俗所讲的"把蛋糕做大"。这似乎又是一个难以实现的悖论：竞争对手还能合作吗？

三、竞争对手之间的合作

竞争对手能不能合作？竞争对手的合作会带来哪些变化？前文已经阐述了竞争对手之间的合作能够有效改变产业结构和竞争结构的观点，接下来将对典型的竞争对手合作案例进行解读。

自 20 世纪 60 年代开始至 90 年代末，显示器面板技术迎来了战略性变革的时代，传统的 CRT 技术（阴极射线显像管技术）逐渐被淘汰。由于显示器面板广泛应用于家电、计算机、移动通信等领域，具有巨大的市场空间，各大消费电子厂家在不同的技术赛道上纷纷发力。夏普、三星等在液晶显示器

（Liquid Crystal Display，LCD）上投入研发力量，索尼则将研发方向确定在电致发光（Electro-luminescence，EL）和场致发光显示（Field Emission Display，FED）上，而松下则率先开发出了成熟的等离子显示屏（Plasma Display Panel，PDP）技术。

与早期的液晶显示器技术相比，等离子面板技术在色彩逼真度、色彩表现力和显示性能等方面具有革命性的突出优势。因此，松下一度认为液晶显示技术就是工业垃圾，毫无市场前景可言。在21世纪初，松下掌握了等离子技术90%以上的专利，LG、日立和三星尽管也能够生产出等离子面板，但是在良品率和实际效果方面都远不如松下。可以说，松下公司具备了在等离子面板，乃至整个显示器面板产业领域实现垄断的实力和机遇。

为独占技术优越性所带来的产业发展利益，在10年左右的时间里，首先，松下将等离子技术列为公司最为重要的核心技术和最高机密，在公司内部价值链的各个环节上严格把关，甚至连运输环节都是松下自己的物流公司，完全将等离子产品的生产制造掌握在自己手中。其次，松下实行严格且保守的专利保护策略，不对外进行专利授权，不对外授权第三方加工等离子显示器，更是拒绝了其他厂家要求开放技术的要求。最后，战略上实行后向一体化，从原材料直至产成品，形成全封闭链条，将产业链完全掌控在自己手中，不愿意和上下游企业结成战略联盟和供应链合作伙伴关系。

凭借独家技术和在价值链、产业链上的战略布局，松下在短期内获得了惊人的高收益。21世纪以来，随着互联网的普及和消费电子领域的技术创新和市场开发，以及家用电器的产业升级，全球各个产业对先进显示面板的需求量剧增。由于液晶和其他显示屏技术存在明显的短板，大量的订单开始向松下的等离子显示屏聚集，等离子技术完全有可能成为人类未来的主流显示技术。但是，仅仅十几年后，松下几乎被逐出电视机市场，曾经被松下视为工业垃圾的、奄奄一息的LCD技术，以及后来居上的有机发光二极管（OLED）技术冲破了松下的技术封锁，实现了技术的迅速升级和产业化，形成今天多点开花的产业格局。

松下在等离子显示器领域的失误是战略性的。究其原因，第一，面对集中爆发的海量订单，仅凭松下一家的产能在短期内是无法满足的。强如苹果公司在面对巨大订单的时候，也在通过供应链战略将加工制造业务外包给合作伙伴。不愿意授权给第三方进行代工制造，导致松下的产能严重受限，订单甚至被排到了几年之后，等不到订单的客户只能退而求其次，选择其他显示屏技术。第二，极致的专利垄断造就了松下在家用电器、IT、消费电子等产业中强势的讨价还价能力，在自身赚得盆满钵盈的同时极大地压缩了下游产业的利润空间。等离子面板显示器价格长期居高不下，使松下的客户——下游产业中等离子面板的采购商有一种"为松下打工"的感觉，招致下游厂商的严重不满。索尼公司曾经是松下等离子面板的最大采购商，最终也忍无可忍选择与三星合资转向液晶显示器技术。第三，最重要的是，由于松下对等离子面板技术的垄断和专利保护，等离子赛道的资本和其他玩家丧失信心，纷纷转换方向，导致等离子技术迭代缓慢，最终被其他赛道的技术赶超。随着时间的推移，TCL、日立等公司发现要想在等离子技术上绕过松下，实现突破性的创新，几乎是没有可能的，因为松下在该领域掌握了太多的先进专利。这些力挺等离子的下游厂商在生产和研发的过程中处处遭遇挫折，想生产就要给松下缴纳巨额的专利费用。在这种情况下，等离子技术不仅迭代缓慢，而且屏幕的出厂成本价长期居高不下。看清了这一局面后，产业链下游企业在2008年前后抛弃了等离子，被迫转向了液晶显示技术。

在大量资本的加持下，原来被松下视为工业垃圾的液晶显示器不断地进行技术迭代，很快就在画质、像素等方面赶上了等离子面板。索尼和三星也正是在自己组建的工厂中量产出了目前最先进的OLED显示屏，而等离子技术在松下极为短视的专利保守的态度下几乎被彻底淘汰。松下在等离子面板技术领域采用的与竞争对手不合作、与供应链伙伴不合作的竞争对抗战略看似非常高明、胜券在握，但"人算不如天算"，资本与技术二者的结合产生了富有戏剧性的结果。这也说明，一个行业要想繁荣，必须惠及整个产业链，而不是只有一家企业赚得盆满钵盈。

在氢能源汽车领域，日本丰田也采用了与松下相似的战略。发展非化石能源汽车，并将其作为燃油汽车的替代品，日本和日本企业是此方面的先行者。之所以能够在全世界率先开展新能源方面的研究，与日本国土狭小、化石能源匮乏、能源高度依赖进口有关，也与日本独步全球的制造能力密切相关。凭借在基础研究和科技开发领域的雄厚实力和产业基础，自20世纪80年代开始，丰田汽车联合日本政府和科研机构选定了氢能源作为主攻方向，投入巨资持续发力，最终实现了实质性的突破。

在21世纪初，日本的氢能源技术已经遥遥领先于世界上其他国家，从氢气的制备到储存，从加氢站的建设到安全标准，几乎实现了全产业链的覆盖。在难度最高的制氢工艺方面，相继研发出了薄膜式、电解式和化学催化式等多种方法，每一种都达到了量产的级别，并且在小型化上取得了让其他国家难以望其项背的进展。在2011年的统计中，日本在全世界民用氢能源汽车上的专利占比达到了惊人的54%的水平。可以说，日本汽车厂家在氢能源汽车行业占据着绝对的支配地位，就如同等离子面板领域的松下。

客观上讲，氢气作为汽车新能源，优点突出，但缺点也很突出，主要体现在三个方面：①氢气的储存与运输方面。氢气的能量密度很低，但氢气是已知分子最小的物质。氢气的储存和运输管道都必须使用特殊材料的钢材，因为氢气分子碰到钢铁里的碳原子就会产生"氢脆"现象，使钢铁材料的强度下降十几倍，这也就导致氢气的储存和运输环节的成本很高，需要大量的投资。②安全隐患很大。由于汽车大量地在地下密闭的空间停放，更加放大了氢气泄漏的风险。氢气在封闭的空间，从体积百分比4%到74%都是非常容易发生爆炸的区间。由于氢气是分子最小的气体，所以氢气最容易泄漏，比天然气的泄漏率高出6倍，是炼油厂的"魔鬼"。③加氢站的建设成本高。按照目前的技术条件和标准，加氢站的占地面积大，土地成本高、设备投资昂贵，是普通加油站投资的10~20倍。

正因如此，氢能源汽车的产业化、全球化必然是一个需要国家层面，甚至需要全球层面推动的巨大系统工程。在拥有了技术和专利保护以后，丰田的战略是将核心技术牢牢攥在手心，将绝大部分氢能源汽车产业的利润留在日本本土，再一次实现日本制造横扫全世界的神话。但是，丰田依然面临了当年松下面临的问题：一是新能源汽车产业是一个价值几万亿美元甚至十几万亿美元的巨大市场，仅凭丰田一家根本无法吃下这么大的市场；二是这一全新的市场既需要政府推动，也需要消费者认知的转变。从一开始，丰田的战略在日本国内就遇到了非常大的掣肘。

日本国内将近50%的人口以及超过1/3的GDP和燃油汽车制造业紧密相关。其中，就业和利润的大头来自汽车零配件加工制造企业，汽车零配件带动的经济远超整车制造和销售。可以说，汽车零配件制造和销售是日本核心的产业支柱。然而，氢能源采用了全新的动力系统，相较于传统的燃油车，简化掉了将近70%的零件。一旦氢能源汽车成为主流，将会极大地冲击日本核心产业的大半壁江山，因此日本政府对于发展氢能源汽车产业的态度是模糊且犹豫不决的。尽管氢能源作为替代能源在环保方面具有无可比拟的优势，日本企业及相关领域拥有了大部分氢能源专利技术，具备了在日本国内推广的基础条件，但是如果选择发展氢能源汽车、打压燃油车，万一氢能源的发展不尽如人意，那将会给日本传统汽车产业、给日本经济带来难以想象的沉重打击。在这种复杂的内部环境中，日本燃油车的供应商联合日本政府打压日本车企的氢能源的技术研发和进步，甚至日本车企都在放慢纯粹氢能源汽车的研发和生产，转而向更符合零部件供应商利益的混合动力汽车行业的方向发力。

在全球市场上，氢能源专利技术大部分集中在日本企业手中，特别是丰田汽车手中，而且日本企业不愿意分享或授权其他国家使用该专利。这种保守策略和将整个产业的利润一网打尽的野心，产生了丰田汽车根本无法解决的两个问题：一是日本企业越来越深的专利壁垒成为氢能源汽车产业链绕不过去的障碍，挤走了绝大多数的氢能源玩家和国际资本，迫使其他国家和汽车企业转向电动车技术赛道。原本支持新能源汽车产业发展的国家和参与企业逐渐发现，这个行业绝大多数的利润正在被日本以专利授权的方式回收。自己销售的汽车越多，日系的车企反而越强大。这就注定了全球的氢能源行业会随着资金的撤离而快速地凋敝。曾经支持氢能源技术的其他国家和地区汽车生产企业被迫投奔起跑线更加公平的电动车赛道，市场上氢能源汽车的数量增长开始迅速放缓，这对一个亟须扩大市场、完成对消费者认知转变的新能源汽车市场是灭顶之灾。2016年，丰田推出了第一代氢能源汽车MIRAI，就已经实现了单次充气3分钟，即可行驶600公里的纪录，完全可以比肩燃油车。但在其后的5年时间里，丰田耗费巨资、花费十多年时间研发出来的氢能源汽车，全球范围内就只卖了16000台。

二是在氢能源配套产业链领域，第三方氢能源基础设施建设与整车销售并没有实现良性互动。丰田根本没有能力顾及全球巨大的潜在市场，在游说各国政府方面也缺乏力度，加之与中美等国家相比，日本政府的产业推动能力有限。氢能源的特点使得氢能源基础设施的建设成本高企、设备昂贵，投资风险很高。这些因素导致了基础设施建设投资缓慢，在转变消费者认知方面的舆论造势方面也是独木难支，除了尝鲜的消费者以外，根本没有人愿意为氢能源汽车埋单。反过来，销售的汽车越少，基础设施建设越跟不上，因为第三方服务商从中根本看不到商机，也就不会参与到把这个蛋糕做大的游戏中去。氢能源汽车从头到尾都只靠丰田一家在单打独斗，结果也就可想而知了。

在新能源汽车的另一条赛道——电动汽车领域，却上演了完全不同的一幕。在世界范围内，特斯拉是电动汽车领域的领导者，在行业中拥有举足轻重的地位。与丰田在氢能源领域相似，特斯拉在电动汽车领域也拥有多项核心专利技术，但与丰田不同的是特斯拉选择了开放而非保守的战略。2014年6月，特斯拉的创始人马斯克宣布将开放特斯拉绝大多数的电动汽车专利技术，并且将不会向使用特斯拉专利技术的公司提出任何形式的侵权诉讼。报告显示，彼时特斯拉一共开放了353项专利，其中包括供电电路设计专利、热管理技术、充电电压控制专利、电池底盘封装工艺等，其中的电池热管理技术正是特斯拉的核心技术。随着特斯拉开放专利，全球电动汽车市场开始变得活跃起来，这也许并非特斯拉一家企业的功劳，但特斯拉一定是行业市场的搅局者，是新规则的制定者，是绝对的"鲶鱼"。至少在中国市场，电动汽车众多的新玩家大多数是在特斯拉公开专利的12个月之内入场的。

这也正是特斯拉想看到的，一个因此变得蓬勃的电车赛道。在接下来的时间内，全世界的电动汽车企业的数量开始爆发式增长，多年徘徊在混合动力舒适区的老牌车企也纷纷向着纯电车进发。比如奥迪等，陆续宣布不再研发更新一代的燃油发动机，以此来展示向电动能源转型的决心，也改变了全球消费者对电动汽车行业的认知。特斯拉用300多项专利和决绝的电动化姿态，彻底把自己变成了汽车界的一条鲶鱼，把沉寂了数十年之久的汽车领域重新激活。随着众多厂商不断进行广告营销，以及全球绝大多数国家的巨额补贴，消费者对于电动汽车的接受度越来越高，目标客户群体迅速从尝鲜客户转向普通消费者，越来越多的电动车使充电站建设变成了有利可图的生意，资金快速涌入洼地，帮助车企和政府完成了电动车使用场景中所需要的绝大多数的基础设施建设。

随着电动汽车制造和销售的持续升温，与电动汽车相关的产业链也在飞速地发展，电动汽车赛道的上半场是电动化，而下半场则是智能化。在电动汽车动力电池部分，激发出了诸如宁德时代、LG、松下、比亚迪等世界汽车供应链上的新巨头。同时还有十几家多年沉寂的锂矿企业也被重新激活，在旺盛的锂矿石需求下，产生出了更加高效且低廉的开采技术，电车成本也进一步下降。在智能化领域，电动汽车智能驾驶的出现也刺激了智能集成芯片、超算处理器的长足发展，自动驾驶、智能辅助驾驶也走到了产业化的阶段，电动车的舒适性也得到了再次的提升。可以说，特斯拉的开放专利从某种程度上宣告了日本氢能源汽车战略的破灭，至少目前是这样。

总结松下、丰田和特斯拉的战略案例，可以得到如下启示：首先，在如何看待竞争对手方面，竞争与对抗并非唯一的选择，甚至不是唯一正确的选择，在全球化的时代更是如此。其次，这些案例的共同关注点是在一个新兴的产业，尤其是在一个技术驱动的产业中如何处理与竞争对手的关系。从案例中可以得出，处理好竞争与合作的关系，目的是把产业蛋糕做大，而将产业蛋糕做大的结果将惠及每一位"参赛人员"。一个新兴产业的兴起，需要具备很多方面的因素，完全按照一家企业的战略逻辑推动，独享产业发展的顶端收益，结果会适得其反。最后，技术创新是企业获取核心竞争优势的途径，是企业开拓市场的利器，但也是一把双刃剑。优越的技术实力无疑将塑造更高的竞争壁垒，促使拥有它的企业获取超额利润，这是众多企业梦寐以求的东西。但是，极致的技术垄断会产生虹吸效应，在确保自身强势讨价还价能力的同时，也使产业链上的合作伙伴利益受损，在这种压力超过一定的极限之后，伙伴就有可能变成对手。总之，技术垄断一方面获得了进攻武器，另一方面也在制造竞争对手。如何处理好封闭与开放的关系，这是一个战略性的命题。

在移动互联领域，安卓的开源策略是颇具互联网精神的神来之笔，借此实现了自己的更加坚实的护城河，形成了以安卓系统为基础的移动互联生态系统，无数的软件和企业借此成长起来，也更加依赖安卓。松下以保守心态想独占等离子面板市场，但又不想分享产业链上的丰厚回报给合作伙伴。丰田的氢能源比电动车起步早十几年，又坐拥世界汽车行业的龙头企业，有着深厚的制造业产业链和人才积淀，然而对于独占氢能源专利的病态追求，硬是把氢能源汽车市场越玩越小。

有人说，最好的竞争是没有竞争。这句话包含两种场景：一是走向完全垄断，消灭所有的竞争对手，因为每一个企业都有内在的垄断市场的冲动；二是开创完全的蓝海，只有一家卖家，没有竞争对手。在今天的时代，第一种情况可能会短暂拥有，但一定不会长久；第二种情况下，蓝海既然是"海"，就不是自家后院的小池塘，总有风浪会来，竞争是不可避免的。所以，最好的竞争不是没有竞争，而是在竞争中合作、在合作中竞争。

四、纵向一体化战略的内在动机

公司层战略的决策一定要有全产业的视角，而不是拘泥于自己的一亩三分地，只见树木不见森林。所谓全产业的视角，是指企业战略管理者要把自身放到整个产业的、更加宏观的系统和产业情境中去思考企业的定位，找寻战略机遇与前进的方向。缺乏对产业宏观结构及发展变化趋势的认识，很难有准确的企业定位。

类似于竞争战略的成本领先和差异化，在公司层战略方面，也有两个截然相反的战略选择——纵向一体化和供应链。站在产业分析的高度，单独一个产业的形态是链式结构，企业与企业之间是上下游关系，任何企业都是产业链上的一个或多个节点。同时，产业与产业之间相互关联，又形成了更大的产业网络，进而构成一个地区乃至国家层面的经济系统。因此，单个企业是产业网络中的某一参与单元，对产业链和产业网络的构成发挥着各自的作用。

如果一家企业要进入一个全新的产业，公司层战略首先需要决策的问题来源于两个层面：一是进入产业链的哪一个环节。是产业链的前端，比如最终产品的组装与制造、分销系统或服务网络，还是产业链的后端，比如原材料和零部件的生产、配套与辅助产品的提供或服务供应商等。二是进入产业链中的某一个环节，还是多个环节。企业是聚焦于产业链上的一个点，还是对相关上下游都具有影响力。

对于已经处于该产业中的在位企业而言，公司层战略的决策依然是两个方面：一是是否维持原有的产业链定位，接受现有的竞争地位；二是基于现有的产业链定位，谋求沿着产业链的方向进行前后延伸，前向延伸即前向一体化，后向延伸则是后向一体化。不论是进入一个全新的产业，还是利用已有的产业基础定位，在产业链上下游的方向上谋求新的支点的战略统称为纵向一体化战略。

经济学家试图从交易成本理论的角度去解读企业的纵向一体化战略。交易成本是市场交易中寻找交易对象，签订交易合同，监督、执行和履行合同，建立保障合同履行的机构等使市场交易顺利进行所需的费用或付出的成本。科斯认为，企业是对市场的替代，这种替代之所以能够发生是因为企业组织交易的成本小于市场组织交易的成本。

按照科斯的观点，企业存在的主要目的是降低交易成本。从一般角度来看，企业是法人，与法人相对应的是自然人。在企业出现之前，自然人和"作坊"是交易的主体。相对于自然人和作坊，企业的有限责任以及法人所有权和经营权的分离等制度，不仅使企业将风险控制在一定的边界之内，而且也促使企业形成了经济规模。企业规模的扩大进一步导致了分工与专业化，从而使企业作为经济单元向自由市场所提供的商品种类和数量都有了质的飞跃。企业的存在，以较少的交易主体替代了数量更多的自然人交易主体，实现了降低交易成本的功能。

交易成本的产生还来自交易过程中的机会主义行为和道德风险。企业的交易行为可以分为三种类型：①完全市场化。企业完全通过外部市场完成交易。②内部层级管理。企业通过内部管理方式实现交易。③中间模式。企业以虚拟企业、战略联盟或其他的方式实现交易。按照交易成本理论的观点，三种交易模式都存在机会主义行为和道德风险，但完全市场化的机会主义行为最为突出。威廉姆斯采用了复杂的资产专用性理论来解释交易对象的机会主义行为。一项交易中机会主义行为主要由交易中资产专用性投资水平、交易的不确定性和复杂性决定。资产专用性导致交易对象之间的依赖程度不对称，有潜在败德风险的可能；交易不确定性和复杂性促使企业设计更为精巧和复杂的监督管理体系。因此，企业对交易对象机会主义行为的管控增加了交易成本，使企业多个方面的运营成本增加。如果企业无法实现对交易对象机会主义行为的有效控制，那交易成本会持续增加，直至突破某一阈值，触发战略变革的机制。

1. 供应链控制动机

企业究竟是选择外部市场交易还是内部层级管理的方式实现交易目标，还有更为复杂的管理考虑。供应链控制动机和交易对象的讨价还价能力是主要考虑的因素。供应链控制动机是企业内在的安全需求，最低层次的目标是确保自身供应链的连续与稳定，防止供应链出现中断、断裂乃至崩溃的情况；高层次的目标是在获得供应链的掌控力的同时，提高供应链系统的运作效率，实现对产业关键成功要素、关键流程的话语权，创造基于纵向一体化战略的竞争优势。

双汇是典型的实施纵向一体化战略的企业。根据双汇的上市公司年报，2020—2022年营业收入分别为738.6亿元、666亿元和625.8亿元，双汇成为全国最大的肉制品生产与加工企业。双汇在全国建有30个现代化肉类加工基地和配套产业，形成了包含饲料、生猪养殖、屠宰、肉制品加工、新材料包装、冷链物流、配送、商业和外贸等在内的纵向一体化产业链结构，是国内农业产业化龙头企业和全国知名品牌。这一纵向一体化战略涵盖了产业源头，也与千千万万的消费者直接对接，既显示了双汇的产业发展雄心，也表明了双汇对产业发展关键经济活动和产业成败关键要素的深刻理解和把握。"瘦肉精"事件之后，双汇更是在全产业链的公司战略上不敢有丝毫的懈怠。在产业链的后端，强力控制饲料、生猪等主要输入物的数量和质量；在产业链的前端，首创冷鲜肉的概念，通过自营的冷链物流与配送体系，实现了从双汇工厂到百姓餐桌的无缝对接。可以说，双汇的成功首先是纵向一体化战略的成功。

2. 交易对象的讨价还价能力

成本与利润的压力也是企业追求纵向一体化战略的动因。供应商和客户讨价还价能力的强弱，直接决定着企业获利水平的高低。因此，交易对象所在的产业结构性特征在很大程度上影响着交易对象的讨价还价能力。供应商和客户任意一方占有强势的交易地位，都会对企业产生价格谈判的压力，如果二者都很强势，势必极大地压缩企业的利润空间。

2022年是国内电动汽车产业真正爆发式增长的元年。在电动车电池、电机和电控三大核心构件中，电池成本占有很高的比重，有人预计甚至超过40%。全球电动汽车的蓬勃发展，也导致了对电池产品的旺盛需求，其中以磷酸铁锂和三元锂电池最为突出。我国是锂盐加工大国，但锂资源却高度依赖进口，进口比例超过70%。对电动汽车整车生产企业，特别是进入行业相对短暂的造车新势力而言，动力电池供应商强势的讨价还价能力对其销售收入和利润产生较大压力，国内除了少数新能源汽车厂商以外，大面积出现亏损，这就必然导致整车厂商谋求后向一体化战略，以摆脱给动力电池厂商"打工"的尴尬境地。比如，特斯拉在2023年5月正式启动了在北美投资3.75亿美元的锂精炼厂项目。

这是一个惊人的战略，特斯拉开创了电动汽车厂商后向一体化进入原材料供应环节的先例。国际能源署数据显示，目前全球超80%的锂矿开采自澳大利亚、智利和中国。中国还是锂加工和精炼领域的绝对引领者，建有全球3/4的锂离子电池工厂，拥有全球一半以上的锂加工和精炼产能。特斯拉官网公布的一份2021年报告显示,其锂产品主要来自美国雅保公司、力文特公司以及中国的赣锋锂业和雅化集团。但是,在2022年,锂价飙升至历史新高的60万元/吨,使特斯拉的成本压力剧增,从而促使特斯拉向后延伸产业链,"特斯拉需要从事锂精炼业务"。令人意外的是,特斯拉并没有在直接的锂电池制造环节发力,而是越过锂电池制造环节,直接进入锂原料的精炼,这源于马斯克对当前锂离子动力电池供应中锂原料供应严重不足的深刻感受。从产量上可以看出,马斯克要将锂电池的供应由外部市场交易方式完全转变为企业内部行为,不但要实现对供应链的有效控制,而且要确保公司合理的利润水平。

从电动汽车的发展趋势来看,会有更多的整车制造企业涉足原材料供应领域。只要动力电池的成本依然高企、占整车成本的比重依然过高,动力电池的质与量依然是行业的关键成败要素,就必然会有越来越多的新能源汽车企业谋求一体化战略。

3. 纵向一体化战略的边界

自科斯经典论文《企业的本质》发表以来,理论界逐渐形成了以交易成本理论为核心的企业边界设计分析框架。企业的扩大必须达到一个临界点:在企业内部组织一笔额外交易的成本等于在公开市场上完成这笔交易所需的成本,或者等于由另一个企业家来组织这笔交易的成本。该理论认为企业边界设计的目的是解决市场失灵条件下资源的配置效率问题,边界设计的重点在于降低交易成本。

在20世纪的大部分时间内,美国企业特别是美国制造业在公司战略层面最显著的特征是普遍采用纵向一体化战略——通过不断扩大企业边界,进入产业价值链的各个环节以降低交易成本、获取对产业的控制权。美国著名战略学家钱德勒通过对比实施一体化和没有实施一体化战略的公司之间的竞争优势,发现前者明显优于后者,以美国汽车制造业最为典型。

福特汽车公司在高峰时期生产轮胎、冲压件、发动机、传动装置、散热器、机架和各种模具,甚至还拥有生产汽车所需的70万英亩森林、铁矿和石灰石采石场、煤矿和橡胶种植园。

进入20世纪90年代,伴随着网络和信息技术革命,世界迈入了全球竞争的时代。伴随着纵向一体化战略的解体,大多数汽车制造商转而依赖外部供应商来设计和生产零部件。今天,美国汽车行业中一辆新车的采购成本中有近60%来自供应商的附加值,这与美国制造业外部采购成本的平均水平基本接近。

纵向一体化是将外部市场交易行为转变成企业内部层级管理的战略,是企业对外部环境变化的主动响应。在纵向一体化战略的鼎盛时期,企业似乎可以无边界地延展,进入与原有产业价值链相关的上下游各个领域。纵向一体化战略的流行,一是得益于相对稳定的外部环境。企业有稳定的对成本与利润的预期,因此,多数企业倾向于持有更多的资产特别是固定资产,企业对外投资稳定且持续。二是得益于企业对竞争激烈程度的承受能力。按照产业组织理论的观点,供应商、客户与企业之间是竞争与对立的关系,但企业对竞争激烈达到何种程度有一个承受上限,只有超过这一上限,企业才会触发战略变革,将外部市场交易的行为转变为内部层级管理行为。三是企业对基于纵向一体化战略所取得的竞争态势或竞争优势满意,在权衡利弊的情况下选择接受纵向一体化战略所带来的企业规模庞大、管理复杂、组织臃肿和市场反应缓慢的缺陷。

20世纪90年代之后,导致纵向一体化战略解体的原因之一是来自外部环境的变化。消费者需求快速多变、技术和产品创新的速率空前提高,但产品生命周期却大大缩短等变化,客观上要求企业对市场需求快速响应,展开时间与柔性的竞争,上述变化给传统的竞争战略带来巨大的挑战。研究表明,在不确定性高的市场环境下,纵向一体化的边界设计对于企业成本削减具有一定的影响,但效果并不显著。相反,纵向一体化战略需要企业自身的大量投资,并将这些投资限制在一定方向和领域,有时甚至是战略锁定,降低了企业战略变革的灵活性。纵向一体化战略模式成本高、组织庞大臃肿、反应迟缓和效率低下等缺点更加凸显,以纵向一体化为核心的战略面临越来越严峻的挑战。

导致纵向一体化战略解体的原因之二是原有的竞争优势不复存在。纵向一体化战略减少了交易成本,但却增加了管理成本,并带来了企业管理一系列的问题。单个企业在应对快速变化的市场方面显得力不从心,有限的资源不足以支撑企业在价值链的每一个环节都取得最佳的竞争优势和最优经济效率,时间成为比成本和差异化更突出的、关系竞争成败的关键要素。纵向一体化战略已不适应新的竞争环境,企业应进行战略变革。

进入21世纪以来,"更快"竞争成为新的竞争导向。那些能比竞争对手更快地满足顾客需求的企业，会比同一领域的其他企业拥有竞争优势，获得更多利润。时间竞争是另一种竞争模式，与资金、生产率、质量甚至创新具有同等重要的作用。斯托克和霍特在1990年出版的《与时间竞争》中指出："今天的创新是以时间为基础的竞争。优秀企业的评估指标从过去的竞争成本和质量变成现在的竞争成本、质量和反应能力，速度成为现代人购买决策的三大要素之一，新兴的时基消费者以及与此适应的时基竞争者正在形成，时基竞争者致力于顾客价值的创新，其所提供的产品和服务种类更多，成本更低，时间更短。"时间的稀缺性取代资源的稀缺性成为"速度经济"价值的根本所在。面对众多差异化的市场需求能否做出快速反应，成为"速度经济"时代企业核心竞争力的新元素。在变革条件下，从消费电子产品到航空，从计算机软件到快餐业，竞争优势的来源正在以逐渐加快的速度被侵蚀掉，维持优势时期的长度也在缩短，学者们将这种现象称为"超级竞争"。时间高度浓缩，距离极度聚焦，行为和反应趋向同步，消费者渴求当下的及时满足以及步步紧逼的市场环境要求企业更加有效地利用时间资源，提高反应能力，将时间压缩到零点——不论是收集信息还是做出决策，不论是配置资源还是进行创新。

五、供应链战略

与纵向一体化解体相对应的是供应链战略的迅速兴起，重新定义了企业与企业之间的竞争与合作关系。根据协同学的观点，自然界和人类社会中一切有意义的结构，都是在参与各方既相互竞争又相互协作中形成的。如果说产业组织理论将企业与交易对象之间的关系定义为竞争与对抗，并将取得竞争中优势地位作为战略成功的关键的话，那么供应链战略则将企业成功的关键置于企业与利益相关者之间展开卓有成效的合作。

1. 供应链战略的产生

首先，供应链战略的兴起，本质上是全球经济一体化的产物。以产品内分工为核心特征的供应链将全球经济活动紧密地、体系化地连接为一体。在全球化的分工协作体系中，跨国公司产品的实现过程被高度分散化了。将产业链的低端和低附加值制造环节转移到欠发达国家和地区曾经是全球范围内产业转移的主流形态，但是供应链战略是跨国公司在全球视野之下统筹规划产品的原材料和零部件供应、生产与组装、营销与物流等各个环节，寻求新的竞争优势的战略。全球经济一体化使各类生产要素充分流动，在世界范围内进行资源配置成为可能，也使企业追逐全球市场的方式发生了深刻的变化。

其次，供应链战略也是技术变革驱动的产物，特别是以互联网、计算机、移动终端等为代表的新一代信息技术。互联网从技术层面开创了新的时代，但互联网也在理念和价值观层面重塑了企业对竞争的认知。这里不得不提的是由互联网革命所带来的价值观革命。互联网的理念是平等、合作、分享。网络结构取代了金字塔形的信息传递结构，让每一个互联网节点都体验到了从未有过的公平感。没有互联网和信息技术的革命性进步，以及跨越大洋、穿越山海的即时通信和数据传输，世界不可能连为一体，供应链战略也不可能实现。正是由于互联网精神，以及被互联网精神熏陶的年青一代成长为企业决策者，新的企业间竞争与合作关系的格局才被彻底改写。

最后，供应链战略是寻求新的竞争优势的战略。不论是消费者需求快速多变、产品生命周期显著缩短，还是时间成为新的竞争焦点，单个企业在产业链中的角色定位已经悄然改变。"不是一个人在战斗"是当前企业竞争的最直观写照。供应链与供应链之间的竞争才是竞争的主流形式。企业聚焦于最能发挥自身核心竞争优势的产业链环节，而将非核心业务外包，这既是纵向一体化战略的解体，也是新战略的开始。供应链战略的价值基础是合作，在合作中竞争。

麦当劳的战略充分体现了"不是一个人在战斗"的供应链理念。麦当劳的故事被无数人演绎，学者也好，消费者也好，都从不同的角度去解读其成功背后的秘密。其中，营销学者从位置的独特性去解读麦当劳的成功；运营管理者往往更加关注麦当劳的操作手册，食材的选择、规范的操作流程、详细的操作要求，细化到以分钟为计量的食材保鲜度，乃至麦当劳的店长扫地频次都被考虑在内；企业文化学者喜欢从麦当劳的独具特色的企业文化入手，分析其内在无形资源的形成机理和实际效果。上述对麦当劳的解读也许都正确，但却忽视了麦当劳赖以成功的强大的供应链系统。

以麦当劳中国区为例，主要原材料供应链的构成如下：

（1）薯条。薯条的主要供应商是辛普劳（中国）食品有限公司和麦肯食品有限公司。辛普劳是餐饮及农产品业的领导者，也是北美最大型的食品集团之一，成立于1929年，总部位于爱达荷州首府博伊西；麦肯是全球知名的冷冻薯条及开胃小食生产商，是在全球六大洲拥有超过57家加工厂和20000

多名员工的跨国企业。全世界每消费3根薯条，就有1根来自麦肯。

（2）鸡肉。鸡肉类产品的供应商是嘉吉动物蛋白有限公司、圣农食品有限公司、铭基食品有限公司、泰森食品有限公司。其中嘉吉公司是全球最大的肉类和禽类加工商之一，业务遍及世界五大洲。圣农公司专业生产并销售各种灌肠类、油炸料类、蒸烤类、调理类等100多种产品，产品远销日本以及我国国内大型商超、餐饮连锁店。泰森公司是目前全球最大的鸡肉、牛肉、猪肉供应商及生产商，创始于1935年，总公司位于美国阿肯色州。

（3）猪肉。猪肉类制品主要供应商是由美国荷美尔食品公司与北京三元集团有限责任公司共同投资兴建的一家中美合资企业，主要为各大超市、饭店提供鲜肉、加工肉和其他肉类产品。

（4）牛肉。牛肉类供应商是美国基斯顿食品公司和中国粮油食品进出口公司等合资成立的铭基食品有限公司和辽宁圣源有限公司。

（5）汉堡面包。汉堡面包类供应商是怡斯宝特面包工业有限公司。怡斯宝特是国际知名的面包生产集团，在全球拥有超过20家公司，为快餐连锁店供应烘焙产品，经营范围包括面包、中西糕点等。

（6）酱料。酱料调味供应商是美国味可美食品有限公司，公司主要生产和销售各种干式、湿式的餐饮、工业、零售用的调味料与佐料。

从以上信息可以看出，麦当劳的成功绝非偶然，其成功是麦当劳供应链的成功。从中国区的经营模式可以窥探麦当劳的全球化运作模式，那就是麦当劳的业务拓展到哪一个国家和地区，麦当劳的供应链合作伙伴，当然主要是美国的食品生产跨国公司，就跟随到哪一个国家和地区，在当地布局，在当地建厂。得益于强悍的供应链合作关系，麦当劳确保了在全球任何一个国家和地区的产品质量标准稳定不变，小到一包番茄酱，大到巨无霸汉堡包，以几乎相同的输入和输出质量推动着美式快餐横扫全球。

换一个场景，在汽车制造领域，丰田是全球最大的整车生产企业，也是供应链管理最先进的企业之一。为了实现低成本与高效率的供应链管理目标，丰田开创了及时制与精益生产系统，与供应商和客户结成了战略合作伙伴关系，实现了利益共享与风险共担。同时，站在供应链系统的高度，丰田在整个供应链系统中开展最佳实践活动，主动将丰田的专有知识在供应商中扩散，培训供应商，协助供应商解决问题、提升能力，最终实现了与供应链合作伙伴的共赢。

2. 供应链文化

相对于纵向一体化战略，供应链战略采取了截然不同的理念，这种理念是对当前产业主要经济活动和关键成功因素的理解，以及对于如何确立竞争优势的最佳假设。这种理念与供应链战略一起被称为供应链文化。

第一，供应链文化是竞争与合作的文化。为应对全球竞争的新环境和需求端发生的深刻变化，企业应充分认识到自身的能力边界。今天任何一个产业的形成、重大的技术创新，乃至推动一个已有产业的革新与进步，都不是一家企业，甚至一个国家能够做到的。集成创新和系统创新是当前创新的主要形态，是多学科集成、多技术集成的产物。产业链是一个庞大的生态系统，每一家企业都需要找到自身的定位，并寻求外部资源的协助。资源基础理论主张企业的持久竞争优势来源于内部，来源于企业所拥有的资源和能力，越是独特的能力越有可能产生竞争优势。但是资源基础理论将资源这一概念限定在企业边界之内，资源依赖理论则将资源的边界进行了延伸与拓展。

在韦尔奇时代，当绩效和市场份额目标形成了通用电气在 20 世纪 80 年代的业务组合时，韦尔奇提出了无边界公司的愿景，并将无边界公司设定为 90 年代通用电气业务发展的方向。在给股东的《年度报告》中，韦尔奇描述了在一家无边界公司中，供应商是合作者，顾客的需要成为全体员工关注的焦点。从本质上讲，企业的职能模块被打破。韦尔奇认为，如果不减少一部分员工，就无法达到无边界化。他认为："解雇人员是一件非常麻烦的事情，这也是最难的一部分工作。但是，我们必须在走向非正式、迅速行动和无边界的过程中排除任何困难。你无法对一个膨胀的官僚机构说，让我们无边界吧。因为这些人已经在限定好的职位上工作了。除非你清除挡住视线的森林，否则不会看到任何事情。"

韦尔奇认为任何一个组织边界都是一道"收费大门"——对速度的阻碍。通过提高对客户的反应水平，打破边界将会带来更高的利润率和更大的市场份额。当然，韦尔奇也承认改变通用电气的文化远比改变公司业务组合的难度大。

供应链是一种介于完全市场和企业内部之间的虚拟企业结构，重新定义了战略竞争的模式。要实现供应链整体效应的发挥，就需要组成供应链系统的各个节点企业转变理念，形成整体观和系统观的思维方式。在经营导向上，以确立供应链整体竞争优势、创造更多更优客户价值为最高目标，将供应链整体系统利益与节点企业局部利益、长期利益与短期利益统筹安排，实现一体化运作。

第二，供应链文化的核心理念是信任与承诺。在中国传统认知中，商业行为充满了狡黠与欺诈，所谓"无商不奸"。中国历史的基调是农业文明而非工商业文明，小农经济构成了中国经济的主体。中国古代对商人的歧视非常直接而彻底，很少有国家如同中国这样有"士农工商"的排位。

从历史来看，中国人的商业天赋绝不亚于世界上任何一个其他民族，早在2000多年前，就出现了系统阐述商业运行规则及其对社会经济发展作用的著作，其中以《货殖列传》最为突出。《货殖列传》达到了前所未有的高度，钱钟书评价为"历史思想及于经济，是书盖为创举"。

司马迁在《货殖列传》中将古代商人的创富经历、创业过程、商业理论和财富观点进行了系统归纳和总结，如范蠡、白圭、子贡、猗顿等。《货殖列传》首先肯定了商人阶层存在的必要性，尽管商人阶层不直接创造财富，但在交通有无之间，商人阶层对财富创造、价值实现具有不可或缺的作用，所谓"农不出则乏其食，工不出则乏其事，商不出则三宝绝，虞不出则财匮少"。其次，司马迁提出了商人逐利具有普遍意义以及逐利乃是商业的根本，故曰："天下熙熙，皆为利来；天下攘攘，皆为利往。"为利益驱使追求物质享受与利益最大化是驱动商业体系自动运行的根本所在，"若水之趋下，日夜无休时，不召而自来，不求而民出之"，这些都完全符合社会经济运行的规律和法则，无可厚非。最后，司马迁借白圭之口阐述了商业经营是一个高深莫测、蕴含智慧、充满挑战与"大德"的行为，其复杂程度，可以与治国理政、运筹帷幄、排兵布阵、变法图强等相提并论，"吾治生产，犹伊尹、吕尚之谋，孙吴用兵，商鞅行法是也"。从精神气质层面来看，大货殖家集智慧、勇气、仁德于一身，不亚于政治家、军事家和变革家。可以说，《货殖列传》对商人阶层的社会作用给予了高度肯定和褒奖。

但是，因为皇权的独占性，除个别时期以外，历代统治者都对商人及商业采取了歧视与抑制的国策。管仲提出著名的"利出一孔"理论，秦汉以后更是将商人定位为与国争利，"不佐国家之急，黎民重困"，商人不仅位列社会阶层的最末，"士农工商"，没有取得应有的社会地位和尊重，而且全社会对于商人及其商业行为以负面评价为主，商人逐利的精神气质被无限放大至几乎成为唯一的"符号"，其极端化表现则是为了利益可以不择手段。

在皇权专制的体制和"重农抑商"的文化氛围中，中国古代的商业精神无法发育成熟，对于商业经营的研究和探讨始终难登大雅之堂，商业手段成为末等之末、雕虫小技，商业智慧不被社会认可，为富不仁、无商不奸成为商人气质的最极端表述，商人阶层成了一个复杂的、难以言表的社会存在。

与之形成鲜明对比的是，在其他很多古文明中，商业都是推动社会发展的重要动力。公元前3000年，中东的亚述人就开始签订商业合约，那个时候甚至出现了正式的合伙协议书。而罗马人发明了法人制度，创造了公司的雏形。用法律保护个人权利，明确所有权归属，这些正是自由交易和市场形成的前提。

"资本主义是一个整体性的历史运动，而不是个别经济现象。"这是对中国近代无法实现向资本主义社会转型的解释。毫无疑问，与市场经济相对应的商业文明发育不良有其深刻的历史原因，其影响深远，至今仍需要在全社会层面进行商业伦理的养成教育。在历史与现实的交织下，商业伦理与供应链所需要的理念形成了冲突。可以说，今天很多中国企业间的低信任度关系是构建供应链战略、结成合作伙伴关系的重要障碍。其中既有历史的原因，也有现实的问题。

在与供应链合作伙伴建立信任与承诺的特殊关系方面，日本企业独树一帜。日本佳能在制造环节的目标就是以最低的成本生产高质量的产品，并且及时交货完工。为了降低成本，制造系统的关键一步是将各种产品的制造过程进行精密组织，使生产所需的时间、精力和要素都最小化。佳能一直通过稳定的制造计划过程和精心的原材料准备过程，来同供应商保持良好的关系。丰田汽车与供应商之间的长期深度协作关系是其实现及时制（JIT）、零库存和精益生产的重要保障，也正是凭借跨越组织边界的资源协同能力，丰田汽车在雷克萨斯等品牌上实现了低成本与独特性的结合，创造了难以模仿的竞争优势。

与日本汽车企业的供应链策略相反，传统上，美国汽车制造商和其他零部件供应商之间的关系是敌对的。制造商担心，如果其零部件供应商的实力加强，自身讨价还价的能力便会被削弱，从而在采购汽车零部件时，失去对价格的控制。为了防止供应商的发展壮大，汽车厂商常常煞费苦心地设计出各种防范措施来限制供应商的发展。以通用汽车为例，公司的供应商管理措施主要有5个方面：

（1）汽车的关键部分，如发动机体、传动装置等，从不交给外面公司生产。这些部件是汽车生产中的核心。

（2）永不分包一个完整的"系统"，如制动器、点火装置乃至座椅。

（3）对于分包出去的各部分，在最低有效规模许可的情况下，尽可能多找供应商。

（4）对任何合同，很少同意超过两年的期限。

（5）以公开招标的方式选拔供应商。公司提出需求产品的数量和规格，然后把合同授予报价最低的公司。

但是这种做法在实现对供应商严格控制的同时，也带来了高成本。通用汽车的供应商多达12500家，而公司管理这些供应商的人员也高达6000人。这套系统也切断了供应商之间的相互学习机制，即使能够稳定地供货，成本也非常高昂。随着日本汽车大量进入美国市场，原有的供应链管理体系受到了极大的挑战。自20世纪80年代末90年代初开始，美国汽车公司不得不重新审视与供应商之间的关系，以克莱斯勒汽车公司最为典型，取得的成效也最显著。

首先，克莱斯勒将零部件供应商数量从2500家减少至1140家，减少了50%以上。公司同这1140家公司的关系不再敌对，它不再强迫供应商每两年互相竞争投标来得到业务，而是同他们建立长期合作关系。其次，设立采购前供应商制度，让供应商参与到新产品开发和产品制造的各个阶段。最后，实施供应商降低成本努力（SCORE）活动。克莱斯勒真正同供应商建立信任关系，是从SCORE活动开始的。该活动的根本目的是帮助双方降低整个生产系统的成本但又不损害供应商的利润。该活动能够得到供应商的响应，原因一是克莱斯勒规定，由供应商的建议带来的成本节约由双方分享；二是克莱斯勒有公平对待供应商建议的诚意。SCORE项目获得了惊人的成功，截至1995年12月，克莱斯勒共采纳了5300条建议，单为公司节约的成本就达17亿美元。

上述供应链管理的变革不仅扭转了克莱斯勒汽车公司面临的困境，而且创造了巨大的效益。从1989年以来，开发新车的时间减少了40%以上，同供应商的合作是加快产品开发的关键因素。与此同时，开发和投产一种新型汽车的成本大幅降低，克莱斯勒仅在LH项目中就节约了大概7500万美元的开发成本。1988年后，克莱斯勒将其采购人员减少了30%，每个采购人员采购的产品价值大大增加。由于克莱斯勒能生产更多的新型号汽车,其轿车和卡车在美国市场的占有率从1987年的12.2%上升到1994年的14.7%。这是克莱斯勒过去25年中在美国市场最高的占有率。克莱斯勒也大大提高了利润率,其资产回报率自1992年以来是美国同行中最高的。

第三,供应链文化是基于契约精神的文化。亚里士多德提出"交换正义"的观点,表达了市场交换除了逐利的追求之外还蕴含着丰富的人文情怀,其中契约精神是构成商业文明的人文支柱和核心要素。契约精神由契约自由精神、契约平等精神、契约信守精神和契约救济精神构成,是市场经济自由、平等、信用属性的集中体现。正是依赖契约精神,商业行为才得以跨越时间与空间、种族与文化而遍布世界的每一个角落,使财富创造得以顺利实现。契约精神随后也逐渐渗透到现代生活的方方面面,成为构成社会体系架构、维系社会生活正常运转的不可或缺的无形黏结剂。

供应链战略特别是全球化供应链战略,在日本、欧美等国家有很多成功且极富影响力的案例,但是中国本土企业的供应链成功案例却很稀缺,其中的原因是多方面的。低信任度的企业关系是主要原因,但是造成低信任度的企业关系的根源是契约精神短板和权力寻租导向。

很多情况下,国内供应链核心企业往往是供应链的集成商,它总是从实力的角度展开与供应商之间的对话,而非以供应链上合作伙伴的角度平等看待双方的商业关系。在面临成本降低的压力时,供应链核心企业往往将降成本的压力直接传导给供应商。多数企业都会要求供应商定期,如每年以一定比例降低供货价格,所谓供应商大会的核心议题就是价格谈判。此外,核心企业还通过间接的方式来降低成本。如为了实现所谓"零库存"或及时供应的管理目标,核心企业要求供应商在其周边建立库房,缩短供应半径、及时响应其生产运作需求的同时,也把库存成本转移给了供应商。这种将供应商视为成本控制源头的做法本身无可厚非,但不从自身角度进行管理变革和系统创新,单方面压低供应商供货价格策略实际上恶化了采购供应关系。

相比日本等国家,我国的社会组织,如行业协会等一直没有真正发育起来,从而成为制约失信行为的重要力量。尽管改革的方向是让市场在资源配置中起到主导作用,但类似于日本等国的行业性社会组织在影响企业经济行为中的作用依然不显著。

为什么很多国内企业的供应链管理不能从短期导向走向长期导向?我们

可以把长期导向和短期导向视为长期投资和短期投资，短期投资往往投资少、见效快，而长期投资不但需要大量投资，而且面临很大的风险和不确定性。面对长期投资，特别是战略性投资的风险，理性的企业可能会选择实物期权的方式，步步为营。一个企业愿意长期投资，一是它看到了长期投资所带来的更大的收益；二是它拥有一种长期投资的"安全感"，这种安全感来自供应链合作伙伴的信任与承诺，支持这种信任与承诺的是背后的契约精神。

3. 全球化供应链战略面临的挑战

今天，逆全球化的浪潮使全球化供应链面临崩溃的巨大风险，这绝不是危言耸听。最近一个时期以来，供应链战略面临严峻的挑战，特别是全球化供应链。

这种挑战并非供应链战略不再适应当前的竞争环境，而是供应链所处的外部宏观环境发生了重大的变化。滥用国家安全概念所引发的政治制裁，极大地破坏了供应链网络，导致很多企业付出巨大努力所构建的供应链体系在一夜之间断裂，其损失不可估量。华为公司全球核心供应商中有33家美国企业，占比达到35.9%。但美国商务部的禁令规定"凡是使用了美国技术、设备的公司，不能给华为提供芯片服务"，不仅从产品供应链而且从技术供应链上，几乎切断了华为从外部供应链系统中获取所需关键零部件的可能。

这种以国家安全为由的政治打压颠覆了以市场契约、公平、信任与承诺、互利共赢等为基础所构建的供应链体系，恶化了全球供应链环境，形成了逆全球化的浪潮，这给中国企业开拓外部市场、建立全球化供应链带来了极其不利的影响。宏观环境的恶化完全超出了单个企业能够控制和影响的能力范围，供应链的存续与中断已经成为国与国之间，甚至区域组织与区域组织之间的政治博弈，且几乎完全不可预测，一旦中断则对企业形成灾难性影响。

客观来看，尽管中国是全球高科技产品的重要的消费市场，中国企业是重要的采购方，但美国等西方国家在高科技领域拥有雄厚技术实力和资本实力，是全球化供应链核心技术、关键零部件、关键软件、关键产品和基础性操作系统等的提供方或主要来源，这就使得美国等挥舞制裁大棒时有恃无恐。在全球化的时代，买到买不到产品，是一个市场问题；在逆全球化的时代，买到买不到是一个政治问题。选择成为某一个中国企业的供应商或加入某一个以中国企业为主导的供应链，商业问题的考量已经退而求其次了。

为应对宏观环境的恶化，在战略层面最大的变化是众多企业纷纷重拾纵向一体化战略，停止或暂时停止全球范围内的制造分包活动，建立更加具有区域特征的供应体系。以新能源汽车领域的比亚迪为例，该公司以生产电池起家，在新能源汽车领域异军突起，除拥有领先的刀片电池、超级混动和智能操控等核心技术以外，比亚迪的竞争优势被很多人总结为拥有完整的电动汽车产业链，即纵向一体化战略。在电动汽车的核心零部件领域，电池、电机、电控系统依靠自主研发。特别值得一提的是，早在2011年比亚迪就开展了IGBT芯片的自主研发，并于2017年推出首款IGBT芯片。此外，比亚迪还根据汽车电动化、智能化的需求，对传统汽车的底盘、操控等进行了升级改造，形成了突出的产品独特性优势。比亚迪的纵向一体化战略涵盖电池、电机和芯片等零部件和原材料的研发生产、整车组装、全球分销等各个环节。其他企业，比如深受制裁之害的华为等，也更加坚定了自主创新，将核心技术和关键零部件掌握在自己手中的战略方向。逆全球化冲击了原有的全球化供应链体系，也严重打乱了已有的国际产业分工体系，使全球化进入动荡和无序的状态。长远来看，以美国为首的西方发达国家利益集团重塑全球化供应链的布局大体可以分为三个层面：

一是高科技领域的断链。在以半导体、人工智能和芯片等为代表的产业领域内，限制产品及技术资源向中国高科技企业流动。

二是将全球化时代高度依赖中国的组装、制造环节迁出，迁至墨西哥等北美地区，以及东南亚、印度等人工成本相对更低的区域，对与中国有关的供应链环节实行歧视性关税政策。

三是逐渐减少对中国产商品的采购，寻找新的贸易对象和商品来源地。

尽管以中国的经济体量，以及与全球产业链高度融合，你中有我、我中有你的事实让这种断链短期内根本不具有可行性，但也提醒着中国企业，时代变了，企业应随机应变。

目前，比亚迪等企业所建立的纵向一体化产业结构形成了企业在全球市场中的竞争优势，也带来了实实在在的利益，成为众多企业纷纷效仿的模式。应当说，比亚迪等企业的纵向一体化战略适应了当前动荡与无序的全球竞争环境，是对外部环境恶化的响应和变革，这种战略变革至少在现阶段是成功的。从数据来看，比亚迪汽车2022年超越特斯拉成为全球新能源汽车销量冠军，目前在全球几十个国家的市场中努力开拓，这是中国自主品牌汽车从未有过的高光时刻。这种趋势的积极作用是彻底切断企业从外部获取企业核心竞争优势的想法，促使更多的企业思考、重视企业核心技术来源的问题，有助于中国企业的管理成熟和技术进步。但是，这种纵向一体化战略不完全是企业的主动选择，更多的是一种被动无奈之举，因而战略的可持续性有待进一步验证。

全球科技创新日益呈现各国分工与协作的特征。可以说，在今天，没有一家企业能够完成一个全新产品所需的全部技术与产品创新，也没有一家企业能够不依赖外部资源完成产品实现的全过程。长江存储董事长陈南翔提供的一组数据显示，目前直接参与全球半导体供应链的国家和地区有25个，间接参与的有23个，形成了一个完整的全球供应链体系。此外，中国的半导体市场有80%来自海外企业，美国的市场同样有60%来自海外，这就意味着中国的半导体市场不仅属于中国，也属于全球，美国同样如此。这充分证明了全球化和市场竞争，对半导体产业的发展起到了非常大的促进作用。因此，从长期来看，开放、协作的创新体系才能保证产业技术迅速迭代升级，完全依赖自身资源的创新能力有限。

过去20年的全球化经验也表明，供应链体系的创新，或者说供应商的创新是最终产品创新的有力支撑，不论是强大的苹果公司，还是特斯拉这样的新能源汽车引领者，单靠一家企业无法实现可持续的技术与产品创新。以电动汽车为例，电动化是第一步，而智能化是电动汽车产业竞争的更高维度。随着电动汽车智能化的发展，应用场景的不断拓展，智能化汽车产业链必将不断延伸，有更多的新兴产业、技术等加入电动汽车智能化赛道中。汽车这种工业产品有可能进化为与安卓操作系统一样，成为系统集成的平台、应用场景集成的平台、智慧化功能集成的平台，传统的行驶功能反而成为次要功能。因此，电动汽车智能化的创新方兴未艾，汽车企业的战略变革也一定在路上。

全球化的市场竞争、全球化的创新与技术标准、全球化供应链、全球化的人才流动、全球化的资源配置是产业发展的内在发展逻辑。纵向一体化战略尽管具有掌控产业链、培育核心竞争优势、控制关键原材料和零部件的成本、降低交易费用，以及保持企业独立性的优势，但其导致的企业规模庞大、重资产、管理费用高、失去对市场的敏锐，以及变革缓慢等缺点也很突出。更为重要的是，纵向一体化战略在实现快速响应和低成本、独特性与快速创新等方面的劣势，也会逐步削弱原来依靠技术与产品创新所积累起来的竞争优势。

总之，要将低成本和差异化很好结合，纵向一体化是有难度的。单单依靠一家企业，对整个产业的创新贡献是远远不够的。

六、隐形冠军的战略选择

1. 问题的产生

如果一家企业以供应链作为未来的公司层战略类型，那么它该如何确定自己在某一个供应链体系中的位置呢？如果不考虑其他的战略选项，一般而言，存在两种截然不同的且带有价值判断的选择——成为供应链的链主还是做供应链的节点企业？

中国企业似乎对成为供应链的链主情有独钟，"宁为鸡头，不为凤尾"。这种情结带有一定的文化特色，但更深层次的原因是成为供应链的核心和主导企业所带来的经济利益和品牌影响力。首先，一般供应链的集成商都是最终产品的提供者，在公众中有更高的曝光度、知名度，因而更具有社会影响力。就品牌而言，正如格力、美的等企业为消费者所熟知，但很少有消费者关心这两家空调企业所使用的压缩机由哪家公司提供。其次，供应链的链主处于整个供应链的核心位置，也最接近最终的用户，在终端制胜的环境下具有更强势和更有力的话语权，往往可以主导供应链体系内的利益分配格局，而供应链节点企业不得不处于从属与被动的地位。对大量的中小企业进行调研后发现，一些企业成为供应链的一员是企业发展历史造成的；另一些企业虽然对现状不满，但是缺乏足够的资源和能力来改变这种战略定位。很多企业并不愿意接受这种受人支配的供货商角色定位，始终存在前向一体化的战略冲动。比如在前面帕迪农场的案例中，传统美国养鸡场的运作模式是将鸡批发给屠宰场，再由屠宰场加工、包装，随后进入流通环节，因此消费者不知道这些鸡来自哪家公司。帕迪农场不能接受所售卖的鸡肉质量上乘但却没有终端品牌的营销定位，因此，公司通过前向一体化进入成品鸡的直接销售市场并最终大获成功。最后，多数企业都在努力地做大做强，并将其作为事业成功的标志，而成为供应链的核心企业更能实现这一目标。格兰仕曾经是微波炉的代工企业，为全球知名的生产厂家贴牌生产微波炉。但公司认识到贴牌生产的弊端，并在资源和能力得到积累和提升的情况下创立了自主品牌，开始反向整合整个供应链体系，并最终成为世界最大的微波炉生产企业。

但是，按照波特五力模型的产业竞争性分析理论，尽管受制于产业结构性因素，供应商和客户的讨价还价能力依然对整个供应链体系内的利润分配产生着实质性影响。在经历了轰轰烈烈的扩张之路后，越来越多的企业已经开始意识到，不做集成商而专注于供应链的某一环节也是一个不错的战略选择，更多的企业则在感叹"如果十几年前不做整机制造，专心搞核心配件，该有多好"。

中美经贸摩擦发生后，特别是芯片供应链"断链"所带来的恶劣影响发生以来，理论界和产业界对供应链、全球化供应链的认识呈现一种空前觉醒的状态。很多人开始反思，包括一些著名的企业家。人们逐渐认识到规模和整合能力不能掩盖供应链缺乏核心技术的致命短板。类似于中兴等国内大型科技型企业虽然拥有了全球化的品牌影响力，建立了庞大的供应链体系，但是，在芯片、操作系统等方面缺乏核心技术的战略虚有其表，根本不具备对整个供应链体系的掌控力。此外，中兴等公司尽管是最终产品品牌的提供商，但企业的技术进步和产品升级严重依赖外部供应链合作伙伴，因而整个产业的利润大部分被少数关键供应商拿走，比如手机、车机芯片的全球主要供应商高通公司。根据中兴通讯披露的有关信息，2017年度，中兴通讯尽管营业收入达1088.2亿元，但全年净利润仅为45.54亿元，净利润率只有4.2%，但支付给美方的罚款就达到约8.92亿美元。

一味追求大而全和全球化供应链的显示度，并不是最优的选择。逆全球化的浪潮暴露了大量中国企业和企业家缺乏战略定力和机会主义导向，缺乏对价值观和企业使命的坚守等突出问题。同时，"隐形冠军"这一话题受到高度关注。

2. 隐形冠军

德国管理大师赫尔曼·西蒙在《隐形冠军》中第一次提出了隐形冠军企业的概念。按照西蒙的理解，隐形冠军企业一般具有三个特征：

（1）世界前3强的公司或者某一大陆上名列第1的公司。

（2）年营业额低于50亿欧元。

（3）不为外界所知。

西蒙的理论是开创性的，但营业额和企业规模不应是隐形冠军的限制条件。"冠军"和"隐形"是这类企业的核心属性，之所以是冠军是因为这些企业产品或服务的价值性和独特性，而之所以是隐形是因为这些企业都不直接面对最终消费者,在业界如雷贯耳,但在产业之外,特别是普通大众中知之甚少。至于营业收入和规模并不是关键属性,隐形冠军企业可以是矮小的灌木,也可以长成参天大树。比如生产芯片的高通公司,可以说如果没有互联网和发达的新媒体传播途径,它依然隐藏在幕后不为人所知。

从日本、德国隐形冠军企业的成功经验来看,成为供应链集成商并不是掌控供应链、获取超额利润回报的唯一途径。企业参与供应链的方式,以及在供应链中的角色定位关系到企业战略的成败。从供应链上下游关系来看,隐形冠军企业提供的是最终产品所需的关键技术和关键零部件,对最终产品的形成起着重要的作用。核心零部件的技术创新既是最终产品创新的重要来源,也是产业迭代升级的驱动力,也可能是供应链利润获取的重要环节。在很多产业领域,隐形冠军企业是最终产品赢得市场、获得客户满意的决定性因素。以日、韩为例,两国在消费电子、信息技术领域均具有全球竞争力,但相对于韩国,日本隐形冠军企业在韩国电子产业供应链中处于举足轻重的地位。从已公布的数据来看,韩国企业严重依赖日本原材料供应商。

成为隐形冠军企业应是多数企业未来的选择。除极少数有实力的企业开展集成创新和系统创新外,多数企业都应采取聚焦于全球供应链某一点的技术创新定位,成为隐形冠军以重塑产业格局。能够左右全球供应链、拥有强话语权和高获利水平的隐形冠军企业匮乏,才是目前中国企业参与全球供应链分工的重要短板。

如何才能成长为隐形冠军企业?赫尔曼·西蒙用大量的案例和数据对此进行了解析。他认为成为第一的雄心、专注、全球化和融入产业生态是具体的路径。

成为第一乃至世界第一的雄心很好地体现了战略由价值观驱动的本质属性,而专注则是对企业愿景和使命的坚守,只有专注才能成为世界一流企业。这些要素都与企业家精神的特质相联系。德国制造在世界范围内的话语权和影响力,源于德国拥有世界上最庞大的隐形冠军集群。日本在经济泡沫破灭后依然保持强大的制造业实力,同样因为日本拥有世界上最庞大的百年老店集群。今天对中国企业,特别是中小企业而言,首先要有清醒的头脑和对宏观环境的正确认知。过去几十年,依靠跨国公司全球供应链知识溢出和技术扩散所形成的模仿与追随创新模式将难以为继,企业要从根本上立足自主创新。同时,要认识到第一之所以是第一,就在于首创,在于独一无二。第一往往没有参照系,在成为第一的道路上是孤独的,需要在无人区里苦苦求索。

全球化是成为隐形冠军的必经之路,没有经过全球化洗礼的企业不能称为真正的隐形冠军。目前,德国隐形冠军基本开展了全球业务,但中国企业的海外业务较少。德国伍尔特公司专门生产螺丝、螺母,但是,它的渠道却遍布全球80多个国家,上至太空卫星,下至儿童玩具,都是这家公司的客户。全球3/4的银行芯片卡使用的都是Delo公司的黏合剂,这家德国公司占据这一领域75%的份额。全球高压清洗机的龙头企业卡赫(Karcher),从20世纪70年代开始进军海外市场,每年成立一家或两家海外分公司开展国际业务。如今,卡赫在23个国家拥有129家分公司。赫尔曼·西蒙认为如何出海是中国隐形冠军必然要解决的问题,那么未来的主要挑战之一就是系统性地推进全球化经营。

融入产业生态实际上就是要加入供应链系统,更要加入全球化供应链系统。德国隐形冠军企业MK科技公司生产高科技熔模铸造系统,为埃隆·马斯克的SpaceX太空公司提供了6套MK系统,取代了1000台3D打印机。苹果公司CEO库克曾经说:"德国隐形冠军企业都是顶级技术玩家,我们有767家德企供应商。"光刻机领域的领军企业——荷兰阿斯麦公司(ASML)的供应链中有2家重要的供应商:通快集团和全球领先的光学科技集团——德国企业卡尔·蔡司公司。通快集团提供激光技术,其激光设备重17吨,构造极其复杂,拥有约45万枚零部件。而来自蔡司的光学元件同样复杂。融入全球化供应链体系尽管面临经济以外的各种干扰因素,但供应链协同创新与当今世界复杂创新和系统创新的特征相一致,只有在竞争与合作中才能促进技术升级和快速迭代。

3. 新的战略定位

如果说多数企业都应选择供应链节点企业的战略定位并努力成长为隐形冠军,那么未来什么样的企业才能成为全球化供应链的核心企业呢?

只有超级企业才能成为全球化供应链的核心企业。核心企业一般都是最终产品的品牌提供商,而全球化供应链的核心企业需要拥有超级供应链集成能力和整合能力,同时也需要具备全球化市场的营销能力和品牌运作能力。

在全球自由贸易的宽松环境下,核心企业的定位是供应链集成商角色,如美国波音公司,本身只负责生产10%的产品,包括尾翼及最后的组装,90%以上的产品部件和系统通过全球化生产和采购完成。但是经贸摩擦使原有的全球供应链分工体系以及全球分工与协作的逻辑被打破，零部件的供应商不再以单纯的贸易规则和市场机制来决定是否响应供应链需求，而是更多地受到非市场化力量的干扰，从而导致供应链面临断裂风险。

　　根据波特产业组织理论的观点，供应商和客户的讨价还价能力是决定供应链竞争激烈程度和获利水平高低的两种关键力量。对供应商而言，独特的、稀缺的、难以模仿和不可替代的能力既是塑造自身核心竞争优势的需要，也是其在供应链中获取定价权、话语权等各项权益的根本保障。世界经济衰退趋势、贸易保护主义的国际环境、持续偏紧的摩擦与冲突都对供应链集成商造成了更大的困扰，供应链最终产品的提供者面临更大的压力。因此，在世界范围内能成为全球供应链集成商的企业既要具有强大的系统集成能力，也要求在一个或多个供应环节具有独特的核心竞争优势，以减少对特定供应商的过度依赖。这种二者兼而有之的特征将形成强有力的淘汰机制，在今后相当长的时期内给供应链集成商带来极大的挑战。

　　最后，用制药包装行业的全球领先系统供应商乌曼（Uhlmann）公司的理念作为对隐形冠军理论的总结："过去，我们只有一个客户；未来，我们也只有一个客户。我们只做一件事，但我们做得最好。"

专题十
企业家主导与员工参与

回归常识，关注员工，这是战略成功的基础，也是企业最难以模仿的竞争优势来源。

战略管理是企业家发明并自我消费的产品，还是需要全体员工的共同参与？这是战略管理中的重要问题，但经常被企业家和经理人忽视。

一、员工与战略实施

一种观点认为，战略管理的主体是企业的高层管理团队，比如董事长、CEO、总经理及其管理团队等，高层管理团队的首要职能是制定企业战略并领导企业的战略实施。因此，高层管理团队负责根据企业内外部的各种环境因素，规划企业的使命和愿景，设定企业的战略目标并制定各种战略措施，通过监督与控制机制保证战略目标得以实现。在这一过程中，企业其他层级的管理者和一般员工的职能是将管理层制定的战略执行到位，负责完成目标任务、履行好各自岗位职责。在这样的战略管理体系中，企业高层管理团队负责战略规划、领导战略实施、监督控制战略实现的过程，而企业其他人员只需要强大的执行力，将各自的目标任务执行到位。

按照一般的理解，首先，高层管理团队负责制定战略是因为他们对企业有更全面的了解，对企业面临的问题有更为深刻的认知，掌握更多的相关信息，因而可以看得更高、更远；其次，高层管理团队代表企业接触外部利益相关者，对产业结构、竞争格局，以及国家的宏观政策、大政方针等有更为前瞻和深入的理解；最后，高层管理人员有更强的战略思维能力、更好的直觉，以及战略管理所需的一些技能，总之他们具有他人所不具备的某些专长和人格魅力。

支持这一观点的人也认为，战略管理其实就是做选择题，视角不同、理念不同会有不同的选项，但最终的选择只能有一个。越是高层的管理者，越能站在企业全局的视角考虑问题，而越是基层的人员，眼界越狭小，越有可能只考虑自己脚下一亩三分地的利益，这是"屁股决定脑袋"的典型表现。因此，"名不正，则言不顺"，立足本岗位，基层管理者和一般员工不会思考也不应该思考关乎全局的战略问题,这种思考不会给自身带来任何直接的利益,甚至可能影响个人职能的有效发挥。此外,高层管理者还会发现,如果其他管理层或员工也在关心、思考企业的战略问题,那么将会形成很多各自发散的战略目标,但对企业而言,一个时期重要的战略目标可能只有一个,而不是多个。这会导致企业的战略目标无法聚焦形成合力,或者对高层管理团队既定的战略目标产生干扰,都不利于战略目标的实现。总而言之,除了高层管理团队,其他人员既没有足够的信息资源来制定战略或协助制定战略,也没有必要对战略方案"议论纷纷"来破坏集中统一的指挥原则。

在这样的观点支配下,很多企业,甚至非营利性组织如高等学校这样高级智力资源密集的单位,在战略管理中都形成了相似的模式,即领导层进行顶层设计,制定战略规划,并将最终的战略目标层层分解;中层管理机构和人员领取各自的部门目标和战略任务,制定本部门范围内的战略实施措施,并承担战略绩效指标;基层一般员工接受岗位目标和任务,并承担个人绩效指标。在此模式中,中层管理人员可能了解组织的整体战略规划和目标,也可能不了解,或者没有兴趣了解自己部门之外的战略事宜。对一般员工而言,多数情况下,根本不了解高层在干什么,组织要干什么,组织要往何处去,因为在这样的战略管理体系下,了解这些对普通员工而言没有任何意义。

因此,在很多企业中,领导层并不热衷于宣贯企业的战略规划,即使宣贯也只是喊几句简单空洞的口号而已。他们并没有足够的意识让企业的一般管理者或普通员工了解、熟知企业的发展战略。对多数员工而言,既没有足够的兴趣和动力去了解企业的各种规划和发展目标,也不会自觉地将企业的战略规划与自己的岗位、自己的行为结合在一起。在这样的组织中,领导层往往自认为有足够的能力来掌控战略,并确信自己的规划是正确的选项,必将会领导企业走向更加光明的未来。同时,也对员工在战略管理中的存在持藐视的态度,将其视为战略实施的工具。就整个战略管理体系而言,普通员工的作用仅限于岗位职责范围之内——员工的行为可能会招致一个客户的不满,但不会影响其他客户购买公司的产品。

员工能否在战略管理中发挥作用?海底捞的张勇有一句名言:"企业规模足够大,就可以掩盖愚蠢。"2018年9月26日,海底捞在港交所上市,开盘后当天股价涨至18.8港元,市值约996.4亿港元(约合875亿元),远超"火锅第一股"呷哺呷哺。以"超值服务"出名的海底捞2017年的营收总额为106.37亿元，是国内首家营收超百亿元的餐饮企业。2019年收入为265.56亿元，同比增长56.5%；净利润为23.45亿元，同比增长42.5%。

所有人都在惊叹海底捞创造的业绩奇迹，这一奇迹也吸引了很多学者关注海底捞、研究海底捞。但是，几乎没有人注意到一个事实，那就是海底捞的成功与任何一个主流的竞争战略理论相悖。

根据产业组织理论的观点，企业制胜的关键是选择一个好的行业。海底捞所在的餐饮行业火锅类别，显然不是一个好的行业。这个行业不仅玩家众多、竞争激烈，而且每一家都各具特色且有着特定的消费群体。按照波特的观点，在这样的行业中，任何一家企业不可能具有突出的竞争优势，比如高的市场占有率和超额利润。多数企业存在企业经营的边界和规模扩张的上限，这是传统中式餐饮的共性问题。因此，在这样一个极其普通、遍布大街小巷的火锅竞争红海之中杀出重围，几乎是一件不可能的事情。

根据资源基础理论的观点，企业的持久竞争优势来源于内部的资源，特别是企业发展独特技术、开发独特产品和创造独特营销手段的能力。但是，海底捞98%的员工初中毕业，来自川渝农村。2009年，北京海底捞共有2500人，大学本科生只有5人。公司员工平均每天工作十几个小时，但流动率一直保持在10%左右，远低于中国餐饮业28.6%的平均流动率。从已有的数据来看，至少海底捞的人力资源极其普通，毫无独特之处，几乎和中国任何一家火锅店的人员构成一致，包括管理层。

于是很多人将海底捞的成功归结为服务，将海底捞的核心竞争力认定为"超值服务"，但是如果我们用核心竞争力的四个评价指标——有价值的能力、独特的能力、难以模仿的能力和不可替代的能力来衡量海底捞的服务，就会发现，海底捞的服务根本无法称得上是企业的核心竞争力。对餐饮服务行业而言，将服务做好、做出特色并不是一件困难的事情。在业界甚至学术界广为流传的所谓海底捞的"变态服务"都不是什么"上天入地"高难度的独特要求；海底捞的所谓"好服务"绝不是什么难以模仿、不可替代的特殊能力，因而也绝不可能称得上企业的核心竞争力。

对此，创始人张勇也有自己的理解："我一直在琢磨餐饮业的核心竞争力是什么，是环境、口味、食品安全还是服务？我想了很多，觉得都不是。我觉得人力资源对餐饮企业是至关重要的。如果我们能把人力资源体系打造好的话，它就会形成一种自下而上的文化，我觉得这个可能会成为海底捞的一个核心竞争力。"他认为对海底捞而言,顾客满意度最重要。为了保证顾客满意度,员工就很重要。令人印象深刻的还有一句话:"海底捞不是靠一些小聪明,或者什么市场营销去获得成功的。我们靠的是勤奋、诚实、正直和善良。"

或许有人认为在崇尚集体主义和人情世故的中国企业才会出现这种情况,但在大洋彼岸与中国有着截然不同的文化与管理理念的美国,很多企业在战略方面的成功同样与普通员工不可分割。在前面的专题中,西南航空公司之所以能够将成本领先和差异化战略同时实现,在很大程度上要归因于员工的献身精神。美国学者亚历克斯·米勒教授对施乐公司技术创新战略案例的研究更令人印象深刻。

20世纪60年代,施乐公司研发成功了914型复印机,并开始了被称为"爆炸的十年"的飞速发展期。914型复印机使施乐公司迅速取得了数十亿美元的销售收入,公司的发展速度快于历史上其他任何一家公司。《财富》杂志则将914型复印机列为有史以来美国市场上最为成功的产品。在20世纪80年代,苹果公司、康柏公司及锐步公司也曾因销售收入迅速上升至数十亿美元而广受赞誉,但施乐仍然是这一纪录的保持者,因为60年代时的1美元相当于80年代的3美元。就在914型复印机引入市场后的两年,施乐成功冲进了《财富》500强,而在这以后的8年内,施乐便跻身全美前60强。

要满足客户快速增长的需求,施乐必须依靠一批对公司无比忠诚的员工。例如,914型复印机开发的初期阶段所投入的大量的研发费用曾使公司一度陷入财务困境,以至于无力租用配有24小时供暖设备的办公楼。然而,为了赶在预定的发货期前对机器进行最后的调试改进,施乐的工程师们不得不昼夜工作。也就是说,在1959年到1960年的冬天,在纽约罗切斯特施乐工厂的工程师们是在大部分时间没有供暖的条件下进行工作的。由于机器本身会散发一定的热量,穿着狩猎服与隔离靴的工程师们,蜷缩在覆盖于机器上的毛毯旁获取热量。作为一个整体,他们就在这样的条件下,每周工作7天,每天工作24小时,最终保证了产品的及时运送。

在机器开发出来后,这样的工作意志也未曾消失。客户们逐渐发现复印所带来的便捷,对施乐产品的需求以难以想象的速度急剧上升。要满足如此之大的需求量,同样不能缺少工作中的英雄主义。"能够做到"这一企业文化对于施乐的早期成功是至关重要的。更重要的一点是,这些并不仅是施乐

CEO 的行为。虽然这些领导者通过自身的行动的确在公司文化的创建中起到了非常重要的作用，但很显然仅靠他们是不行的。公司内的所有员工都可以施展自己的领导能力，都可以通过自身的行为施加影响。

东西方企业的很多案例都表明，员工对战略的了解，并认识到战略管理对于组织和自我的重要意义是促使战略成功的关键因素，而不是一个被动的执行机器。

二、员工与战略规划

战略管理对组织中任何层级的个人来说都是一组可以获得的技能。一些战略管理者也承认员工在战略实施中的重要作用，并且重视企业针对员工的战略宣传工作，但并不愿意承认普通员工也能在战略制定中发挥关键作用。

事实证明，战略领导者并不是万能的，他们不仅有脆弱的一面，也会犯错误，更会在领导战略的过程中迷失方向。复杂多变的外部环境、全球竞争的产业格局和快速且难以预判的技术创新都越来越使理性规划的战略管理模式难以带领企业直达目标，在实施的过程中快速学习、快速迭代包括战略管理体系在内的企业软件和硬件设施，才是当下可行的选择。对复杂系统而言，顶层设计的有效性受到了更多的质疑。要成为学习型组织，企业家首先应该是一个好学的人，其中就包括向自己的员工学习。在前面的专题中介绍的强生公司邦迪创可贴案例就是很好的实例。产品与技术创新可能会带来重大的战略机遇，一些偶然性的因素也会改变企业的命运，保持开放的胸襟和虚心的态度对领导者很重要。

管理者应该认识到他们无法单独面对组织所面临的复杂环境，必须在组织中寻求帮助。不管你居于组织中的哪一层级，都应被鼓励去寻找能提高组织效率的新发现。通过鼓励这种自我领导，组织会提高全公司成员的技能，而不会将技能的增长只局限于管理者中的精英。公司也不应轻视和抗拒让员工参与到战略制定的过程中，员工不仅仅需要知道公司战略的最终模样，更需要了解战略形成的过程，以及公司为什么要这样走的原因，这样才能深刻地理解战略并将战略目标转化为自身的行动方案。

摩托罗拉以首创的六西格玛质量管理体系而著称，这项重大的战略变革始于 1979 年。但是导致这项后来对摩托罗拉产生极其重要影响的战略变革的最初动力并不是来自公司领导层的高瞻远瞩或敏锐直觉，而是一位普通管理者的提议。在一次管理人员会议上，一位与会者尖锐地提出摩托罗拉存在的最大问题是质量低劣。随后，在公司上下开始了对质量问题的讨论，并最终迫使公司领导人真正认识到摩托罗拉的一些产品和运作的确没有达到标准。公司面临着对质量进行根本性的变革还是继续因质量问题而失去顾客的重大抉择。最终，摩托罗拉将质量管控引入运营过程中，每个人都要对质量问题承担自己的责任。公司在质量上的努力不仅提高了产品质量和顾客满意度，增加了市场份额，而且还减少了大量的用于监督和检测的成本。据估计，通过提高产品的质量，减少了大约占销售收入3%~4%的监督和检测成本。

惠而浦公司的全球卓越系统（WES）明确地将员工和领导层都纳入了战略规划、战略实施与监督控制的全过程。1911年，惠而浦公司成立于美国密歇根州，曾经是世界最大的家电生产企业。20世纪90年代中期，惠而浦公司在全世界12个国家设有工厂，拥有28个品牌，产品销往140多个国家和地区。1991年，惠而浦公司建立了全球卓越系统，如图10-1所示。

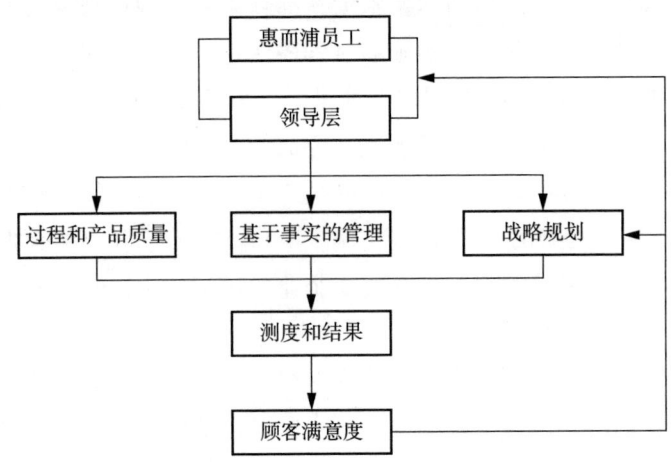

图 10-1　惠而浦全球卓越系统

该系统包括七个子系统，分为四个层面：第一个层面是惠而浦员工、领导层；第二个层面是过程和产品质量、基于事实的管理、战略规划；第三个层面是测度和结果；第四个层面是顾客满意度。公司领导层和惠而浦员工两个子系统包括了公司在向卓越发展过程中所涉及的人员。基于事实的管理、战略规划、过程和产品质量三个子系统说明了达到卓越目标主要的内部过程。测度和结果用来了解顾客需求以及更好地满足顾客需求的方法。对顾客满意度的不断监控则被用来改进活动和过程。

在惠而浦的全球卓越系统中,有几个突出的特征:一是将员工置于整个系统的最高位置,或者至少与领导层同等重要的战略位置;二是员工在战略规划中发挥重要的作用,而不是无关紧要;三是在战略控制与反馈中,公司员工同样需要了解公司战略的实施情况,并以此作为改进与变革的内在动力。

惠而浦的全球卓越系统的内在逻辑是人、系统和企业目标三者之间的相互作用关系。人是企业最重要的资源,既包括领导层也包括一般员工。人通过企业系统能动地发挥作用,以实现客户满意的企业最高目标。

三、领导者的身体力行

公司领导人是否只是一个规划者,并不需要通过身体力行的方式来引领战略实施吗?

很多时候,研究者和企业界的人士对领导者的战略素养问题在认识上有一些偏差,人们更关注战略制定中那些激动人心的环节,对企业家如何做出正确的战略决策更感兴趣,至于对如何实现战略的过程则明显关注不够。如同在童话故事中公主和王子的爱情故事,一旦双方历经艰险走到一起就只用一句话"他们开始了幸福生活"来概括。

之所以会出现这样的认识偏差,一方面,是由于人们要求领导者本身要具有高瞻远瞩的战略眼光、超乎常人的敏锐直觉、敢于冒险的企业家精神,用一些经典的术语来概括就是企业领导者应该具有军事家的品质、政治家的素质、思想家的修养和社会家的能力。心理学家认为领导者还要外表英俊潇洒、品德高尚。另一方面,一些领导者认为自己的核心职责就是思考战略,为企业寻找到前进的方向,至于在战略落地中,自己的工作则主要是组织结构的设计、关键人员的安排和重要资源的获取与配置等,总而言之具体的工作由下属完成,自己在战略一步一步落地的过程中仅具有象征意义。比如,一家以技术创新为前进方向的企业,领导者不会亲自去实施某项技术或产品的研究与开发,只需要鼓励创新、宽容失败就可以了。

如果只是具有象征意义,那么领导者在战略实施中就是一种"角色扮演",理论上他可以在多个战略类型间切换角色。领导者亲自参与具体的战略行动被认为不切实际且毫无必要。然而事实并非如此,美国学者瓦伦·本尼斯研究了90位美国政界和企业界杰出的领导者,发现他们有四种共有的特征:

(1) 有令人折服的远见和目标意识。

(2) 能够清晰地表达这一目标。

(3) 对这一目标的追求和全身心的投入。

(4) 了解自己的实力并以此作为资本。

领导者一项重要的战略素养是行胜于言，没有比对自己设定的战略身体力行更能增加全体员工对于目标和原则的认同和承诺。在这一方面，沃尔玛的创始人山姆·沃顿和麦当劳的创始人雷·克劳克做出了表率。沃尔玛的战略是成本领先、天天低价，在整个零售行业可能没有企业比沃尔玛更注重对管理成本的节约和控制。更为重要的是沃尔玛的高层管理人员也一贯保持节俭作风，即使是创始人山姆·沃顿也不例外。作为公司总裁，山姆与公司的经理们出差，经常几人同住一间房，他本人平时开一辆旧二手车，坐飞机也只坐经济舱。可以说，沃尔玛在日常管理方面获得了竞争对手无法抗衡的低成本管理优势。

对麦当劳而言，保持餐厅的卫生与整洁以及在食品制作过程中严格的高标准是其独特的竞争优势。雷·克劳克非常重视餐厅的整洁。他在与经理面谈之前，会先检查放盘子的架子、盘子是否干净等。雷·克劳克会花相当多的时间，在周六进行店铺和设备擦洗工作。这种言行的一致在他做的每一件事情上都会体现出来，从餐厅的摆设到清洁工作，他都表现得相当出色。一些领导者以身先士卒地坐经济舱旅行、周末加班工作、在自助餐馆中吃饭、将办公室移到开放的场地、取消管理层专属的停车位置等来表明自己对战略的理解和支持。

摩托罗拉的前 CEO 鲍勃·高尔文对产品质量给予了异乎寻常的关注，并将其视为公司的生命线。质量问题必须由高层管理者亲自来抓而不是仅仅履行监督职责，他坚持在召开公司会议时，质量报告必须列在议程的第一位，然后才对财务状况进行讨论。

一些研究进一步表明，公司领导者的言行不一是导致战略偏离预定目标、难以实现的重要原因。领导者不是只在口头上讲讲公司的战略与目标，还必须通过个人的行动将它们融入组织的日常生活中，以实现对战略与目标的承诺。许多领导者只是以一个角色扮演者的身份自居，将战略管理视为一个"好玩的游戏"，而不是真正的全身心投入。美国学者詹姆斯·图勒认为，今天有95%的美国经理讲的事情都是正确的，但是只有5%的经理付诸行动。

BoozAllen & Hamilton 国际管理咨询公司对《财富》杂志挑选出的前 500 家制造与服务业中的 27 家厂商，进行调查研究，得出了如下结论：

- 虽然大部分经理都说他们企业的未来主要取决于技术的进步，技术进步比降低成本更能提高顾客的满意度，但是大部分经理在行为上仍然将成本控制当作最优先考虑的事项。
- 尽管几乎所有的人都在谈论授权，但是许多组织仍然无法具体实施。研究表明，即使公司总经理也会花 1/4 的时间用于事业层的一些细小的决策，比如产品定价或者包装上的改变等。
- 虽然所有的公司在调查中都回答说重视服务的质量、顾客满意度及必须维持一流的服务水平等，但是最终没有任何一家高级主管能够定期进行实地跟踪。每一位高级主管重视的都是成本、利润及存货量。

一个领导者要言行一致，必须以个人信念为基础，而不是以描述的角色为基础。角色扮演并非长久之计，领导者终究会暴露本真，而一旦暴露本真将在企业中产生迷惑与混淆的氛围，使员工无法辨别什么才是企业真正要追求和坚持的东西，从而失去本该上下一致的战略目标，侵蚀战略管理建立的基础。

四、回归常识，关注人

近几年，一家位于河南许昌的百货零售企业胖东来走进了社会大众的视野，也引起了学术界的关注。这家成立于 1995 年的烟酒小店，2021 年销售收入超过 70 亿元。放到中国商业的大背景下来看，这是一家另类的企业。

当所有的企业都将利润最大化作为企业经营的最高准则时，胖东来却将商品的进货价和零售价一起标注在超市的商品货架上，设定自己的利润率上限；在多数企业追求做大做强的战略时，胖东来却在追求做小做精；在各个行业严重"内卷"的当下，胖东来却形成了周二闭店停业、春节放假 5 天等已经实行多年的店规；在追求高个人绩效、加班加点成为常态的当下，胖东来却倡导并践行了快乐工作、规范工作时长的制度；在企业老板和员工之间斗智斗勇、互相算计才是正常的企业氛围中，胖东来却将善良、真诚、爱和自信作为自己的价值观和企业文化，将每年利润的 95%分给员工。

呈现在社会大众面前的是一家理想化的公司，也是一家处处和人性对着干的企业。这样的企业在今天的商业环境下，大概率会死掉，而且会很快地死掉。但让人难以置信的是，胖东来不但活了下来而且活成了"中国内地超市的天花板"。胖东来之所以能够成功也许还有很多未被揭示的方面，但如果纯粹从人性的角度出发，它至少做到了以下四点：

（1）把产品和服务做好，做到极致。

（2）让人喜欢上工作，主动工作。

（3）认清人性的真相，但却选择善良、真诚、信任。

（4）每一个人都是不完美的，但胖东来是一所学校。

在卖场内外几乎把每一个消费者关心的细节做到极致的胖东来也充满了争议，比如有人认为胖东来的模式走不出河南，甚至走不到郑州；也有人认为胖东来开到哪里，其他的超市和零售店都要关门倒闭，因为根本竞争不过它，不论是国际大牌零售企业，还是省内零售龙头企业。

胖东来是一面镜子，折射了当前工商企业复杂的经营现状。很多企业天天讲着顾客就是上帝，却在信息不对称下玩着"从南京到北京，买家没有卖家精"的算计游戏；更多的企业将以人为本挂在墙上，却将"X理论"深植于管理的方方面面。低信任度和无处不在的交易风险，使中国社会商业治理的效率低下、成本极高。这种恶劣的商业环境极大地抑制了有效需求，不仅挤压了优质供给的生存空间，而且产生了柠檬市场的逆向选择，形成对中国制造的偏见，这也是中国民族品牌难以走出国门、成为世界品牌的原因之一。

稻盛和夫领导下的京瓷公司的人员认为使公司取得成功的不是技术而是服务。之所以能做到这一点，和京瓷内部独特的"阿米巴（变形虫）"组织管理体系密切相关。京瓷内部的阿米巴是众多独立的、被充分授权且自负责任的团体，一般由3~80个员工组成。它们内部相互竞争、合作，和外部资源一起获得利润。13000多名京瓷员工被分成大约800个阿米巴。京瓷把所有的阿米巴都作为一个利润中心，希望他们不断开发新的产品和服务，生产质量最优的产品且及时交货，在降低产品成本的同时达成最合适的售价。

公司应该清醒地认识到将战略成败建立在广大员工基础上的意义所在。作为企业的一员，所有员工都有必要了解战略管理的运作方式以及他们可能提供的贡献。即使是一般的领导行为，也能够在组织变革及战略实施的过程中发挥可观的推动作用。

1991年6月，固特异轮胎橡胶公司董事会选举斯坦利·高特担任公司董事会主席和CEO，但在当时，固特异在美国市场上面临着巨大的竞争威胁且企业负债率过高，长期债务高达37亿美元。接任公司CEO职位不久，高特就开始向公司员工灌输他的个人商业哲学,规划公司在 20 世纪 90 年代的蓝图。高特认为固特异需要在企业文化上进行大的变革,这需要人人都来参与,公司是建立在相互信任的基础上的。他认为:"在这个高科技日益发展的社会,没有什么成功的诀窍,必须从最基本的层面,从头做起。而这一点却常常被人们忽略。"这些需要变革的领域其中包括公司运营计划、总的基本目标和支持战略、主要资源和竞争力等。

高特用了 45 天的时间,制定出公司走出困境、取得成功而要实现的 12 个目标:

(1) 大幅降低债务规模。
(2) 提高公司的财务业绩。
(3) 保持一流的产品质量。
(4) 努力成为低成本制造商。
(5) 为客户提供满意的、一流的服务。
(6) 增加市场份额。
(7) 推出满足客户需要的新产品。
(8) 提高销售、广告和分销能力。
(9) 增加股东价值。
(10) 在全球范围内扩展公司业务。
(11) 做一个富有社会责任感的企业。
(12) 尽可能地提高公司的人力资源水平。

接下来高特要做的是向全体员工灌输这一蓝图,让所有员工了解公司的战略方向和个人的努力方向,以凝聚所有人的力量。高特坚信:"我们需要勾画出未来的蓝图,然后把它向公司全球 107000 名员工解释说明。"这是高特新战略得以在公司开展的管理基础,他本人对此战略更是做到了身体力行、亲力亲为。

事实也证明了高特对战略及战略管理过程的理解是正确的。1993 年,固特异实现了复兴,连续三年财务业绩持续增长,超出全行业的平均速度。公司实现了提高盈利能力、减少债务、做行业老大、不断增长、满足客户需要、提高财务业绩等目标。

回归常识,关注人,关注员工,这是战略成功的基础,也是企业最难以模仿的竞争优势来源。

参考文献

[1] 弗雷德·R. 戴维. 战略管理——概念与案例（全球版）[M]. 徐飞, 译. 北京：中国人民大学出版社, 2012.

[2] 迈克尔·希特, R. 杜安·爱尔兰, 罗伯特·E. 霍斯基森. 战略管理——竞争与全球化（概念）[M]. 吕巍, 等译. 北京：机械工业出版社, 2011.

[3] 亚历克斯·米勒. 战略管理 [M]. 何瑛, 等译. 北京：经济管理出版社, 2004.

[4] 杰恩·巴尼. 获得与保持竞争优势 [M]. 王俊杰, 等译. 北京：清华大学出版社, 2003.

[5] 杨锡怀, 王江. 企业战略管理——理论与案例 [M]. 北京：高等教育出版社, 2016.

[6] 赫尔曼·哈肯. 协同学——大自然构成的奥秘 [M]. 凌复华, 译. 上海：上海译文出版社, 2013.

[7] J. 戴维·亨格, 托马斯·L. 惠伦. 战略管理精要 [M]. 栾玲, 译. 北京：中国人民大学出版社, 2004.

[8] 沃尔特·艾萨克森. 史蒂夫·乔布斯传 [M]. 管延圻, 等译. 北京：中信出版社, 2011.

[9] W. 钱·金, 勒妮·莫博涅. 蓝海战略 [M]. 吉宓, 译. 北京：商务印书馆, 2005.

[10] 中央电视台《公司的力量》节目组. 公司的力量 [M]. 太原：山西教育出版社, 2010.

[11] 张宏杰. 简读中国史 [M]. 长沙：岳麓书社, 2019.